GROUP

中国建投 | 远见成就未来

中国建投研究丛书·专著系列
JIC Institute of Investment Research Books · Works

张志前　祝伟清　高彦如　编著

NEW AGE OF
ASSET MANAGEMENT

资管新时代

从野蛮生长到高质量发展

社会科学文献出版社
SOCIAL SCIENCES ACADEMIC PRESS (CHINA)

总　序

一千多年前，维京海盗抢掠的足迹遍及整个欧洲。南临红海，西到北美，东至巴格达，所到之处无不让人闻风丧胆，所经之地无不血流成河。这个在欧洲大陆肆虐整整三个世纪的悍匪民族却在公元1100年偃旗息鼓，过起了恬然安定的和平生活。个中缘由一直在为后人猜测、追寻，对历史的敬畏与求索从未间歇。2007年，维京一个山洞出土大笔财富，其中有当时俄罗斯、伊拉克、伊朗、印度、埃及等国的多种货币，货币发行时间相差半年，"维京之谜"似因这考古圈的重大发现而略窥一斑——他们的财富经营方式改变了，由掠夺走向交换；他们学会了市场，学会了贸易，学会了资金的融通与衍生——而资金的融通与衍生改变了一个民族的文明。

投资，并非现代社会的属性；借贷早在公元前1200年到公元前500年的古代奴隶社会帝国的建立时期便已出现。从十字军东征到维京海盗从良，从宋代的交子到曾以高利贷为生的犹太人，从郁金香泡沫带给荷兰的痛殇到南海泡沫树立英国政府的诚信丰碑，历史撰写着金融发展的巨篇。随着现代科学的进步，资金的融通与衍生逐渐成为一国发展乃至世界发展的重要线索。这些事件背后的规律与启示、经验与教训值得孜孜探究与不辍研习，为个人、企业乃至国家的发展提供历久弥新的助力。

所幸更有一批乐于思考、心怀热忱的求知之士勤力于经济、金融、投资、管理等领域的研究。于经典理论，心怀敬畏，不惧求索；于实践探索，尊重规律，图求创新。此思索不停的精神、实践不息的勇气当为勉励，实践与思索的成果更应为有识之士批判借鉴、互勉共享。

调与金石谐，思逐风云上。《中国建投研究丛书》是中国建银投资有限责任公司组织内外部专家在回顾历史与展望未来的进程中，深入地体察和研究市场发展及经济、金融之本性、趋向和后果，结合自己的职业活动，精制而成。《丛书》企望提供对现代经济管理与金融投资多角度的认知、借鉴与参考。如果能够引起读者的兴趣，进而收获思想的启迪，即是编者的荣幸。

是为序。

张睦伦

2012 年 8 月

序

经济兴，则金融兴；经济强，则金融强。伴随着社会经济发展与居民财富增长，我国金融业蓬勃发展，企业与个人的财富管理需求成为重要的需求之一。从1998年证券投资基金设立以来，在这20多年的时光中，我国的各类金融机构纷纷开展资产管理业务，金融创新层出不穷，新产品不断丰富着资产管理市场，推动着资产管理行业进入蓬勃发展期。在行业快速发展的过程中，也暴露出很多问题：脱实向虚、刚性兑付、多层嵌套、池化运作、非标泛滥等导致风险不断累积，并在2017年达到峰值。

金融活，则经济活；金融稳，则经济稳。大资管行业既要"活"又要"稳"。自2017年起，针对资产管理行业，人民银行和金融监管机构密集出台一系列金融监管政策，规范资产管理行业的发展。特别是2018年4月27日，人民银行牵头多部门联合发布了《关于规范金融机构资产管理业务的指导意见》，简称为"资管新规"，对资产管理行业急速膨胀不断积累的风险紧急刹车，正式开启了资产管理行业高质量发展模式，标志着我国资产管理行业迈入统一监管标准的"新时代"。

资管新时代，对我国资管行业提出转型升级的新要求，促使各类资产管理机构回归"受人之托，代人理财"的业务本源，提升主动管理水平，牢固树立风险意识，坚持合规经营，在规范与竞争中更好地为投资者进行价值管理，资产管理业务将获得广阔的发展空间。

以信托行业为例，资管新规对其通道业务的压缩与刚性兑付的打破，从资金端和资产端双向影响信托行业，既有风险暴露的压力，也有制度改革的红利。2018年，全国68家信托公司受托资产从2017年的26.25万亿元，下降到22.70万亿元，下降了13.5%。

券商的资产管理业务也需要创新改进。其原有的通道业务受限，非标投资受限，产品吸引力不再，需要寻求新的竞争优势。2018年，证券公司及其子公司私募资产管理业务规模为13.36万亿元，较2017年的16.88万亿元下跌20.9%。

而作为业务最规范的证券投资基金，其曾经的资金来源提供方，很可能会逐步转化为竞争对手。2018年，基金管理公司及其子公司、公募基金管理机构管理的公募基金规模为13.03万亿元，较2017年的11.60万亿元上升12.3%。基金管理公司及其子公司私募资产管理业务规模为11.29万亿元，较2017年的13.74万亿元下降17.8%。

新时代的资管是规范的资管。资管新规在顶层设计层面统一了规则，给各类资管业务制定了统一的监管标准，实行公平市场准入和监管，以最大限度地消除监管套利空间，促进资产管理业务规范发展。资产管理机构将在规范化发展的监管环境下迎来新的合作契机。

新时代的资管是创新的资管。金融业的发展从来都离不开科技进步，科技创新促进金融创新是新时代资管的重要特征之一，大数据、云计算、人工智能等新技术的广泛应用将给资产管理行业带来巨大影响。金融科技的发展很可能是决定未来资产管理行业竞争力的重要因素，将推动金融服务更加智能、更加专业。

新时代的资管是协调的资管。不同监管机构的规则趋同，监管理念趋同，监管措施趋同。行业、机构之间相互竞争，错位发展，共同繁荣，在竞争中发现各机构的相对优势，在发展中找到各子行业的平衡点。

新时代的资管是绿色、开放、共享和普惠的资管。绿色发展已经成为当今世界的共识和趋势，资产管理行业也将深度参与绿色金融，创新资产管理新产品，为绿色发展提供支撑。金融改革的重要内容之一是对外开放，资产管理行业也将更加深入地参与国际竞争，在开放中提升管理能力和水平。新时代的资管也将是共享的资管，将让更多的老百姓获得普惠化的专业服务。

资管新时代也推动着金融业发展模式新时代的来临。长期以来，中国金融体系由以银行业为主的间接融资主导，直接融资发展很不充分。资管新规将逐渐改变以间接融资为主的金融体系，企业的一部分融资需求将通过直接融资来满足。资管行业的发展也将为资本市场带来更多的资金供给，促进多层次的资本市场体系进一步完善，直接融资工具不断丰富。而"打破刚兑"将使风险匹配原则得到有效遵循，以信贷思维开展资产管理业务的做法将被取代，而依托多层次资本市场和标准化资产的直接融资、净值化产品和主动管理方式，将推动中国金融体系从根本上完善金融市场定价功能。

值此我国"资管新时代"大幕拉开之际，中国建投研究院编写《资管新时代——从野蛮生长到高质量发展》一书可谓恰逢其时。本书全面系统地阐述了中外资产管理的发展历程与现状，中国资产管理行业的特色与问题，资管新规出台的背景和指导思想，以及未来各类金融资管机构的竞争与转型。处在十字路口的中国资产管理将走向何方？资管新规下资产管理行业的风险将如何防范和化解？科技创新、统一监管会给资产管理行业带来哪些深刻的变革？等等。对于这些困扰行业发展的问题，本书都做了很好的思考和解答。

"万物得其本者生，百事得其道者成。"一个行业的发展如是，一本书的意义也如是。

国务院金融稳定发展委员会办公室秘书局局长

2019 年 9 月

编辑说明

中国建银投资有限责任公司（简称集团）是一家综合性投资集团，投资覆盖金融服务、先进制造、文化消费及信息技术等领域，横跨多层次资本市场及境内外区域。集团下设的投资研究院（以下简称建投研究院）重点围绕国内外宏观经济发展趋势、新兴产业投资领域，组织开展理论与应用研究，促进学术交流，培养专业人才，提供优秀的研究成果，为投资研究和经济社会发展贡献才智。

《中国建投研究丛书》（简称《丛书》）收录建投研究院组织内外部专家的重要研究成果，根据系列化、规范化和品牌化运营的原则，按照研究成果的方向、定位、内容和形式等将《丛书》分为报告系列、论文系列、专著系列和案例系列。报告系列为行业年度综合性出版物，汇集集团各层次的研究团队对相关行业和领域发展态势的分析和预测，对外发表年度观点。论文系列为建投研究院组织业界知名专家围绕市场备受关注的热点或主题展开深度探讨，强调前沿性、专业性和理论性。专著系列为内外部专家针对某些细分行业或领域进行体系化的深度研究，强调系统性、思想性和市场深度。案例系列为建投研究院对国内外投资领域的案例的分析、总结和提炼，强调创新性和实用性。希望通过《丛书》的编写和出版，为政府相关部门、企业、研究机构以及社会各界读者提供参考。

本研究丛书仅代表作者本人或研究团队的独立观点，不代表中国建投集团的商业立场。文中不妥及错漏之处，欢迎广大读者批评指正。

前　言

资产管理是金融领域中规模最大、发展最快的行业之一，被誉为金融皇冠上的明珠。我国的资产管理业务起步较晚，但是发展迅猛。特别是在2008年全球金融危机之后，在宽松的货币政策和政府4万亿元投资的刺激下，各类金融机构和一些非金融机构纷纷进入资管行业，在金融创新和互联网技术的助推下，缺乏有效监管的资产管理行业进入了一种野蛮生长的局面。截至2018年末，我国资管行业总规模已经达到120万亿元。随着资管规模的不断扩大，中国已经进入大资管时代。

资管行业的快速发展，给我国经济金融注入了新活力。一些以往难以通过传统金融获得资金的实体企业，通过资管途径获得了资金；改革开放之后，富裕起来的居民，通过参与资管计划获得了丰厚的收益；在资管行业的助推下，金融产品创新层出不穷，金融市场在资管机构的参与下更加活跃。在看到成绩的同时，我们也应该清楚地看到，我国资管行业发展中存在很多的问题。期限错配、刚性兑付、层层嵌套、杠杆高企、脱实向虚等风险不断累积，非法集资、机构跑路等案件频频发生。我国资管行业还处于野蛮生长阶段。

面对日益累积的风险，中央把防范和化解风险作为"三大攻坚战"之首，坚持守住不发生系统性金融风险的底线。2018年4月27日，中国人民银行、中国银行保险监督管理委员会、中国证券监督管理委员会、国家外汇管理局联合发布了《关于规范金融机构资产管理业务的指导意见》（又称"资管新规"），坚持防范和化解金融风险的原则，对各类资产管理业务进行规范，要求相关监管机构制定实施细则，并明确到2020年底之前为过渡期，以确保市场的平稳过渡。资管新规发布之后，中国资产管理行业将面临调整和洗牌，过去粗放的发展模式将难以为继，中国资管行业将从野蛮生长转向高质量发展。

一是资管行业盈利模式将发生根本性改变。在资管新规出台之前，我国的资产管理行业长期处于野蛮生长阶段，由于缺乏有效的监管和规范，监管套利、过度加杠杆、期限错配曾是众多资管产品的主要盈利手段，同时资产管理行业也是滋生系统性金融风险的重要领域。资管新规出台之后，必将从根本上改变此前"重套利、轻管理""重规模、轻质量"的行业风气。我们有理由预见，随着资管新规的出台以及一系列配套细则的相继落地，监管套利和杠杆化操作空间会越来越小，传统的通道模式、嵌套模式、加杠杆模式亟须转换为"向管理要效率""向质量要收益"的新型经营模式，行业内强者恒强的特征会更加明显。

二是资管产品将更加规范化和标准化。在资管新规出台以前，大多数非标产品为了规避金融监管而产生。非标资产的大量出现，推动了我国资产管理业务的发展，但在一定程度上削弱了金融监管政策的效果，提高了杠杆水平并增加了资管行业的系统性风险。为推动非标产品的规范化和标准化，资管新规明确提出预期收益型产品要向净值型产品转型，让投资者在明晰风险、尽享收益的基础上自担风险，资管新规特别强调，金融机构的业绩报酬须计入管理费并与产品一一对应，要求金融机构强化产品净值化管理，并由托管机构核算、外部审计机构审计确认，同时明确了具体的核算原则。未来，我国资管市场上的非标产品会逐渐较少，大量现有的非标产品将通过资产证券化等方式转变为标准化产品。资管行业将进入规范化发展的新阶段，一些创新类的标准化资管产品将层出不穷地涌现出来。

三是资产管理将回归"代客理财"的本质。资产管理行业的本质是接受客户委托，按照同客户达成的投资方向，通过资管机构的主动管理实现客户资产的保值增值。"卖者有责，买者自负"是资管行业的基本法则。刚性兑付是在资管行业发展初期，资管机构不得已而采取的应对措施。随着资管行业的发展和成熟，刚性兑付会阻碍资管行业的发展。虽然监管部门禁止刚性兑付，但是实际中谁也不敢率先打破。在资管新规出台之前，许多资管产品采用预期收益率的模式进行运营销售，基础资产的风险并不能及时反映到产品价格的变化之中。资管新规不仅提出要打破刚性兑付，同时要求金融机构对资管产品实行净值化管理，让投资者尽享收益并承担相应的风险，为打破刚兑创造了条件。随着资管新规及相关细则的落地，"买者自负"的理念将深入人心，刚性兑付将会逐渐被打破。

总之，资管新规发布之后，我国资管行业将告别野蛮生长的阶段。通过产品套嵌、资金空转、监管套利的窗口已经关闭，资产管理将回归"受人之托，代客理财"的本质，刚性兑付将被打破，脱实向虚将逐渐扭转，我国的资产管理行业将进入新时代。新时代资产管理业务在迎来良好发展机遇的同时，将面临前所未有的巨大挑战。短期内，资产管理可能会出现规模缩小、增速下滑的情况，资管机构将面临阵痛和调整，但是长期看，将有助于提升资管机构的投资和经营能力，提升资产的收益水平，从而强化资管产品吸引力，激发投资者的投资热情。未来只有通过专业分工、找到机构自身比较优势、建立在投研能力上的资管机构，才有可能赢得更大的市场和更多客户，也才能在新时代实现自身更大的发展。

作为一家中央金融企业的智库，为社会贡献才智是中国建投研究院的责任。资产管理是中国建投集团的重要业务领域，中国建投集团旗下有信托、基金、私募等多种类型的金融资管机构。多年来，中国建投集团通过自己的努力，在为客户资产创造价值方面取得了较好的业绩。资产管理也一直是中国建投研究院的重点研究领域之一。资管新规发布之后，中国建投研究院组织力量对相关问题进行了较为深入的分析和研究，对资管行业面临的机遇和挑战进行了深入的分析和预测，形成了十几篇比较有深度的研究报告。为了更好地服务社会，我们把这些研究成果进行了编辑和整理，最终集结成本书。

全书分为三个部分。第一部分是背景和综述，包括第一章到第三章共三章内容。主要阐述我国及世界资管行业的发展现状和存在的问题，以及资管新规出台的背景和对我国资管行业产生的影响等。第二部分主要从产品和业务的角度分析资产管理行业面临的机遇和挑战，包括第四章到第七章共四章内容。主要包括资管风险防控、产品的规范、投资策略以及打破刚兑等方面的监管政策变化和调整，分析资管新规对我国资管行业的影响及应对策略。第三部分主要从机构的角度分析资管机构面临的竞争和转型，包括第八章到第十二章共五章内容。主要分析了集团相关的公募基金、私募基金和信托机构所面临的竞争环境和转型策略，最后分析了人工智能在资管行业的应用前景。

本书得到了中国建投集团领导的重视和支持，集团内相关成员企业和研究院的同事为本书的写作提供了大量的素材、资料，甚至是成形的研究报告，在此表示衷心感谢。在本书的写作过程中，我们参考了很多公开的资料和研究文献，包括相关的书籍、论文、网络文章以及券商的研究报告，在参考文献中未能一一罗列，在此我们一并表示感谢！需要强调的是，这些研究成果只代表研究人员个人的分析和观点，并不代表中国建投机构的观点，我们希望本书有助于广大读者和投资者更好地理解新时代中国资产管理业务面临的问题和发展趋势。如果据此投资，风险自担。

由于时间紧张、作者水平有限，书中的错误和纰漏在所难免。欢迎广大读者、专家批评指正。我们还将继续跟踪资管行业的发展，为读者奉献更多有价值的研究成果。

2019 年 5 月　北京

目　录

第一章　中国资产管理的现状和困境 ……………………… 001
　　第一节　资产管理行业的发展历程 ……………………… 003
　　第二节　资产管理行业发展动力 ………………………… 009
　　第三节　中国资产管理行业的格局分布 ………………… 013
　　第四节　中国资产管理行业存在的问题 ………………… 018

第二章　全球资产管理特色发展模式 ……………………… 023
　　第一节　全球资产管理发展现状 ………………………… 025
　　第二节　全能型资管模式的发展借鉴与启示 …………… 031
　　第三节　精品资管模式发展借鉴与启示 ………………… 037
　　第四节　另类资管模式发展借鉴与启示 ………………… 041
　　第五节　财富管理型资管模式发展借鉴与启示 ………… 044
　　第六节　保险资管模式发展借鉴与启示 ………………… 046
　　第七节　投行资管模式发展借鉴与启示 ………………… 050

第三章　新时代我国资管行业的出路 ……………………… 057
　　第一节　我国资管行业面临的新形势 …………………… 059
　　第二节　资管行业发展趋势分析 ………………………… 065
　　第三节　资产管理行业高质量发展的内涵 ……………… 070
　　第四节　新时代资管行业的出路 ………………………… 072

第四章　中国资管行业的风险和防控 ⋯⋯⋯⋯⋯⋯⋯⋯⋯ 077
第一节　脱实向虚问题严重 ⋯⋯⋯⋯⋯⋯⋯⋯⋯⋯⋯⋯ 079
第二节　中国资管行业的风险特点 ⋯⋯⋯⋯⋯⋯⋯⋯⋯ 084
第三节　国外资管行业的监管经验 ⋯⋯⋯⋯⋯⋯⋯⋯⋯ 090

第五章　资产管理产品的创新与规范 ⋯⋯⋯⋯⋯⋯⋯⋯⋯ 097
第一节　资管产品的创新发展过程 ⋯⋯⋯⋯⋯⋯⋯⋯⋯ 099
第二节　非标资管产品的利弊与影响 ⋯⋯⋯⋯⋯⋯⋯⋯ 105
第三节　资管产品规范化和净值化 ⋯⋯⋯⋯⋯⋯⋯⋯⋯ 113

第六章　资管投资策略的调整与优化 ⋯⋯⋯⋯⋯⋯⋯⋯⋯ 119
第一节　我国资产管理行业投资现状 ⋯⋯⋯⋯⋯⋯⋯⋯ 121
第二节　坚持价值投资回归资管本源 ⋯⋯⋯⋯⋯⋯⋯⋯ 125
第三节　完善资管机构的风险管理 ⋯⋯⋯⋯⋯⋯⋯⋯⋯ 128

第七章　刚性兑付对资管行业的影响与突破 ⋯⋯⋯⋯⋯⋯ 139
第一节　刚性兑付产生的背景 ⋯⋯⋯⋯⋯⋯⋯⋯⋯⋯⋯ 141
第二节　打破刚性兑付的条件 ⋯⋯⋯⋯⋯⋯⋯⋯⋯⋯⋯ 145
第三节　国外打破刚兑的借鉴与启示 ⋯⋯⋯⋯⋯⋯⋯⋯ 150

第八章　资产管理机构的竞争与突变 ⋯⋯⋯⋯⋯⋯⋯⋯⋯ 155
第一节　大资管的竞争格局 ⋯⋯⋯⋯⋯⋯⋯⋯⋯⋯⋯⋯ 157
第二节　各资管机构禀赋特色 ⋯⋯⋯⋯⋯⋯⋯⋯⋯⋯⋯ 160
第三节　各领域的优势机构 ⋯⋯⋯⋯⋯⋯⋯⋯⋯⋯⋯⋯ 164
第四节　理财子公司落地大资管 ⋯⋯⋯⋯⋯⋯⋯⋯⋯⋯ 167
第五节　非银资管机构的突围方式 ⋯⋯⋯⋯⋯⋯⋯⋯⋯ 172

第九章　私募基金行业的挑战与重构 …… 177
- 第一节　我国私募基金行业现状及存在的问题 …… 179
- 第二节　资管新规对私募行业的影响 …… 188
- 第三节　新时代私募基金行业的挑战 …… 192
- 第四节　新时代私募基金行业的机遇与重构 …… 196

第十章　公募基金面临的机遇与转型 …… 201
- 第一节　我国公募基金行业的现状 …… 203
- 第二节　资管新规对公募行业的影响 …… 212
- 第三节　公募基金行业面临的挑战 …… 215
- 第四节　公募基金行业面临的机遇与转型 …… 219

第十一章　信托行业面临的转型与调整 …… 223
- 第一节　我国信托行业的现状分析 …… 225
- 第二节　资管新规对信托行业的影响 …… 239
- 第三节　信托行业面临的挑战与发展趋势 …… 243
- 第四节　信托行业调整与转型 …… 247

第十二章　人工智能在资管行业的应用前景 …… 253
- 第一节　金融科技对资管行业的影响 …… 255
- 第二节　人工智能在资管行业的应用 …… 258
- 第三节　人工智能提升资管行业的经营水平 …… 264
- 第四节　智能投顾开创新兴资管业态 …… 272

主要参考文献 …… 285

附　录 …… 291

第一章
中国资产管理的现状和困境

自 2016 年末，我国资产管理行业正式进入百万亿元时代。国民财富增长推动资产管理行业发展，金融科技革新助推资管机构发展，区块链、大数据等新型金融科技的应用将不断推动传统资管业务转型。资管行业迅猛发展的同时，也面临着刚性兑付、监管套利、多层嵌套等问题。2017 年开始，资管行业开始进入艰难时期。在这一年，一行三会金融严监管态势不断加码，行业套利空间收窄，既有的商业模式面临巨大挑战；不少企业规模收缩、盈利下滑，行业的阶级固化也让中小型企业的突围变得异常艰难。2018 年，随着资管新规的出台以及一系列配套细则的实施落地，资管行业正式进入新时代。

第一节 资产管理行业的发展历程

从 2002～2003 年公募基金实际起步开始，我国资产管理行业的发展历程不足 20 年。这段不长的历程可以大致分为四个阶段，第一阶段是 2007 年之前，以公募基金为主导；第二阶段是 2008～2011 年，是信托崛起的阶段；第三阶段是 2012～2016 年，资管行业飞速扩张；第四阶段是 2017 年至今，信托行业监管升级，去杠杆开启。

一、2007 年之前，以公募基金为主导

2007 年之前，资产管理行业以公募基金为主导，其本质依然是"受人之托，代客理财"。

受益于股权分置改革完成，资本市场资源配置功能逐步完善，形成股市财富效应，公募基金投资标的以标准化的权益市场和债券市场为主，而投资的基础资产主要是二级市场股票，产品结构以股票型基金和偏股型基金为主。由于债券市场规模有限，基金行业主要受权益市场影响，2006～

2007年股票牛市带动以基金为主的资产管理行业迅速发展，甚至出现产品供不应求的现象。2005~2007年是公募基金的大发展时期，尤其是2007年，中国基金业迎来市场盛宴。在2007年前10个月的短短时间内，基金规模从2006年末的近9000亿元，扩张到3万亿元，基金持有户数扩展到1.1亿户。2007年，公募基金占市场的成交量达到10%以上。

据统计，2007年，中国大约有1/4的家庭购买了基金，有上万亿元的居民存款借道基金进入理财市场，当时的基金资产总规模相当于居民人民币储蓄总额的1/6，而A股市场超过28%的股票被基金收入囊中。

同时，受牛市刺激，银行理财也开始发展。股票类（主要由股票挂钩结构型、新股申购类、QDII产品三类组成）银行理财产品数量激增，从2005年的寥寥无几到2006年的100余款再到2007年的900余款，呈爆发性增长。

在该阶段内，资产管理行业规模较小，投融资功能发挥不明显，受股票市场影响较大，行业细分领域竞争充分程度不高。

二、2008~2011年，银信合作快速扩张

2008年以后，资产管理各子行业逐渐兴起，受益于金融危机后大量表外融资需求的产生，银行理财和信托业务规模扩张较快，基金行业一家独大的市场格局逐步结束。

2009年，为对冲2008年的金融危机，政府推出了一揽子的财政刺激计划，辅之以"宽货币+宽信贷"的货币环境来提振经济。在"保增长"的指挥棒下，信贷如脱缰野马般一路狂飙，银行业人民币贷款新增9.59万亿元，相比2008年的4.9万亿元激增95.7%，几近翻番，创下历史新高。资金则主要流向了"铁、公、基"项目。在稳定经济增速的同时，带来了房价上涨和通货膨胀，地方政府债务也越滚越多，控制房地产和地方政府融资欲望成为当务之急。

2010年初，央行采取"差别准备金率"和"限贷令"对前期扩张过快的银行表内业务进行限制，特别是政府融资平台和地产项目；银监会开始限制信贷资金投入房地产行业，并拟定了地方融资平台名单，限制地方融资平台从银行获得贷款，这些政策使得地方政府措手不及，投资的项目已经启动，而后续的银行信贷资金没有按照计划下放，项目又不能停止，银行急需一种能够突破监管限制、表内资产表外化的工具。

此时，理财产品与信托公司的价值凸显，银信合作蓬勃开展，银行通过信托计划将理财资金投向信贷资产、信托贷款，实现向房地产企业和地方政府融资平台提供融资。银行借助信托通道，绕道表外"非标"进行信贷扩张，银行理财和信托规模同步上涨。仅2010年上半年就达到2.8万亿元的惊人规模，远远超越了2009年全年的1.77万亿元。

银信合作业务是后来较为流行的"非标"业务和影子银行业务的雏形，大量使用了资金池模式并具备刚性兑付属性，使得资产管理业务逐步偏离了"受人之托、代人理财、风险自担"的属性，将风险停留在金融机构体系内，给市场造成了一定的扭曲并形成潜在系统性风险。

2010年以来，除了资本市场，信托、私募、小额贷款等其他社会融资渠道也纷纷攀升至千亿元的规模。这些机构实际履行着银行的职能，但却属于游离于货币政策直接监管之外的"影子银行"。

在这一阶段，资产管理行业逐步向"通道"延伸，在企业融资端形成对传统信贷业务的替代，推动其在金融行业中占比迅速提升，投融资功能得到较为显著的发挥。此外，居民财富增长、保险规模不断扩大，大量私券股权基金（Private Equity Fund，又称"PE基金"）也开始进入资产管理市场。

三、2012~2016年，大资管时代到来

在这一阶段，资产管理行业步入一轮放松大潮，行业门槛降低，牌照

资源放开，各类资管子行业之间的竞合关系更加充分，行业创新不断，非标资产盛行，资产管理行业彻底沦为影子银行。

2012年，证监会、保监会先后出台一系列措施，放松对资管业务的管理，这一方面为资管行业后来的大发展创造了有利条件，另一方面，也成为诸多资管乱象的起因之一。

2012年下半年，券商创新大会召开后，证监会鼓励券商、基金公司创新改革，陆续颁布《证券投资基金管理公司子公司管理暂行规定》《证券公司定向资产管理业务实施细则》《证券公司集合资产管理业务实施细则》，允许券商资管、基金子公司、期货公司资管成为通道，相当于给银行理财增加了信托以外的新的"放水管道"。但由于各类金融机构分属于不同监管系统，银监会无法穿透证监会系统的券商资管、基金子公司等，导致监管难以奏效。通过券商或基金可以绕开众多之前（原）银监会颁布的法规约束，因为2012年之前银监会发布的法规并未考虑到会有券商基金资管这种渠道大规模和银行合作的可能性。这种法规字眼上的漏洞，为敢于闯监管灰色地带的银行带来很大便利，银证通道合作蓬勃开展。

同时，保监会发布一系列新政，允许符合一定资质的保险公司开展定向资产管理、专项资产管理或者特定客户资产管理等投资业务，大大扩大了保险资产管理的业务范围，也为保险资金与其他非保险资产管理机构的合作提供了依据。

随着国家对资产管理行业管制的逐渐放松，银行理财资金投资非标准化债权资产增加了各种资管新渠道，大资管时代轰轰烈烈地到来，资产管理行业进入进一步的竞争、创新和混业经营时代。

在这一阶段，不同类型的资产管理机构蓬勃发展，机构数量也大大增加，不同类型、不同策略、不同标的、不同风险偏好特征的资管产品多样化发展。在此阶段银行理财凭借明显的渠道优势迅速发展，资产管理行业负债端扩张对于银行的依赖程度不断加深，形成银行理财一家独大的市场格局（见图1）。

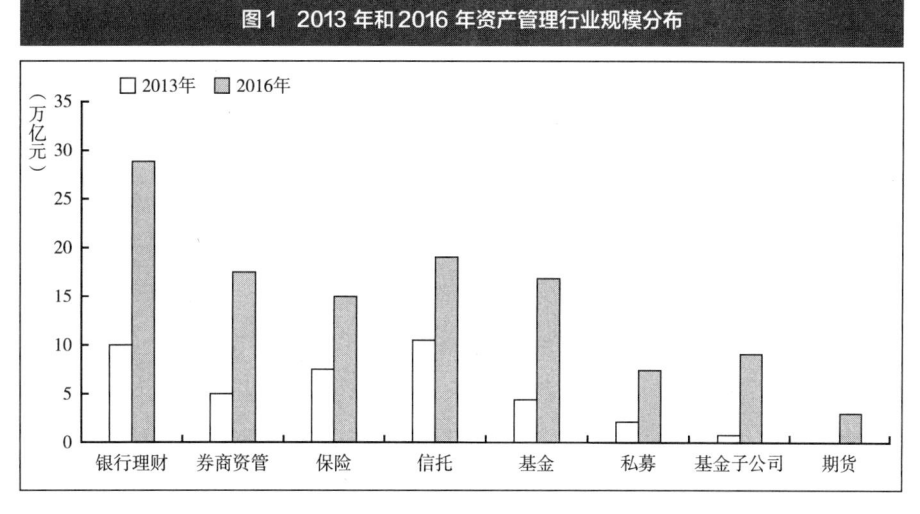

图1　2013年和2016年资产管理行业规模分布

资料来源：Wind资讯，建投研究院。

四、2017年至今，规范化发展

经过多年发展，我国资产管理业务在服务实体经济、促进金融行业市场化、增加居民财产性收入等方面发挥了重要的作用，但发展过程中呈现出的刚性兑付、多层嵌套、池化运作、非标泛滥等特征导致风险不断累积，同时也出现一定程度的影子银行和交叉金融产品乱象。如利用理财产品从事"非标"投资、资产出表等监管套利活动，将银行、证券、保险三大行业交织在一起，在现有的监管体制下，放大监管真空，提高监管套利的收益。

对此，监管部门主动对资产管理行业中的不协调、不合理之处进行反思和整顿。2017年的《政府工作报告》明确指出："当前系统性风险总体可控，但对不良资产、债券违约、影子银行、互联网金融等累积风险要高度警惕。稳妥推进金融监管体制改革，有序化解处置突出风险点，整顿规范金融秩序，筑牢金融风险'防火墙'。"

另外，两会前召开的中央财经领导小组第十五次会议明确提出，金融领域的工作重点是防控金融风险，加快建立监管协调机制，加强宏观审慎监管，强化统筹协调能力，防范和化解系统性风险。要及时弥补监管短板，做好制度监管漏洞排查工作，参照国际标准，提出明确要求。要坚决治理市场乱象，坚决打击违法行为。要通过体制机制改革创新，提高金融服务实体经济的能力和水平。

防风险成为2017年中国金融领域的重点。针对资管行业、银行、公募、保险等，"一行三会"等监管机构密集出台一系列金融监管政策，标志着自2012年以来，以金融自由化、影子银行、资管繁荣为特征的金融扩张周期迎来分水岭，金融繁荣时代落幕了，金融周期正进入下半场收缩的新时代。

2017年7月14～15日，全国金融工作会议决定设立国务院金融稳定发展委员会（以下简称"金稳委"）。2017年11月，金稳委召开第一次工作会议，强化金融监管协调，提高统筹防范金融风险能力被作为金稳委工作重点之一提出。2018年3月，银监会、保监会合并，成立银保监会，中国金融监管体制延续多年的"一行三会"结构变为"一行两会"，并将原银监会、原保监会拟定银行业、保险业重要性法律法规草案和审慎监管基本制度的职责划入央行。4月，《关于规范金融机构资产管理业务的指导意见》（简称"资管新规"）正式发布并实施，我国资管行业开启统一监管的新时代。

之后一年，监管机构马不停蹄地规范清晰资管各子行业的发展细则，这些行业包括信托、银行理财、期货资管、券商资管等。

这是推动中国金融体系新、旧时代切换的基础性监管制度变革，以信贷思维做资管、刚性兑付、非标资产、预期收益型理财产品等一系列既有行业规则都会被打破，取而代之的是依托多层次资本市场和标准化资产的直接融资、净值化产品和主动管理体系。未来，在统一监管框架的基础上，经过清理整顿，资产管理行业将重新回归业务实质，届时，主动管理能力和产品创新能力将成为竞争胜负的撒手锏，谁能提前变革，谁就能在下一次腾飞中抢占先机。

第二节 资产管理行业发展动力

近些年来,随着我国经济的高速增长,居民财富不断积累,国民财富中金融资产配置比例逐年上升,人口老龄化及互联网技术创新等因素推动我国资管业务蓬勃发展。资产管理覆盖人群扩大,高净值客户和长尾大众双向发展。

一、经济"稳增长"促进国民财富保持快速增长

2017 年,全国居民人均可支配收入为 25974 元,同比增长 9.0%,城镇居民人均可支配收入同比增长 8.3%,农村人均纯收入同比增长 8.6%,均高于 GDP 增幅。我国金融资产总量在 2017 年已逾 250 万亿元。按财富总值排名,中国财富市场规模已跃居世界第三。根据招商银行与贝恩公司共同发布的《2017 年中国私人财富报告》,2016 年全国个人持有可投资资产总规模达 165 万亿元人民币,2014~2016 年年均复合增长率高达 21%;预计 2017 年全国个人持有可投资资产总规模达到 188 万亿元,同比增长 14%(见图 2)。预计 2017 年中国高净值人群达到 187 万人左右,同比增长 18%;高净值人群持有财富达 58 万亿元人民币,同比增长 19%。

中国私人财富市场持续释放可观的增长潜力和巨大的市场价值,并随着中国财富积累保持较快的速度。根据党的十八大目标,要多渠道增加居民财产性收入,实现居民收入增长和经济发展同步,到 2020 年实现城乡居民人均收入比 2010 年翻一番。《2017 年中国私人财富报告》指出,机构理财份额由 2009 年的 40% 上升到 2017 年的约 60%,其中私人银行管理部分达到了近 50%。对资产管理业务而言,国民财富的增加意味着市场潜力的快速增长,将带来巨大的财富管理市场需求。

图2 中国2006~2017年全国个人持有可投资资产总规模

类别	年均复合增长率 (2006~2016)	(2012~2014)	(2014~2016)	(2016~2017E)
现金及存款	15%	11%	15%	11%
资本市场产品**	25%	8%	30%	12%
境外投资	27%	27%	22%	18%
投资性不动产净值	35%	40%	29%	15%
银行理财产品	38%*	20%	26%	10%
保险-寿险	20%	18%	23%	15%
其他境内投资	55%*	48%	35%	26%
	20%	16%	21%	14%

各年份总规模（万亿元）：2006年26；2008年39；2010年63；2012年83；2014年112；2016年165；2017E年188。

注：*"其他境内投资"和"境外投资"的年均复合增长率为2008~2016年数据。
　　**"资本市场产品"包含个人持有的股票、公募基金、新三板和债券。
资料来源：贝恩公司高净值人群收入-财富分布模型；《2017年中国私人财富报告》。

二、国民财富中金融资产配置比例逐年上升

在居民财富规模实现稳步增长的同时，其内在结构配置也在不断调整。2006年以前，居民非金融资产配置比例一直保持在60%左右，其中住房资产占居民总资产比重超过50%。但在后续阶段，住房资产配置比例明显收缩（见图3）。与之相对应，金融资产的占比开始逐渐上升。

从金融资产的内部结构看，存款的占比最高。除个别年份由于证券市场波动带来的影响外，存款占金融资产的比重大都维持在80%以上。但自2010年起，存款占比开始逐年递减，金融机构理财产品占比不断上升。截至2014年，存款占金融资产比例已降至70%以下，金融机构理财产品占比已接近20%。居民的资产配置结构已出现显著变化（见图4）。

图3　居民住房资产占比快速下降

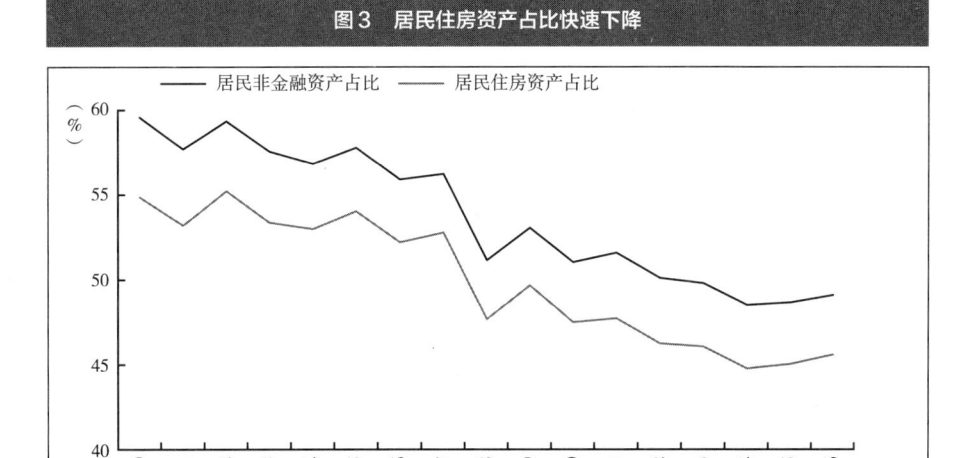

资料来源：Wind 资讯，建投研究院。

图4　各类金融资产占比变化情况

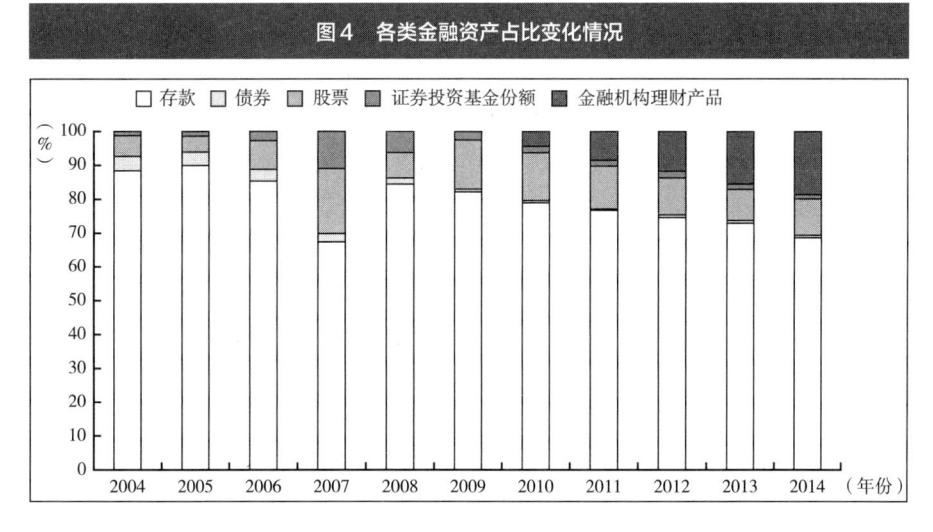

资料来源：Wind 资讯，建投研究院。

在国民财富不断积累的过程中，民众的资产配置方式也在同步发生调整。在房地产业度过黄金发展期后，普通民众迫切需要替代性的投资渠道来实现财富的保值增值。行业发展以及需求偏好的变化使得居民家庭资产配置中房地产的比重会进一步下降，对金融资产的需求则会继续上升。

三、人口老龄化及互联网技术创新推动资管业务发展

人口老龄化对社会是一种挑战,但对资本市场和资产管理行业是一个难得的发展机遇。随着社会人口老龄化,养老保险基金入市,人们对财富管理要求提高等一系列因素给资产管理带来新的机遇。老龄化趋势在短时间内不可逆转,而现有的社会保障体制仍较难满足日益增长的养老需求。因此,在政府社保体系之外,具备保值增值能力和跨期配置属性的金融产品,如商业养老保险、理财规划、理财产品等成为重要的替代型养老手段,拥有巨大的增长空间。

另外,伴随居民理财意识的提升,互联网理财,尤其是货币基金互联网销售的发展丰富了居民的投资需求。居民理财意识的不断提升为资产管理行业带来了巨大的发展空间。

四、资产管理覆盖人群扩大,高净值客户和长尾大众双向发展

我国正迎来大资管时代的黄金时期。未来,特别是近年来,随着余额宝等新型理财产品的出现,"资产管理"由过去机构和高净值的人士参与开始走向平民化、普惠化,资产管理覆盖的人群进一步扩大。老百姓的散钱、小钱也可以通过资产管理实现财富化。因此在未来的发展领域中,财富管理更倾向于具有理性投资意识、对资产管理的需求多元化的客户群体。

高净值客户仍将是资产管理的中坚力量,其投资行为的成熟和需求的复杂化对资产管理机构提出了新的要求,投资品类日趋多元化,从产品的专业性拓展至服务的安全性、私密性等。

对于中产阶级及长尾大众,互联网和科技进步带来新机会。2015年中国中产家庭(家庭月收入为8000~23000元)数量为8000万户左右,长尾大众总数在2亿人左右(家庭月收入在8000元以下),这些客户的财富管

理以家庭财富的保值增值为主要目标，风险承受能力较弱，对流动性要求较高。过去，这部分人由于单位价值低、难以覆盖服务成本而被资管机构所忽视。随着互联网金融的深入发展，资管机构一方面可充分利用线上渠道低成本地触达客户，例如与已形成一定规模的互联网金融销售平台进行合作，或与拥有强大线上生态的互联网企业合作，以社交媒体、高频应用软件为销售渠道；另一方面，借鉴互联网思维和大数据技术，对传统金融产品进行简化和创新，通过标准化的拳头产品低成本地服务客户。对于中小资管机构来说，借助互联网和新技术的"赋能"，过去被忽视的中产和大众客群恰恰是实现弯道超车的良机。

因此，在国民财富增长、人口老龄化、互联网科技创新发展的背景下，资产管理需求将持续快速增长，并从单一化向多元化转变。

第三节 中国资产管理行业的格局分布

随着居民财富的迅速积累，居民对理财的需求日益增长，中国的资产管理行业迅猛发展。在此背景下，自 2012 年 5 月以来，中国的资产管理行业迎来了一轮监管放松、业务创新的浪潮。新一轮的监管放松，在扩大投资范围、降低投资门槛以及减少相关限制等方面，均打破了证券公司、期货公司、证投基金管理公司、银行、保险公司、信托公司之间的竞争壁垒，使资产管理行业驶入发展快车道，中国资管行业进入了大资管时代。

一、资管行业总体情况

从 2017 年的情况看，资管产品规模占比前三名分别是银行理财、信托资产和公募基金（含基金专户和子公司）。从我国资管行业的发展情况看，银行理财一直是资管行业最为重要的组成部分，其占比维持在 25% ~

30%。此外，在经过长时期的发展后，资管行业内部结构占比已逐步均衡（见图5）。

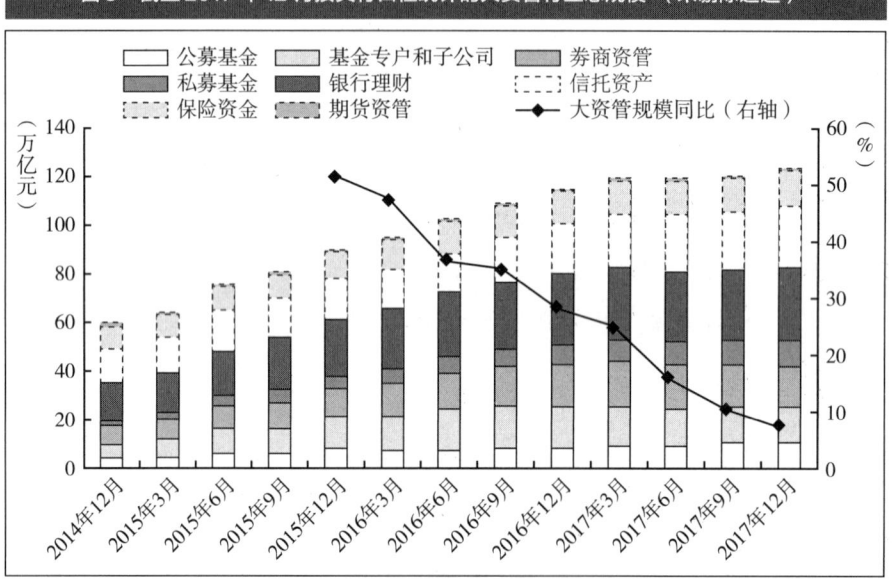

图5 截至2017年12月按央行口径统计的大资管行业总规模（未剔除通道）

资料来源：覃汉：《后新规时代，大资管行业全景解析》。

二、资管业务链

从各资管机构的作用以及资管业务链的角度，可以将资管行业分为资金获取、投资管理以及通道业务三方面（见图6）。

1. 资金获取。由于具有先天的优势，商业银行在资金获取方面占据了主导地位，并且银行还承担了部分保险和公募基金的代销。证券、公募基金以及保险拥有一定的线上或者自销渠道，此外，其他资管业务的资金几乎全部来自银行或者必须要由银行经手。

2. 投资管理。商业银行的资金一部分会投资货币市场和债券市场，除此之外主要通过券商进行投资业务的管理。其他资管业务，例如保险、公募基金、集合信托等主要是依靠自身的资管能力进行投资。

3. 通道业务。通道方面主要是单一信托、基金子公司、券商专项计划以及期货资管。这类机构的资金直接或间接来自商业银行，主要投向非标资产，包括定增、股票质押融资等。在监管新规出台后，银行投资非标业务只能通过信托进行。同时，基金子公司、券商资管的规模也将受到影响。

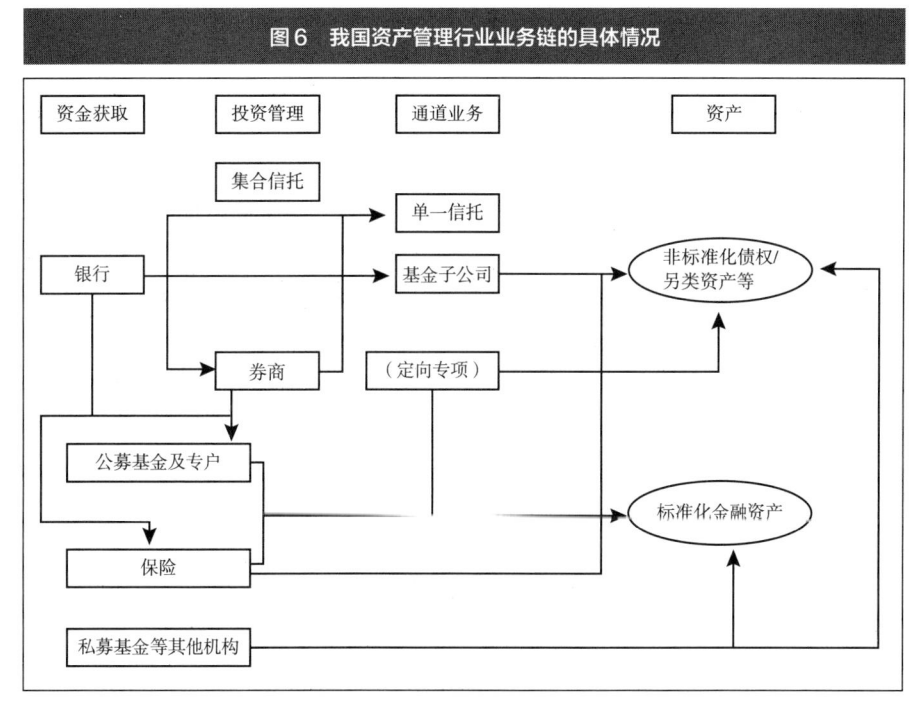

图6　我国资产管理行业业务链的具体情况

资料来源：申万宏源研究。

三、资管市场的结构特征

1. 目前仍以个人投资者为主

资管市场的资金来源主要包括机构投资者和个人投资者。目前我国资管市场仍以个人投资者为主，这不是成熟市场的表现。相较于全球市场，我国资管市场最显著的特征是机构资金占比较低，仅为40%左右，其中养老金占比远低于全球水平（见图7）。

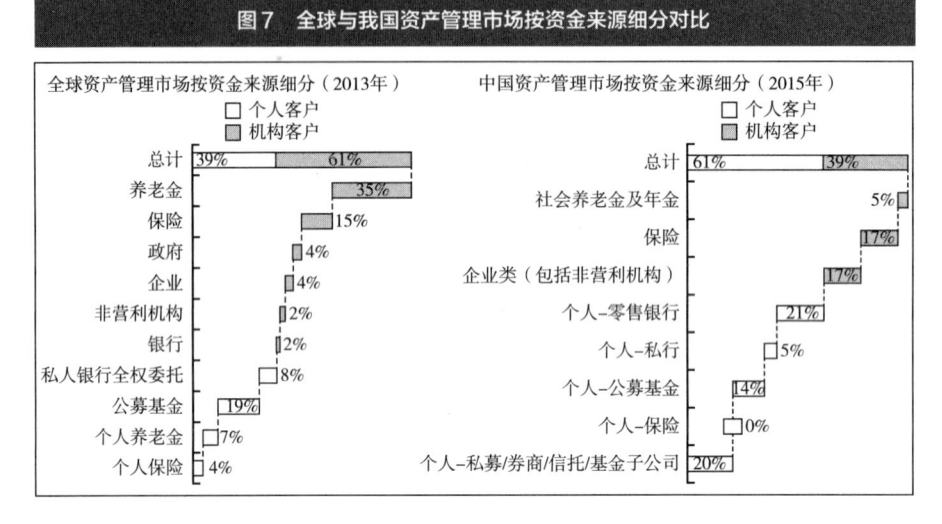

图7 全球与我国资产管理市场按资金来源细分对比

全球资产管理市场按资金来源细分（2013年）

类别	个人客户	机构客户
总计	39%	61%
养老金		35%
保险		15%
政府		4%
企业		4%
非营利机构		2%
银行		2%
私人银行全权委托	8%	
公募基金	19%	
个人养老金	7%	
个人保险	4%	

中国资产管理市场按资金来源细分（2015年）

类别	个人客户	机构客户
总计	61%	39%
社会养老金及年金		5%
保险		17%
企业类（包括非营利机构）		17%
个人-零售银行	21%	
个人-私行	5%	
个人-公募基金	14%	
个人-保险	0%	
个人-私募/券商/信托/基金子公司	20%	

资料来源：BCG：《中国资产管理市场2015》。

对于个人投资者，高净值客户仍是中坚力量。而长尾大众作为新兴客户群，资管机构可以凭借互联网金融以较低的成本服务此类客户。

对于机构投资者，近期监管层正在构建长期资金入市机制，外资、保险、社保基金、企业年金等将成为资本市场发展的主导力量，资管市场的投资者结构也将得到进一步优化。

2."资产荒"影响产品收益、创新及结构

"资产荒"成为近几年的突出问题。资管行业在资产端缺乏相对高收益、低风险的优质基础资产，使得资管机构不得不降低产品收益。为了抵御市场份额流失的压力，领先资管机构需要主动拓展资产类别和策略并加大产品创新，夯实行业研究和风险管理基础来应对挑战。结合经济调整期"资产荒"现象的延续以及直接融资快速发展的宏观背景，未来被动管理型和除非标固收外的另类投资产品整体上会出现较快发展，例如指数型基金、私募证券基金、私募股权基金；而主动管理型中，股票类产品以及跨境类产品也有较大发展潜力。

未来,资管机构的竞争态势将有所改变,资金获取能力最为重要,银行仍为中坚力量;随着机构投资者占比上升和险资运用空间的放大,保险资管将迎来较快发展;公募基金和私募基金得益于直接融资加速,增速较快;而信托、基金子公司和券商资管等高度依赖通道业务的资管机构则面临转型。

3. 赢者通吃

我国资管行业赢者通吃现象开始显著。我国大资管市场集中度与全球类似,前20大资管机构市场份额总计44%,而细分市场行业集中度更高(见图8)。

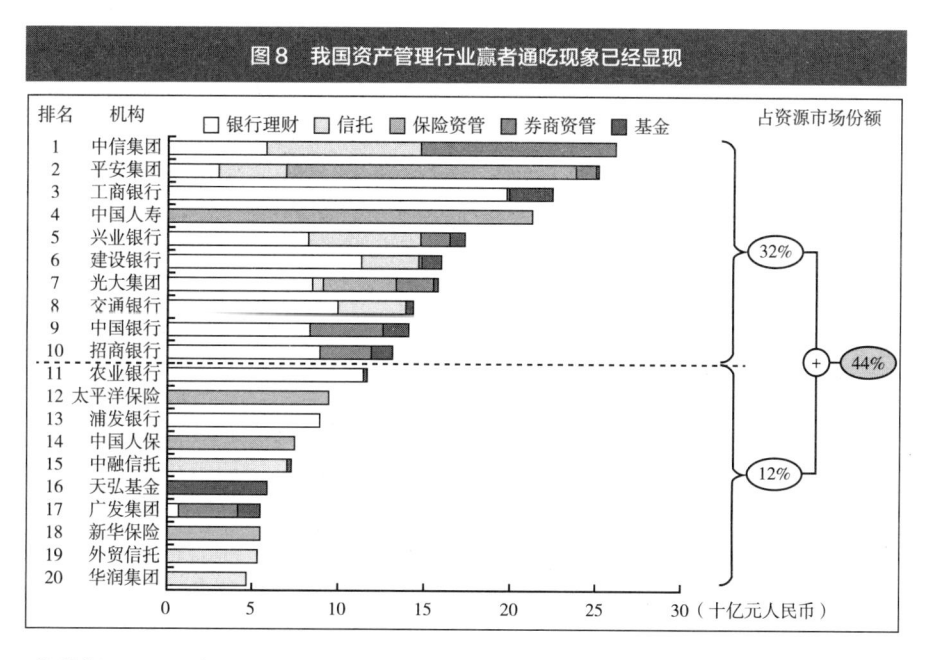

图8 我国资产管理行业赢者通吃现象已经显现

排名	机构
1	中信集团
2	平安集团
3	工商银行
4	中国人寿
5	兴业银行
6	建设银行
7	光大集团
8	交通银行
9	中国银行
10	招商银行
11	农业银行
12	太平洋保险
13	浦发银行
14	中国人保
15	中融信托
16	天弘基金
17	广发集团
18	新华保险
19	外贸信托
20	华润集团

类别:银行理财、信托、保险资管、券商资管、基金

占资源市场份额:32% + 12% = 44%

资料来源:BCG:《中国资产管理市场2015》。

未来,资管市场将走上差异化路径,部分机构通过跨界混业做大规模,部分机构则通过精品化建立特色。此外,长期来看,资管机构可管理的资产范围将逐渐放开,赋予资管机构更大的市场空间。

第四节　中国资产管理行业存在的问题

一、负债端主要依托银行理财

2012年开启的"资管大时代"本质上是"影子银行"飞速膨胀带来的大时代。银行理财拥有了信托、保险资管、券商资管、基金子公司、期货公司资管等通道，非标准化债权资产的业务高速发展，既催生了资管行业的发展，又将银行理财推升到一家独大的市场地位，整个资产管理行业负债端扩张对于银行的依赖程度不断提高，资产管理行业发展不平衡、质量不高。

非标准化债权资产的业务形式从最开始的银信合作，到信托受益权，再到银证合作、银证信合作、银保合作，通道日益多元化，交易结构日益复杂化。但无论形式如何多变，其本质上就是向企业发放贷款，即先由通道方设立特殊目的载体（Special Purpose Vehicle，SPV，如资管计划），向融资人发放委托贷款或信托贷款，再由银行理财资金购买SPV，实现用理财资金向借款人放款的目的。

非标资产的盛行，使资产管理业务彻底沦为影子银行，且面临监管不足风险。所谓影子银行，即不是银行但其业务模式与银行类似的机构。从资金来源端看，大部分均为银行理财资金，在刚性兑付的背景下，理财产品已被存款化，投资者购买理财产品，就跟持有存款一样，获得固定的利息收益，而从资金投向上看，投资各资管产品层层嵌套的非标准化债权资产，其实质就是为企业贷款。这实质上的"一存一贷"，加上运作过程中的期限错配、资金池管理，使得资管业务彻底沦为影子银行。

与银行表内存贷款业务面临严格的资本充足率、不良率、流动性、贷款投向限制等监管要求不同，银行借助表外理财及其他类型资产管理产品实现表外存贷款，不受资本充足率、不良率、流动性等监管指标约束，贷款投向也无明确禁止性规定，风险有可能失控，产业政策有可能失效。

同时，由于非标资产多投资于地方融资平台、房地产企业行业，行业集中度较高，隐藏的信用风险较大，随着房地产调控政策不断加码、财政部严查政府违规债务，作为传统投资领域的房地产和政府融资平台风险也在不断集聚。行业集中度过高，使资金方极易受到行业生命周期和政策调整的影响。一旦发生不利变化，风险传染和集聚速度将远快于传统信贷业务，存在系统性风险隐患。

二、同业空转问题严重

金融的本质就是资金的配置流动，天然具有三个构成要素：资金来源、资金运用以及资产配置（见图9）。

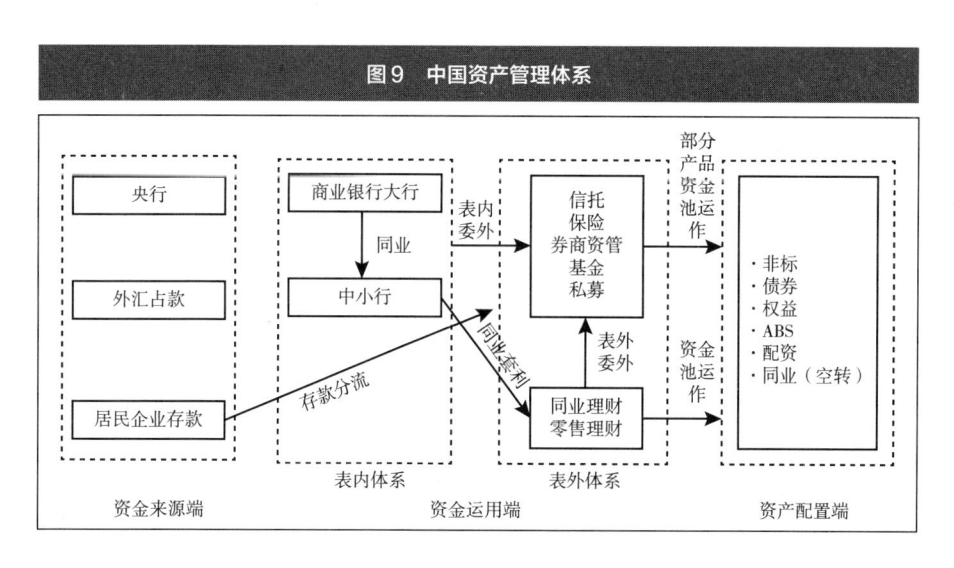

图9 中国资产管理体系

资料来源：建投研究院。

金融机构的资金来源于居民和企业，或者是央行。2014年前，外汇占款是主要的基础货币投放方式，央行被动对冲增加的外汇占款，用央票、正回购等手段回收流动性。2014年后，外汇占款大幅下降，从最高点的27万亿元人民币降至21万亿元人民币，减少了6万亿元人民币，传统基础货币投放的手段失效。基础货币的投放方式不得不发生改变，央行开始主动释放基础货币，来补充外汇占款下降产生的流动性缺口。特别是2013年前后，央行创建了新型货币工具，包括PSL/定向降准/SLF/SLO/MLF/TSL/CRA等，货币政策"稳增长"的同时还能实现"调结构"，例如PSL的投放条件是支持棚户区改造，定向降准的激励相容条件是银行必须对小微企业和"三农"的贷款达到合适的比例等。不过，能够拿到央行公开市场操作释放资金的是一级交易商，能获得此资格的大部分为大型金融机构，2018年3月央行考核制度修订后要求更为严格，中小机构达标难度进一步加大。因此，相较于外汇占款的方式，中小银行更难从公开市场操作中获得基础货币的补充。

这时，中小银行只能依靠同业补充负债来源，即发行同业负债工具（线下同存、同业存单等），把央行给一级交易商的钱借来。所以，资管新规之前，我国金融市场的流动情况大致是：大银行从央行获取公开市场操作的资金，用这些资金去购买中小银行发行的存单，中小银行拿到了存单的资金，去购买体量更小银行的同业理财（只要同业理财的报价高于同期限同业存单即可），中小银行拿到同业理财的资金再去寻找产品报价高于同业理财的非银机构委外产品，形成了OMO—存单—同业理财—委外—债券的资金流动体系。同业空转现象严重。

三、资产管理发展业态扭曲

融资扭曲造就了高收益资产，刚性兑付给相关资产提供了隐形担保。所以在我国资管实务中，"募资找钱"比"投资管钱"更重要，这扭曲了我国资产管理产业链的形态。从资金来源看，来自于机构的短期资金成为资管体系中最渴求的资金资源；从资产端看，刚兑导致无风险利率高企，权益资产长期难以走牛。最终通过地方政府融资平台、房地产等领域的"刚兑信仰",加大相关资产投放的资产管理机构在过去五年最为受益,资产规模实现了最快扩张。

所以,总体上描绘我国资产管理的产业链曲线,会发现有明显"向资金端倾斜"的特征,资源容易集中在销售渠道、客户维护、通道设置等业务线上,资产配置能力在刚性兑付预期下反而不是核心问题。从股东背景看,资金集中在相关渠道方有优势的机构上,拥有银行或保险股东背景的资管机构体现了最高增速。从盈利能力和估值上看,有资金募集和销售属性的资管机构资产规模快速增长并保持较高净资产收益率(Rate of Return on Common Stockholders' Equity,ROE)水平。

因此,在"资金池+刚兑"的运作模式下,资产价格大幅波动的风险不由客户承担,而由机构承担,这违背了资管业务"卖者有责,买者自负"的本质。因此,要改变这一现状,要防范金融风险,就需要对"资金池+刚兑"的资管产品运作模式进行监管。这也是资管新规出台的重要原因。

2018年颁布的《关于规范金融机构资产管理业务的指导意见》(即"资管新规")、《商业银行理财业务监督管理办法》等文件的核心要求在于:统一监管标准;消除多层嵌套、减少监管套利;打破刚性兑付;规范资金池、减少期限错配、降低流动性风险;等等。资管新规的颁布使得银行表外理财、信托和券商资管计划有了打破刚性兑付的可能,而未来融资结构扭曲的解决有赖于监管的放松。对我国资管行业而言,资管新规的颁布与落实可以被视为一次制度变迁的过程。

资管新规要求金融机构对资产管理产品应当实行净值化管理,这样做一方面是为了降低保本保收益或者存在刚兑预期的非保本产品对表内存款大规模分流产生的负债压力;另一方面,"资金池+刚兑"模式会加剧金融市场的脆弱性,产品净值化能够真正实现"卖者有责,买者自负",把市场风险尽可能分散,而不是聚集于金融机构内部,做到市场风险与机构风险的切割。

从美国成熟市场的经验看，刚性兑付的边界仍然模糊。除了对投资者加强金融风险投资者教育，我国资管机构更应充分利用资管新规的过渡期，循序渐进。以目前银行理财的产品转型进程为例，新发产品较多以投资到高等级、高流动性债券的现金管理型产品（类货基）为主，相关产品以摊余成本法计量为主，既符合投资者习惯，也符合资管新规要求。如果以后产品都转向净值型，那么行业的盈利模式会由原来"预期收益型产品+超额留存"模式转变为"净值型产品+固定管理费"模式。在这种模式下，资管产品的投资客户自担风险，金融机构无须继续为资管产品的刚兑兜底。于是，资管产品"高息揽储"的特征消失，资管行业将回归资产管理的本源。

第二章
全球资产管理特色发展模式

目前，全球资产管理规模明显落后于财富增长，其中亚太地区的市场渗透率则要低于其他地区。全球资产管理巨头们在扩张规模的同时逐步形成了四大差异化模式以及依托原有金融机构发展起来的保险资管模式和投行资管模式等。本章我们将为读者讲述以贝莱德为代表的全能资管模式、以黑石为代表的精品资管模式、以阿波罗为代表的另类资管模式、以美林为代表的财富管理型资管模式、以安联保险为代表的保险资管模式以及以高盛为代表的投行资管模式的发展借鉴与启示。

第一节 全球资产管理发展现状

资产管理起源于欧洲，发展壮大于美国，目前美国拥有世界上最大、最成熟、竞争最激烈的资产管理市场。全球资产管理发展目前已趋于稳定，其中比较有代表性的是四大差异化模式，以及保险资管和投行资管模式。

一、资产管理行业的起源

资产管理行业最早起源于欧洲。工业革命之后，资本的原始积累和私人财富的增长为资产管理行业的发展提供了可能。最初的资产管理行业面对的客户主要是各国政府以及少数拥有较多财富的个人，类似于"主权基金"或"私人银行"；而将多数投资者的资金汇集起来进行分散投资的思想，据悉最早在1774年由荷兰商人凯特威士付诸实践，其所创办的一只信托基金名称中就包含着"团结就是力量"的含义，但是真正将基金运作模式推广开来的是1868年在英国成立的"海外及殖民地政府信托基金"，该基金一般被认为是封闭式投资基金的起源。该基金与股票类似，不能退股，亦不能将基金份额兑现，认购者的权益仅限于分红和派息两项，基本形成了现代基金的雏形。

早期的基金管理没有引进专业的管理人，而是由投资者通过签订契约，推举代表来管理和运用基金资产。1873年，苏格兰人罗伯特·富莱明创立"苏格兰美国投资信托"，专门办理新大陆的铁路投资，聘请专职的管理人进行管理，这时投资信托才成为一种专业型行业。1879年，英国颁布《股份有限公司法》，英国部分投资基金开始发展成为股份有限公司式的组织形式。公司只投资有价证券或其他金融工具，而不从事一般的商业运营活动。一般投资者通过购买该公司的股份而成为份额持有人，依法享有投资收益。

欧洲早期的资产管理业务具有以下两个特征：一是"资金池"为资产管理行业的最小经营单位。二是"资管产品"与"管理人"是天然分离的。以上两个特征塑造了资产管理的监管逻辑和业态。首先，资产管理行业的实质虽然是"受托管理资产"，但早期的资产管理并不一定是"先找受托人，再委托资产"，也存在"先形成资产池，再找管理人"的情况，而向不特定公众募集资金的产品，多是以后者的形式存在的。所以资产管理产品从一开始就和受托人自身信用没有必然相关性，这使得资管行业从诞生起就具有和银行、保险业务不同的内涵——不依赖受托人信用，强调管理人勤勉尽责和投资者风险自担。

二、美国资产管理发展历程

美国的资产管理业务起步于20世纪30年代，最早为保险公司所有，但未形成规模，发展一度缓慢。七八十年代之后，随着国民财富不断积累、利率市场化推进、金融综合化经营、技术持续创新等条件的累积，美国资产管理进入快速发展轨道，90年代后资产管理成为金融服务业中成长最快的领域，1980~2012年，美国投资基金、保险公司、养老基金等主要机构投资者管理资产规模从1.6万亿美元增加至32万亿美元，资产管理规模与GDP比值从55%增至197%，反映了美国资产管理市场高速发展的态势。其中，投资基金从5%增至83%，增长了近17倍。

进入21世纪经济发展对资产管理业务影响显著。至20世纪末，美国资产管理行业呈现稳步上升态势，并未受到美国经济增速整体放缓和经济周期性波动的影响。主要机构投资者管理资产规模从1980年的1.6万亿美元增加至2000年的18万亿美元，资产管理规模与GDP比值从55%增至175%。进入21世纪，包括"9·11"事件后的短期经济下滑和2007年后美国因次贷危机进而形成的金融海啸，都对资产管理行业的发展产生了明显的负面影响。

资产管理随着利率市场化迅速发展。利率市场化改变了市场主体的投融资行为，促进了资产管理行业的快速发展。利率市场化以后各种金融工具的高速发展，自20世纪80年代中期开始，美国居民存款和房屋占资产的比重明显下降，投资越来越多地从存款转向金融市场，数据显示，美国居民和非营利机构部门的金融资产中通货和存款占比从1986年的22%降至2013年的13%。美国、日本、欧洲历史经验表明，利率市场化以后资产管理均进入加速发展的轨道。

混业经营提升了银行资产管理的规模及抗险能力。1987年《格拉斯－斯蒂格尔法案》修正，允许银行持股公司子公司从事一定比例的投资银行业务，金融混业经营放松管制，1999年《金融服务现代法案》使金融混业经营全面开放。在法案实施五年后，转换为金融控股公司（BHC）银行数量占银行业的12%，但资产总额已占到80%。一方面，混业经营使银行的产品线大大丰富，银行可以为客户提供"一站式"的综合性金融服务，满足各种风险—收益特征客户的需求，资产管理业务得到发展。另一方面，与20世纪80年代和90年代初的两次经济衰退中银行大量破产相比，2001年以后美国再次进入衰退期和低速增长期，但银行破产数极少，股票价值、收入增长等方面甚至高于其他行业，主要原因是资产管理、托管等资产管理类业务业绩相对稳定，收入增长增强了银行抵御市场周期性的能力。

三、全球资管发展现状

目前，全球资产管理业务规模持续稳中有升状态。根据波士顿咨询公司（BCG）公布的数据，2017年全球资产管理行业年管理资产总额达到79.2万亿美元。近些年来资管行业的资产规模整体处于上升的趋势。2015年全球管理资产规模约为2002年的2.6倍，具体如图1所示。但是，过去两三年来，全球资产管理市场增长乏力，规模呈稳定发展态势。根据国际机构的预计，未来几年全球资产管理规模增速将低于3%，低于全球经济增长水平。

图1　全球资产管理业务发展情况

年份	2002	2007	2008	2014	2015	2016	2017
万亿美元	27.3	48.2	39.3	70.5	71.4	71.0	79.2

资料来源：建投研究院整理，BCG：《2016全球资产管理研究报告》《2018全球资产管理研究报告》。

全球资产管理规模增长缓慢的主要原因在于：一是管理资产净流入持续低迷，根据BCG的统计，2009年以来，全球管理资产净流入年均增速在1%左右。二是全球金融市场复杂波动，大多数市场表现不佳。三是由于市场竞争加剧，资产管理费率持续有下降压力，收入利润率走低。

从区域上看，市场差异较大。亚太地区（不含日本、澳大利亚）资产管理规模有较强劲增长，2015年增长8%，2016年达到10%左右的增速；北美、中东和非洲的资产管理规模则有所减少；欧洲和拉美地区略有增长，幅度较小（见图2）。欧洲国家中德国、西班牙、意大利增长较快；亚洲国家中，中国和印度的表现最为突出；传统资产管理大国英国和美国的管理资产额则出现下降。总体而言，全球资产管理规模明显落后于财富增长，而亚太地区的市场渗透率则要落后于其他地区。

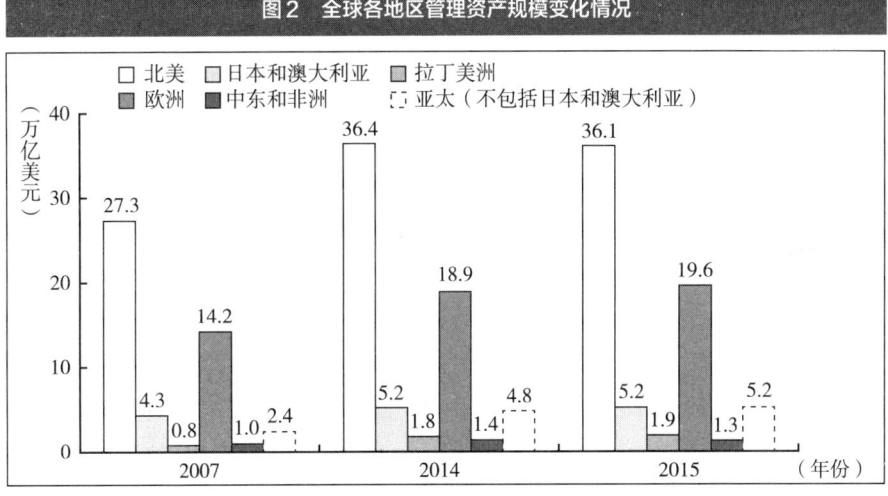

图2　全球各地区管理资产规模变化情况

年份	北美	日本和澳大利亚	拉丁美洲	欧洲	中东和非洲	亚太（不包括日本和澳大利亚）
2007	27.3	4.3	0.8	14.2	1.0	2.4
2014	36.4	5.2	1.8	18.9	1.4	4.8
2015	36.1	5.2	1.9	19.6	1.3	5.2

（万亿美元）

从业务结构看主要包括有零售业务和机构业务两类。其中，零售业务增速明显。2015年末，零售业务在全球资产管理额中所占比例从2011年的37%增至40%。与机构业务相比，零售业务的优势在于长期投资，例如保险类产品和退休金产品。而这类产品占据消费者储蓄的比重在不断上升。

监管方面，美国主要是采取伞形监管的模式。具体操作是联邦政府与州政府作为"伞骨"对金融业进行监管，同时分散设立多个履行监管职能的机构，不同类型的金融业务有不同机构进行监管。德国采取的是混业经营和分业监管的框架，不同业务由不同监管机构监管。英国采取的是统一监管模式。总的来说，统一监管是全球发展趋势。

近年来，全球市场波动不止，黑天鹅事件频发，全球资产管理整体创新平淡，一些原有趋势进一步发展，ETF等被动资产持续强势，全球资产规模超过了以主动管理见长的对冲基金；大型资产管理公司对被动产品的费率进一步降低；由技术驱动的变革对资产管理行业的影响持续变化，智能贝塔产品和智能投顾乃至最前沿的人工智能都在改变并重塑着资产管理行业。

四、全球优势资管业务模式

全球资产管理巨头们在扩张规模的同时逐步形成了多种差异化的模式。

1. 全能资管

全能资管最大的特点就是全能、全面。体现在几个方面：规模领先，而且往往在某几个专长领域特别领先；价值链覆盖比较广泛，从资产获取、产品设计、投资管理到分销和服务，往往都有所涉猎；均衡，在不同资产大类、不同分销渠道、不同地域间都能均衡配置。典型代表包括贝莱德集团（BlackRock，即黑岩集团）、富达投资集团（Fidelity）、Amundi 等。

这一模式之所以成功有两个最关键的要素。一是先在专长领域站稳脚跟，然后形成专长领域的规模效应，并逐渐扩散建立全面的业务能力和客户覆盖。二是通过积极的并购快速扩大规模，获取渠道，建立资产管理能力。

2. 精品资管

与全能资管机构不同，精品资管机构的核心特征是聚焦，往往在特定的产品甚至行业有很强的专长，如专注另类投资的黑石集团（The Blackstone Group），专注基础设施另类投资的麦格理（Macquarie）。

精品资管模式成功的关键有两点。一是卓越的投资能力，体现为通过长期专注于特定行业或资产类别，所积累的前瞻性行业洞察、标的企业合作网络以及所衍生的稀缺资产获取能力，和完善的投后管理体系。二是专业的客户服务能力，主要体现为通过长期服务特定类型的客户所累积的定制化产品开发设计能力，可以向潜在客户提供独特的价值主张。

3. 财富管理

财富管理型资管机构指直接面向客户提供资产配置和财富管理综合服

务的机构，通常以服务个人客户为主，借助对客户的深入理解，能够实现客户需求和资产配置建议的精准匹配，如美林证券（Merrill Lynch）。

财富管理模式成功的关键有三点。一是精准的客户定位，面向高净值客户提供个性化的金融服务；二是以投顾为核心的高质量客户服务体系，有能力提供定制化、综合化的金融解决方案；三是提供综合金融服务，形成对高端财富管理业务的战略匹配，提供全球资产配置服务。

4. 服务专家

服务专家是指专门为资产管理机构提供资产托管、清算、运营等服务的运营模式，如北方信托（Northern Trust）。

对于在托管、清算、运营等领域内具备较强业务基础的银行和信托公司来说，服务专家模式可能是差异化的另一种路径。这一模式的成功主要有两大关键要素。一是现金的 IT 系统和高效率的运营体系是服务专家模式最关键的能力，背后需要较高的科技投入；二是迅速建立规模，资产服务的行业集中度很高。

5. 依托金融机构发展的资管模式

这类模式主要指依托具有广泛渠道、资金来源稳定的金融机构，逐步拓展业务类型，发展而成的资管模式，例如以保险为主导的资管模式和以投行为主导的资管模式等。

第二节　全能型资管模式的发展借鉴与启示

美国最具影响力的专业资产管理机构是贝莱德（BlackRock）。贝莱德集团是全能型资管的典型案例。截至 2017 年 3 月 31 日，贝莱德管理的总资产已达 5.4 万亿美元，涵括了股票、固定收益投资、现金管理、替代性投资、不动产及咨询策略等。

一、贝莱德集团的发展历程

贝莱德集团是全球最大的投资管理公司,主要针对法人与零售客户提供投资管理、风险管理与财务咨询服务。旗下知名基金包括贝莱德环球资产配置基金、贝莱德世界矿业基金、贝莱德拉丁美洲基金、贝莱德新兴欧洲基金、贝莱德世界能源基金及贝莱德新能源基金等。

贝莱德成立于1988年,其最初设立时是黑石集团(The Blackstone Group)旗下的一项固定收益业务。1999年,贝莱德挂牌上市。在之后的很长一段时间,贝莱德都是以固定收益业务为主,虽然此前也曾经试图通过收购State Street研究将其业务扩展到权益领域,但其资产中70%仍集中于固定收益产品。在贝莱德发展过程中,具有标志性意义的事件主要有两个。

一是贝莱德于2006年收购美林资产管理公司(MLIM),这令公司管理的资产规模得以翻倍。收购美林使公司弥补了在权益、固定收益、现金管理等各项策略和产品上的短板。

二是2009年6月收购巴克莱全球投资者(BGI)。同上一次收购美林一样,收购巴克莱不仅没有破坏公司原有的成功业务模式,而且令其管理的资产规模从1.3万亿美元增长到2.7万亿美元。贝莱德一跃成为全球最大的资产管理公司和全球管理资产规模最大的金融机构。同时,公司机构客户资产占比进一步增长到80%以上。

贝莱德公司发展历程见表1。

表1 贝莱德公司发展历程

年 份	大 事 记
1988	成立,初始名称为黑石金融管理(Blackstone Financial Management)
1992	改名为贝莱德(BlackRock)
1995	与PNC公司合并
1999	在纽约交易所上市

续表

年份	大事记
2000	发布贝莱德解决方案系统（BlackRock Solutions）
2005	收购道富研究与管理公司（State Street Research&Management）
2006	与美林资产管理公司（Merrill Lynch Investment Managers, MLIM）合并
2007	兼并 Quellos Group, LLC
2009	兼并巴克莱全球投资者（Barclays Global Investors, BGI），成为全球第一大资产管理公司

二、贝莱德集团的业务模式分析

从 2011 年开始，贝莱德推行了一系列的业务战略调整，其资产管理规模一直在全球范围内保持领先。截至 2016 年，贝莱德的资产管理规模超过 5 万亿美元，与 2015 年同期相比增长 11%，公司总收入为 112 亿美元，净利润为 32 亿美元。

1. 业务种类齐全，权益类投资占比最高

贝莱德的主要业务投向遍布全球股票、债券、大宗商品、房地产、外汇市场等。贝莱德的业务板块主要可分为六个部分，分别是：权益类投资、固定收益类投资、混合类投资、现金管理类投资、另类投资和顾问类业务。相对来讲，其权益类投资和固定收益类投资的占比会高于其他类别，但混合类、现金管理类、另类投资以及顾问类业务在整个产品线中也占据着重要位置（见表2）。

表2 贝莱德业务的主要投资标的类别

单位：亿美元

投资标的类别	2011年	2012年	2013年	2014年	2015年	2016年
权益	15601	18455	23177	24511	24238	26571
固定收益	12477	12593	12593	13937	14224	15723
混合	2252	2677	3412	3778	3763	3950

续表

投资标的类别	2011年	2012年	2013年	2014年	2015年	2016年
现金管理	2547	2637	2756	2964	2999	4036
另　　类	1049	1098	1111	1112	1128	1169
顾　　问	1201	455	217	217	102	278
合　　计	35127	37915	43266	46519	46454	51727

从各项业务占比情况看，权益类的投资标的占比最高，2016年占总金额比重大约为51.4%，其总规模也呈现出相对稳定的增长态势（见图3）。通常情况下，对于业务类别较为齐全的投资公司，其现金管理类产品规模及占比都相对稳定，这与国内资产管理机构不计成本地发展现金管理类产品以实现规模扩张形成了鲜明对比。

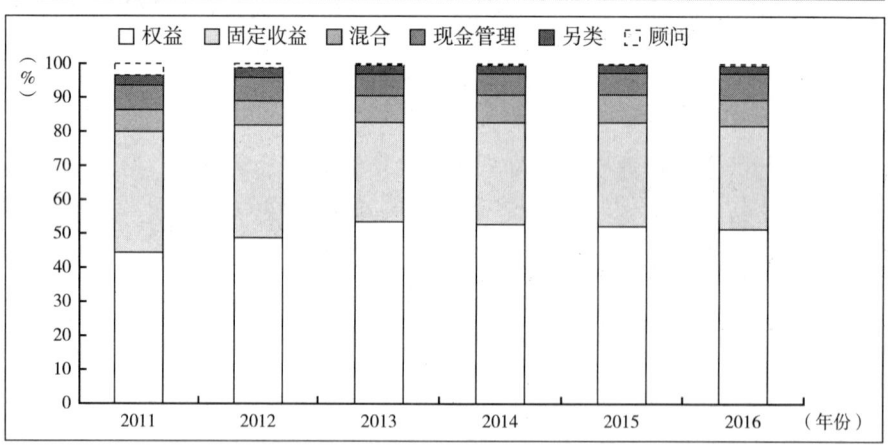

图3　贝莱德主要投资标的业务规模占比

2. 业务覆盖面较广，但主要业务群体仍集中在北美地区

在资产管理业务中，规模效应的存在较为明显。由于交易成本极低带来的便利，贝莱德不断成为许多机构投资者的合作对象，其业务触角逐步遍及全球。总体来说，贝莱德的主要业务范围还是集中在北美地区，亚太地区的权益类产品规模虽远不及其他地区，但其总量也达到约1900亿美元（见表3）。

表3 贝莱德主要业务的地区分布

单位：亿美元

产品分类	北美	欧洲、中东和非洲	亚太地区	合计
权益	16108	6227	1903	24238
固定收益	8077	4854	1293	14224
混合	2334	1204	225	3763
另类	596	359	173	1128
现金管理	2161	810	28	2999
顾问	74	28	—	102
合计	29350	13482	3622	46454

此外，贝莱德积极介入公共资金管理领域，在金融危机之中，贝莱德作为美国政府的顾问，协助美国政府处置贝尔斯登、美国国际集团和花旗集团的不良资产，并参与了美国政府的"公私合营有毒资产处置计划"。除服务美国政府外，贝莱德还为淡马锡等多家主权基金管理金融资产。近年来，贝莱德也在积极拓展在中国的资产管理业务。

三、贝莱德成功的主要原因

1. 资产管理业在全球快速发展是贝莱德成功的先决条件

1988年贝莱德成立时，全球共同基金的资产管理规模不到2万亿美元。但在2015年底，全球投资基金管理资产规模已达到40.2万亿美元，较2014年底增长了12%。尤其在近20年来，指数基金得到迅猛发展，截至2015年第二季度，全球ETF和ETP所管理的资金规模达到2.971万亿美元。被动型指数产品具有计算收益简单、有效对冲风险等特点，因此可以很好地设计成各种不同的理财产品。同时，被动型指数产品比公募基金的收费低很多，这也是其受到市场普遍欢迎的原因。

2. 从发展历程来看，资本运作是贝莱德成功做大的关键

1999年，贝莱德成功上市。这一方面扩大了公司的影响力，另一方面也获得了充足的资金用于开发核心产品。此后，贝莱德进行了一系列的兼并收购。2005年收购了道富研究与管理公司。2006年与美林资产管理公司合并，两年间其资产管理规模从3000多亿美元增至1.1万亿美元，一举确立了贝莱德行业第一的位置。2009年贝莱德又将兼并目标锁定为其最大的竞争对手——巴克莱全球投资者。该并购总价合计135亿美元，贝莱德自身仅拿出8亿美元，其余则均从资本市场上融资得来。

3. 积极管理型投资组合中进行有效的风险控制是其成功的重要原因

贝莱德早期是抵押担保债券的行业领袖。在雷曼兄弟破产之后，贝莱德不仅不需要相应的救援，反而还为美国政府和其他机构提供相应的建议帮助。这和2000年其自行研发的风险管理与交易平台Aladdin（阿拉丁）有很大关系。该系统的基础是一个大型的历史数据库。贝莱德利用这些信息库，同时借助Monte Carlo法则，生成一个大型的随机样本。样本中涵盖了众多未来可能出现的情形，然后贝莱德以此为基础建立一个统计模型，作用在于揭示在一系列未来条件下所有种类的股票和债券的表现。

4. 成功推行业务战略调整

贝莱德成立全球资本市场部、强制集中交流、成立syndicate desk，这是典型的卖方投行业务。一般情况下是由统一渠道向世界各地投资者公布某项投资机会和信息。贝莱德的做法是反向为投行开放了统一窗口。每当投行提供业务信息时，公司便召集分布在全球的投资经理关注，通过集体分析来发现不合理定价，所有部门能够在规避风险的同时利用相应的机会。另外，在面对流动性大幅缩水问题时，贝莱德选择强化电子交易，鼓励内部交叉业务合作。公司通过建立网络社区平台，允许客户自由选择，所有交易都可以在系统内部达成。

第三节 精品资管模式发展借鉴与启示

黑石集团成立于 1985 年，总部位于美国纽约，是一家全球领先的另类资产管理和提供金融咨询服务的机构，是精品资管的典型案例。

一、黑石集团的发展历程

1985 年，黑石创立的时候只有 40 万美元的启动资金。1986 年，黑石收购了运输之星公司，并于 2003 年将股权出售。1988 年，黑石成立了黑石财务管理集团，主要从事抵押证券和其他固定收益证券投资。20 世纪 90 年代，黑石推出了不动产基金、FOF、夹层基金等。黑石同时是首个进行不动产投资的私募股权公司。在互联网泡沫破灭的影响逐步逝去后，私募股权业务得到了迅速发展，黑石得以完成了很多大手笔业务操作。2007 年 6 月 22 日在纽约证券交易所挂牌上市（NYSE：BX）。金融危机后，黑石邀请前香港财政司司长梁锦松加入，并积极拓展中国区业务。2008 年，黑石集团购入上海 Channel1 购物中心物业，并于 2011 年将 95% 股权出售给新世界发展有限公司。黑石集团的发展历程简介见表 4。

表 4 黑石集团的发展历程简介

时间	大事记
1985 年	黑石集团成立
1987 年	募集到 6 亿美元并开始并购之旅
1988 年	成立黑石财务管理集团
20 世纪 80 年代末	与凯雷等几家公司成为私募领域领导者
20 世纪 90 年代	相继推出了不动产基金、FOF 及夹层基金等业务
2000 年	开始进入秃鹰债券投资领域并获得成功
2007 年	在纽约证券交易所成功上市

续表

时　间	大　事　记
2008 年	开始积极拓展中国区业务
2010 年	从美洲银行美联证券手中接管了亚洲地产业务
2012 年	完成了第七代全球投资基金的募集
2014 年	推出全球第八代投资基金

二、黑石集团的业务模式分析

黑石集团以全球金融危机为契机，将其业务覆盖至私募股权基金、房地产基金、定制对冲基金方案基金、信贷导向型基金以及上市封闭式共同基金等。黑石在全球范围内进行私募股权、房地产、信贷以及对冲基金投资业务，同时提供并购、重组咨询及基金募集服务，以此实现了跨越式发展。

1. 管理资产规模增长迅速，信贷业务占比最高

黑石集团在 2016 年实现了快速增长，第四季度的盈利同比几乎翻倍。全年盈利也因此大幅增长，其管理规模已经达到了 3670 亿美元。2016 年全年，黑石实现净利润 22.5 亿美元，归母净利润 10 亿美元。全年共计流入 697 亿美元，总管理规模增长率为 9%。

从业务板块来看，黑石的四大板块业务，即 PE、房地产、对冲基金以及信贷业务均实现了不同程度的增长。从整体管理规模（AUM）上看，私募股权业务和地产业务占比相对接近，均比对冲基金和信贷业务的规模要高。但是从可收费管理规模（fee-earning AUM）上看，四个板块的规模比较均衡。在 2016 年，私募股权业务（PE）在第四季度实现退出金额 38 亿美元，主要来自 IPO 和战略出售。黑石持有的公司股权在 2016 年增值幅度为 10.7%。PE 管理规模增长 6%，达到了 1000 亿美元。其中可收费管理

规模增长34%，各个旗舰基金均有贡献；地产业务方面，全年实现退出176亿美元，贡献经济收益（economic income）12亿美元；地产业务第四季度实现管理规模增长23亿美元，主要来自core+基金9亿美元和BREDS基金7.5亿美元。管理规模同比增长9%，达到1020亿美元，其中可收费管理规模增长7%，达到720亿美元。对冲基金板块，BPScomposite基金在第四季度实现2.3%的回报，全年回报3.5%。管理规模在第四季度增长了32亿美元，全年则为108亿美元，存量规模达到711亿美元；信贷业务板块，第四季度实现18%的同比增长，达到了创纪录的933亿美元的管理规模。

2. 黑石集团主要业务种类介绍

私募股权业务：最初黑石的业务主要是通过高杠杆来收购美国境内的成熟公司。现如今，其交易标的包括全球范围内的公司，交易手段不仅包括对周期性行业中公司的杠杆收购、股权投资。同时也包括对成熟行业中初创期公司的投资、少数股权投资、不良债权、结构化证券等。

不动产业务：黑石旗下有几只不同类型的不动产基金，遍布全球并且横跨不同物业种类。黑石的不动产基金投资于住宅、城市办公楼、商业中心、仓储中心以及不动产公司。在该领域黑石的投资风格类似于私募股权投资领域，都是基于全球视野，专注于价值创造等。

对冲基金业务（在2011年1月从原有的可售另类资产管理中分离出）：该业务旨在通过混合及定制的投资策略实现投资者资产的保值增值，并获得经风险调整的回报。该业务开展的关键准则为分散投资、风险管理、谨慎尽职和关注下行风险。

信贷业务（在2011年1月从原有的可售另类资产管理中分离出）：黑石管理的信贷导向基金包括高级信贷基金、破产债券基金、夹层基金和在金融市场投资的普通杠杆基金等。投资工具包括贷款、高级债券、次级债券、优先股和普通股等。

金融咨询业务：包括金融及战略咨询业务、重组及重构咨询业务和为另类资产管理基金提供资金募集业务的PHG（Park Hill Group）。

金融及战略咨询业务：专注于兼并、收购、合资、少数股权投资、资产互换、资产剥离、公司财务咨询、私募配售、抵押物拍卖等。该业务的成功归因于其富有经验的团队。同时也源自其核心经营原则：保守客户机密、以客户利益为先、避免利益冲突和高度重视客户利益。

重组及重构咨询业务：该团队为公司、债权人、母公司、对冲基金、金融赞助商以及受让人提供收购陷入困境公司的建议。该业务关键在于高度专注、全球视野和创造性的解决方式。黑石在该领域的高级经理都具备丰富的实践经验，业务规模也占据了较高的份额。

资金募集业务：PHG 为私募股权基金、不动产基金、风险资本和对冲基金提供资金募集服务。其主要服务群体是第三方基金服务，有时也会为黑石自身的投资基金提供募集服务，同时也会提供新的另类资产产品报告及趋势分析。PHG 和黑石的基金都因与 LP 和其他基金赞助者的良好关系受益良多。

三、黑石集团发展带来的经验

1. 不进行恶意收购

黑石集团诞生于恶意收购盛行的 20 世纪 80 年代，但黑石在创立之初即设定了一个基本准则——坚决不进行恶意收购业务。黑石的创始人施瓦兹曼认为："恶意收购是一个把收购成本无限提高的过程。入侵者需要应对可能出现的毒丸计划、金色降落伞或者白衣骑士，这直接将导致企业债务猛增。"事实证明，这一准则使得黑石集团迅速成功，其业务竞争对手都乐意与之进行业务合作。

2. 精准把握投资机会

除了上述提到的交易之外，黑石在成长过程中还创造了许多经典案例。如在互联网经济低迷的 2004 年完成了对一家化学公司的收购案，并在不久之后就顺利帮助其在美国上市。黑石精准地把握住传统行业开始受青睐的机会。例如黑石在投资了乐高主题公园后，抓住机会不断开拓市场，为其增加多元化和内容更丰富的业务，将其转变为大型连锁娱乐集团。

3. 超前的投资理念

黑石在经历了资本市场多年的起落沉浮后，得以从众多竞争对手中脱颖而出，成为华尔街顶尖的投资集团。追溯黑石的发展脉络，其盈利模式可谓经典：（1）在坚持友好收购的同时实现双赢乃至多赢；（2）面对瞬息万变的形势，黑石总能把握先机并且迅速决策。或是开拓新的投资领域，或是发现新的投资机会，黑石的战略眼光和业务手段都值得称道。黑石集团的成功模式或许不能完全复制，然而其投资决策方式值得国内同行学习借鉴。

第四节　另类资管模式发展借鉴与启示

阿波罗全球管理公司（Apollo Global Management）是美国第二大另类资产管理机构。2013年，阿波罗对利安德巴塞尔公司单笔投资净赚100亿美元，至今仍保持着华尔街最挣钱的单笔PE投资纪录。

一、阿波罗全球管理公司的发展历程

1990年2月，Apollo Advisors成立，是阿波罗全球管理公司的前身。阿波罗投资于私募股权、信贷与房地产，作为其最大资金来源的永续资本平台包括保险集团Athene Holding以及资产管理公司Athene Asset Management（AAM）和Apollo Asset Management Europe（AAME）。AAM为Athene Holding平台上美国国内的665亿美元提供资产配置和组合管理服务，AAME则为Athene Germany 53亿美元的资产提供顾问服务。

Athene Holding 能够快速壮大的主要原因是购买。相关资料显示，金融危机期间，在许多公司纷纷撤资保险业务时，阿波罗集团先后成立了 Athene Holding 和旗下再保险公司 Athene Life Re Ltd.、寿险公司 Athene Life Insurance（见表5）。阿波罗做出这样战略决策的原因是其认为美国人口老龄化会使保险市场有结构性的投资机会。同时，阿波罗充分把握了金融危机这一机遇，不断以折扣价格收购大量的年金业务资产。

表5 阿波罗集团的发展历程

时间	大事记
2009 年	成立 Athene Holding 和 Athene Life Re Ltd.
2010 年	成立了寿险公司 Athene Life Insurance
2011 年	Athene Holding 以 5.5 亿美元收购了加拿大 RBC 银行在美国的保险业务
2011 年	Athene 以 5560 万美元收购了 Invester Insurance Corporation
2012 年	以 4.145 亿美元买下 Presidential Life Corporation
2013 年	以 15.5 亿美元从英国保险集团 Aviva Plc 手中收购了其美国分支 Aviva USA
2015 年	收购了 Delta Lloyd NV 的德国分支
2016 年	Athene Holding 在纽约证券交易所上市

二、阿波罗公司的主要业务结构

1. 阿波罗公司的资产结构划分

2004 年，阿波罗公司管理的资产规模仅为 110 亿美元，主要来自机构投资者定向募集的资金。而在 2016 年，阿波罗管理的总资产已经达到 1920 亿美元。其管理的私募股权基金增长近 200 亿美元，不动产大约增加 110 亿美元，其他则均来自信贷业务，规模达到 1370 亿美元。在阿波罗信贷业务部门目前管理的 1370 亿美元资产中，流动性基金占 367 亿美元，承诺出资制基金为 210 亿美元，永续资本平台为 684 亿美元。另外阿波罗的欧洲分支还为 93 亿美元的资产提供顾问服务。其中流动性基金和承诺出资制基金跟阿波罗的并购基金类似，主要通过定期募集或独立账户委托管理构成，在信贷市场寻找各类投资机会。

2. 阿波罗内部业务协同效应较强

Athene 收购的保险公司的业务是提供固定收益或者股票指数型年金产品。阿波罗在通过 Athene Holding 募集到长期年金资产后，通过相应的协议安排将其交给 AMM 进行长期资产年配置任务。其中大约 153 亿美元投资于阿波罗及其关联公司发起的基金产品，其余则由 AMM 负责配置于第三方投资产品，并收取相应的管理费。由于自身业务特点，Athene Holding 更注重长期收益目标，追求稳定的股息及利息收益。AMM 将其资产的大部分投资于信用等级略低但能正常履约的贷款，少部分投资于高风险高收益的资产。阿波罗具有很强的资产创造能力。目前 Athene 有 153 亿美元资产直接投资于阿波罗旗下的基金或载体，9 亿美元投资于阿波罗的私募股权基金，94 亿美元投资于阿波罗旗下奉行正常贷款或流动性策略的信贷产品，11 亿美元投资于阿波罗旗下承诺出资制的信贷基金，35 亿美元投资于阿波罗的不动产债权基金，4 亿美元投资于阿波罗的不动产股权基金。

三、阿波罗集团发展带来的启示

1. 不断并购保险公司拓宽资金渠道。阿波罗在扩张过程中不断兼并和收购了很多保险公司，这使其资金来源得到有效保证。

2. 阿波罗的各业务部门有着很强的协同发展以及联动发展机制，既有专门的募资平台，又有运作资金的投资平台。下属各个机构之间的业务扶植为阿波罗的快速扩张奠定了基础。

3. 阿波罗拥有超强的资产管理能力。保险公司是阿波罗能够迅速募集资金的保障，但其旗下 AMM 对于资金的运用及投资能力也是其可以长期保持较高盈利水平的原因。

第五节　财富管理型资管模式发展借鉴与启示

美林集团是全球领先的财富管理、资本市场及顾问公司，其分公司及代表处遍及全球六大洲 37 个国家与地区，雇员达 6 万人。总部位于美国纽约，业务涵盖投资银行的所有方面，包括债券和股票的承销、二级市场经纪和自营业务、资产管理、融资咨询和财务顾问，以及宏观经济、行业、公司的调研。

一、美林集团的发展历程

美林集团成立于 1914 年，主要为企业、政府机构以及个人投资者提供投融资、咨询服务及担任财务顾问等。美林集团的发展历史可以说是一部兼并与收购的历史，它没有选择依靠自身的资本实力扩展业务范围及开拓国际市场，而是靠抓住最佳时机不断收购其国内具有发展潜力的新型投资银行业务的公司和国外大中型投资银行（见表 6）。

表 6　美林集团的发展历程

时　间	并购对象	目　的
1963 年	兼并 C. J. Devine 公司	进入政府证券业务领域
1969 年	收购 Lionel D. Edie 公司	触角伸向货币管理与咨询业务
1970 年	收购 Goodbody 公司	增强市政债券业务实力
	收购一家加拿大投资银行和经纪公司	大力拓展国际市场
1972 年	与一家金融公司合资成立子公司	开展商品交易业务
1974 年	收购家庭生命保险公司	进入保险业
1995 年	收购 Smith New Court PLC 公司	进入英国证券市场
1996 年	收购 Hotchkis 公司和 Wiley 公司	拓展资产管理业务
1997 年	收购英国的 Mecury Asset Management	拓展资产管理业务

续表

时　间	并购对象	目　的
1998 年	收购日本山一证券	进入日本证券市场
	购买泰国的主要投资银行 PSCL 51% 股份	进入泰国证券市场
	兼并 Midland Walwyn 股份公司	进入加拿大市场
2000 年	收购纳斯达克市场第三大券商	重振做市商地位
2006 年	与黑石公司合并成立一家资产管理公司	扩张了资管业务规模

二、美林集团的业务运作模式

美林集团收益的积累得益于兼并与收购以及资产管理等新型业务的发展。1993 年，美林集团净利息收入、主要交易收入、佣金收入及承销收入占净收入的比例接近 80%，合并投资收益及资产管理收入大约只占 10%。但在 2006 年，这两项新型投资银行业务收入约占到净收入的 21%。其中，资产管理收入占 19%，对净收入的贡献位列第二。

具体来看，在佣金收入方面，1993 年佣金收入占集团总收入的 17%，达 28.9 亿美元；2006 年佣金收入占集团总收入的 17%，达 59.52 亿美元。在净利息收入方面，1993 年美林集团的利息及股息收入达 71 亿美元，占集团总收入的 42.8%；2006 年，净利息收入只占集团总收入的 13%。主要交易收入方面，1993 年，主要交易收入为 29 亿美元，占集团总收入的 18%；2006 年，主要交易收入为 70.34 亿美元，占集团总收入的 20%。投资银行业务收入方面，1993 年，美林集团的投资银行业务收入占净收入的 11%；2006 年，投资银行业务收入占比增加到 14%。资产管理收入方面，1993 年，资产管理收入达 15.6 亿美元，占集团总收入的 9%；2006 年，该项收入占比大幅度提高，占集团总收入的 19%。

第六节　保险资管模式发展借鉴与启示

这一模式的典型案例是安联保险集团。德国安联集团是欧洲最大的保险公司、全球最大的保险和资产管理集团之一。安联保险集团至今已有129年的悠久历史，是目前德国最大的金融集团，也是欧洲最大的金融集团之一。

一、安联集团的发展历程

安联集团于1890年始创于德国柏林，现今总部位于德国南部巴伐利亚州的首府慕尼黑。早在20世纪初，安联就已活跃在国际保险市场上。在20世纪50年代的德国经济复苏时期，安联迅猛崛起，成为德国最大的保险公司。在60年代末，安联重新开始拓展其国际业务。80~90年代，安联在欧洲和北美展开了一系列战略性并购，将数家著名保险集团，如RAS、Cornhill、AGF、美国Fireman's Fund保险集团和USA人寿保险公司归并旗下，进一步加强了其作为国际保险人的市场地位。1998年，安联做出战略性决定，将资产管理业务整合为集团的独立核心业务。随着先后对美国最大的资产管理公司PIMCO Advisor、Nicholas Applegate以及之后对德累斯登银行的并购，安联作为全球领先机构投资者的声誉得以进一步加强。作为世界最大的投资者之一，安联拥有许多著名国内及跨国集团的股份。2006年10月13日，安联保险集团的法律形式由德国的"股份公司（Aktiengesellschaft，AG）"转变成"欧洲公司（Societas Europaea，SE）"，率先由德国上市公司转化为根据欧盟法律上市的欧洲股份制企业。

二、安联集团的业务模式分析

2017年2月16日，安联集团公布2016年第四季度及全年业绩报告。2016年，安联集团营业利润增至108亿欧元，增长率为0.9%，接近其目标区间上限。归属于股东方的净利润增至69亿欧元，增长率为4%。截至2016年12月31日，安联集团偿付能力充足率高达218%，2015年偿付能力充足率为200%。从内部结构看，寿险和健康业务取得的成绩最为显著。寿险和健康业务的营业利润增至41亿欧元，提升了9.3%；财产险业务的综合成本率改善到94.3%。截至年底，安联集团管理下的资产总额高达1.871万亿欧元。

集团内的资产管理业务模式特点表现为以下几个方面。

1. 资产配置以传统固定收益类资产、贷款为主，产寿险差异不大

在安联集团对保险账户的资产配置中，交易性/可供出售的债券占比较高。其次为贷款、股票和房地产投资。相比较而言，安联集团的保险资金配置以传统固定收益类资产为主。这是典型的德国式保险资金配置模式。

2. 固定收益类投资持仓评级低，资产期限长

在安联集团固定收益类资产中，AAA级占比维持在30%左右，整体占比不高。另外安联集团固定收益类资产期限较长，10年以上占比长期超过30%。

3. 权益类资产占比较低

安联集团权益类资产占比一直不高，长期维持在10%左右。有部分年度甚至低至5%以下。

4. 风险管理

在欧洲施行内部风险资本管理框架下，内部风险主要包括市场风险、信用风险、承包风险、商业风险和操作风险。一般情况下资管业务面临的

最大风险是市场风险。安联集团重视在集团框架下进行风险管理。例如财产的资产要比负债期限长,而寿险则正好相反。通过集团框架下的"天然对冲"减少了利率风险的暴露。

5. 第三方资产管理

自 2004 年起,安联第三方资产管理业务中权益类资产占比通常不会超过 20%。固定收益类占比则较高,有些年份甚至达到 90% 以上。安联公司第三方业务有效依托了其在保险投资领域的经验和能力,充分发挥了公司对长期、稳健型基金的管理优势。安联资产管理公司第三方业务分类见表 7。

表7　安联资产管理公司第三方业务分类

按照资产管理方式	按照客户	按照资产类别	按照投资目的
独立账户	退休计划	现金和短久期产品	资产配置型
公募基金	金融机构	固定收益	抗通胀型
私募基金	教育机构	权益	收入型
ETF 基金	非营利性基金	通胀相关	避税型
集合理财信托	健康保险机构	货币	流动性管理型
可变年金信托	企业年金	另类投资	绝对收益型
	一般企业	资产配置	全球资产配置
	公众年金计划		核心固定收益投资型
			广义权益投资型
			资产负债管理概念
			生命周期概念
			风险管理概念

三、安联集团发展中的经验

1. 金融保险集团的业务均衡性有助于协同效应的发挥

"建立平衡的、具有协同效应的业务结构"是安联集团确定的战略目标之一。均衡的业务结构对于金融集团价值提升具有显著的支持作用。在集团框架下进行资产负债管理和风险对冲,同时可以共享客户资源及销售网络,这能够有效降低收入和盈利的周期性波动。

2. 统一的保险资金平台有利于在集团框架内进行风险管理

安联集团于2011年设立了统一的资产管理平台,统筹协调子公司开展内外部资产管理业务。利用产寿险的天然互补性,可以经济地实现部分市场风险对冲。因此,由保险资产管理公司协调各类专业投资团队,统筹进行保险资产配置,对集团开展资产负债管理和风险管理极其有利。

3. 降低股权类投资占比有利于降低保险投资收益率波动

安联集团保险资产对于股票的配置较低,因此绝对收益得以保持相对稳定。由于股票的价格波动幅度较大,存在较高的风险性。如果对股票配置过多可能会导致收益的方差过大。

4. 可以适当提高固定收益类投资风险容忍度和交易性占比

安联集团的固定收益类投资业绩较为稳定,主要是两方面原因。第一,从评级分布看,安联集团对固定收益类投资的风险容忍度较高,因此为固定收益类投资收益率提升创造了可能。第二,在资产配置中逐步提高了交易性债券资产占比,这可以有效把握波动性盈利的机会。

5. 客户群细分、丰富产品线,大力开展第三方资产管理业务

安联集团的第三方业务规模较大,同时产品种类十分齐全,具有较高的知名度,这为其他业务的发展提供了有力的支持。同时,保险平台的建立有助于销售渠道的进一步拓宽。保险资产管理公司发展第三方业务应首先分散自身的产品线,提高第三方业务投资能力和客户服务水平。同时,保险资产管理公司应当积极与保险公司合作,推动资产负债互动型业务模式的发展。

第七节　投行资管模式发展借鉴与启示

高盛集团是投行资管模式的典范。高盛创立于1869年，至今已运营了将近150年。在成长为顶尖投行的过程中，高盛业务经营的一个显著特点是逐渐突破传统投行的业务边界，开启多元化发展。其标志性事件是1981年通过收购J.阿朗公司进入大宗商品交易领域，该项收购使交易业务对高盛营收和利润的贡献持续达30%以上；20世纪90年代，高盛又开设资本投资业务，成立GS资本合作投资基金，引领了投行业直接投资业务的发展。

一、高盛集团的业务模式分析

近年来全球经济复苏步伐放缓，全球金融市场监管趋严使得国外投行面临的经营环境日渐恶劣。自2008年金融危机以来，国际大投行纷纷调整业务部门和经营战略以适应新的环境。在此背景下，高盛集团的发展既保持了定力又不乏灵活性，集中体现为其核心战略的稳定与业务结构的调整。

根据《财富》500强榜单（以总收入规模计），高盛2009~2016年排名有所下滑，但2011年后相对平稳。另外，受全球经济弱复苏和监管趋严的影响，高盛近年来面临较大的增长压力。盈利能力明显下降，营业收入缓慢增长，资产负债规模停滞不前。以2015年为例，高盛实现营业收入338亿美元，同比下降2%；净利润约61亿美元，同比下降约28%（见图4）；ROE首次跌破两位数，降至7.14%。其中机构客户服务和投资借贷是业绩下滑的主要业务点。根据最新的财务数据，高盛2016年上半年营收为142.7亿美元，同比下降27.51%；净利润下降24%，至29.6亿美元。受制于去杠杆和盈利能力下降，高盛股价估值出现了明显下滑，相比危机前，PE估值和PB估值均下降70%以上。

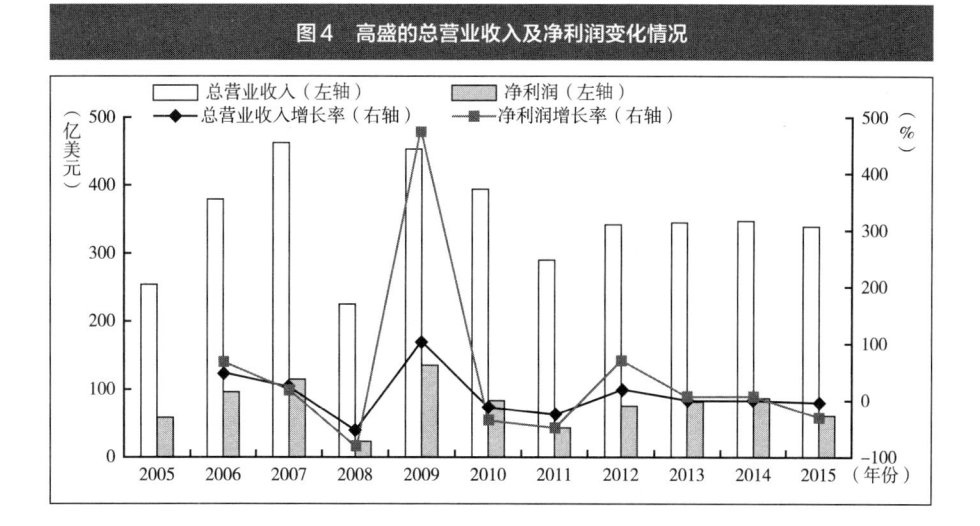

图 4　高盛的总营业收入及净利润变化情况

但从长期来看，高盛盈利能力和经营稳健程度显著高于同业。上市以来其股价累积增长率更是显著超过大盘，与 S&P500 指数相比较，超额收益率在 100% 以上。更为重要的是，在金融危机中，高盛避免了破产倒闭的厄运，是金融危机中美国五大投行里表现最稳健的一家。

1. 业务条线清晰，深耕投行全产业链

在高盛内部，五大前台部门分别是投行部、证券部、商业银行部、投资管理部、全球投资研究部，这些部门共同组成了服务客户的四大业务条线。

投资银行：向由企业、金融机构、投资基金和政府组成的多元客户群体提供广泛的投资银行服务。具体是指就合并和收购、资产出售、企业反收购活动、风险管理、重组和分拆、公开发售和私募配售的债券和股票承销（包括国内交易和跨境交易），以及与这些活动直接相关的衍生工具交易提供策略咨询服务。

机构客户服务：与企业、金融机构、投资基金及政府等机构客户合作，促进客户交易，并在固定收益、股票、货币和商品市场提供做市服务；向遍布全球的主要股票、期权及期货交易所提供做市服务，并向机构客户提供融资、证券借贷及其他机构经纪服务。

投资与借贷：通过投资与贷款向客户提供长期性质融资；通过管理的基金直接或间接投资于债务证券及贷款、上市及私募股权证券、房地产、综合投资实体及发电厂。

投资管理：向众多机构和个人客户提供横跨所有主要资产类别的投资管理服务和投资产品（主要通过独立管理账户及集合投资工具，例如共同基金和私募投资基金）；向高净值个人和家庭提供理财顾问服务，包括投资组合管理和财务顾问，经纪和其他交易服务。

2. 以手续费收入为主，其中机构业务为主，投行、投资和资管次之

与商业银行相比，投资银行非利息收入占主要地位。若以利息收入和非利息收入为收入结构划分标准，则非利息收入占比远高于利息收入占比（见图5）。因此，高盛集团的收入更多来源于手续费收入，这也恰恰反映了投资银行的业务模式与商业银行业务模式的差异。

图5　高盛集团利息收入与非利息收入占比变化情况

年份	非利息收入(%)	利息收入(%)
2006	50.70	49.30
2007	52.30	47.70
2008	66.50	33.50
2009	73.10	26.90
2010	73.20	26.80
2011	64.20	35.80
2012	72.70	27.30
2013	75.40	24.60
2014	76.00	24.00
2015	78.40	21.60

从具体科目来看，投资银行收入的占比变化较为明显。1999年，投资银行业务收入占比为33%；之后在收入绝对值变化不大的情况下，该项业务占

比在2005年和2010年分别下滑至15%和12%，后在2015年又上升至21%。机构客户与服务业务收入占比最高，2010年的收入和占比分别为218亿美元、56%，2015年的收入和占比分别为152亿美元、45%。资本金投资是高盛的重要战略性业务，尤其是投资和贷款（包含于其中）成为单独的核算科目后，这项业务收入占比基本保持稳定，2010年的收入和占比分别为75亿美元、19%，2015年的收入和占比分别为54亿美元、16%。投资管理业务占比近年来有较大幅度的提升，收入占比也基本保持稳定，2010年的收入和占比分别为50亿美元、13%，2015年的收入和占比分别为62亿美元、18%（见表8）。

表8 高盛集团各项业务收入占比及变化情况

科 目	1999年 收入（亿美元）	占比（%）	2005年 收入（亿美元）	占比（%）
投资银行	44	33	37	15
交易与本金投资	58	43	164	66
资产管理与证券服务	32	24	47	19
总计	134	100	248	100
投资银行	48	12	70	21
机构客户与服务	218	56	152	45
投资和贷款	75	10	54	16
投资管理	50	13	62	18
总计	391	100	338	100

3. FICC做市业务：服务机构客户的利器

FICC业务对现代投资银行功能发挥的作用在于可以为不同类型的客户提供流动性和风险管理功能，满足客户在利率、汇率、商品市场的多样化投融资需求。高盛FICC业务主要是做市（Market-making）业务，下设五条产品线，分别是：利率类（Interest rates）、证券化类（Mortgages）、货币/外汇类（Currencies）、信用类（Credit）以及商品类（Commodities）。从服务客户需求出发，高盛FICC做市业务无论在产品业务覆盖范围还是在地域结构范围方面，一直处于行业领先地位。在高盛内部，与投行、投资、资管等业务相比，归属于机构客户服务条线的 FICC 业务贡献了最高的收入，2009 年一度接近 50%；2011~2015 年，该项业务分别占到了各项业务净收入合计的 20%~30%。近年来，面对美国金融机构监管政策的变化和行业客户量递减的趋势，在同行纷纷收缩 FICC 业务的同时，高盛仍然坚持 FICC 业务，并逆市扩张。过去五年，高盛 FICC 业务市场占有率以 20% 的数量逐年递增。

二、引领高盛集团走向成功的主要经验

高盛集团成功之道：一是打造了密切的客户和业务关系网络；二是合伙人机制塑造了团队至上的企业文化；三是注重保持与政府的密切关系；四是集中协作、全员参与的风险管理模式。

1. 打造了密切的客户和业务关系网络

驱动高盛业绩的一个关键因素是其强大的客户和业务关系网络，既包括广阔的客户网络，也包括紧密联系的业务网络。通过与客户的长期紧密联系和经营管理，高盛的各项业务在合规的情况下能够彼此互通有无，进而快速地了解客户的需求并为之提供服务。比如投资银行业务是高盛业务网络的前沿，拥有广泛的客户网络。高盛通过投行业务，与更多美国乃至全球最大、声望最高的公司建立了业务关系。

2. 合伙人机制塑造了团队至上的企业文化

在高盛内部，合伙人机制不但是一种制度而且还是一种文化。投资银行业是十分重视关系的行业，很多时候家族关系网是其最重要的资产，只有合伙人机制才能将这项无形资产留在企业内部。上市后，高盛合伙人制度与公司制实现了完美结合，形成了一种独特、稳定而有效的管理架构。在这种管理架构下，高盛将个人对于财富、声誉的渴望与野心成功转化为真正的团队精神，个人利益与集体利益实现了有效的统一和融合。

3. 注重保持与政府的密切关系

高盛与政府关系的维护和构建是全球金融业的楷模。在其主要营运中心，高盛均与政府保持着密切合作的关系，除却欧美国家政府外，高盛还与中国等新兴国家政府保持着紧密的关系。由于高盛在中国经济金融发展中起到了积极的作用，因此受到中国政府的特别关注，并长期获得"超国民待遇"。高盛集团保持与政府的关系并不仅仅是通过简单地提供政策、咨询顾问等方式，而是站在政府背后提供一揽子解决方案，尤其是帮助政府找到棘手问题的解决方案，这能够令政府机构更加有效地运转。在此过程中，高盛不仅获得了项目，还获得了官方信息和政府信任等。

4. 集中协作、全员参与的风险管理模式

意识第一，全员参与。在高盛内部，风险控制的观念已经是企业文化的核心组成部分。每一位员工都是参与者。高盛将风险控制的意识和能力作为员工年度360度评估的重要内容，直接与薪酬及职业发展挂钩。尽管高盛自上而下设立了不少风险管理委员会，并在全球主要业务中心配备了首席风险管理官，但风险专职人员并不能关注到每一个业务细节，因而高盛推广风险管理全员参与模式，将各业务部门作为风险控制的第一道防线。

强调控制部门对业务部门的独立性。在管理风险的理念上，高盛在治理层面非常强调业务部门与风险控制部门之间的独立性。高盛认为业务部门的基本动机是赚取更多的经济利润，控制部门的基本职能则是评价、管理和控制风险，两类部门之间存在监督与被监督、评价与被评价的关系。因此，必须保持控制部门的独立性，特别是人员、薪酬与汇报条线上都要独立于业务部门，这样方能达到独立控制的目的。

完善的制度和组织保障。高盛建立了全覆盖、交叉制衡的风险管理制度，其风险管理制度涉及业务运营及管理的方方面面，并随业务发展而不断充实和完善。高盛根据不同业务的交易及风险特征构建了跨部门、交叉制衡的风险管理系统，这样，任何一个部门的风险问题都很容易被本部门或其他部门的员工及时发现。

高效审慎的价值计量。高盛根本的风险管理方式在于问责制、问题上报和沟通。这种纪律约束主要体现在按市值计价的过程中，即用现行市场交易价格为金融资产和负债定价。高盛认为金融工具实行严格的公允价值核算对审慎的风险管理至关重要，唯此才能清晰地察觉风险、管理市场风险限额、监控信用风险敞口并以此管理流动性需求。

第三章
新时代我国资管行业的出路

经过五年的高速增长，我国资产管理业务规模已达百万亿元人民币，几乎与我国银行贷款总量相当，超过我国 GDP 总量近 50%。我国资产管理行业进入"大资管"时代，但高速发展的同时，也暴露出不少问题和风险隐患。监管套利、资金空转、层层嵌套、明股实债、交易结构复杂、交易链条长等乱象屡屡出现，跨市场、跨行业风险进一步累积，已成为系统性金融风险重要来源。新时代，我国资产管理业务如何由高速增长向高质量发展转型是当前资管行业亟待解决的问题。

第一节 我国资管行业面临的新形势

2016 年以来，随着金融去杠杆进程的开启，中国步入了金融强监管周期，泛资管时代随即结束。目前，我国资管行业发展，无论是宏观经济形势，还是行业监管政策，都发生了巨大变化。

一、宏观形势

1. 金融回归本源，服从服务于经济社会发展

2017 年 7 月召开的中央金融工作会议明确指出：金融回归本源，服从服务于经济社会发展；金融要把为实体经济服务作为出发点和落脚点，全面提升服务效率和水平；要扭转当前资金脱实向虚并在金融系统内空转的困境，重新将金融资源配置到实体经济当中，切实为实体经济服务。同时，确定了强化金融监管的原则。会议提出，设立国务院金融稳定发展委员会，强化人民银行宏观审慎管理和系统性风险防范职责。坚持从我国国情出发推进金融监管体制改革，增强金融监管协调的权威性、有效性，强化金融监管的专业性、统一性、穿透性，所有金融业务都要纳入监管，及时有效识别和化解风险。

2. 着力加快建设协同发展的产业体系

2017 年 10 月召开的中国共产党第十九次全国代表大会指出，经过长

期努力，中国特色社会主义进入了新时代。我国经济已由高速增长阶段转向高质量发展阶段，正处在转变方式、优化经济结构、转换增长动力的攻关期，建设现代化经济体系是跨越关口的迫切要求和我国发展的战略目标。必须坚持质量第一、效益优先，以供给侧结构性改革为主线，推动经济发展质量变革、效率变革、动力变革。提高全要素生产率，着力加快建设实体经济、科技创新、现代金融、人力资源协同发展的产业体系。要深刻领会新时代中国特色社会主义思想的精神实质和丰富内涵，在各项工作中全面准确贯彻落实。新时代，资管行业作为现代金融体系的组成部分，目前正面临新的发展机遇与挑战。

3. 防控金融风险是 2018 年三大攻坚战之一

面对新时代我国经济发展的基本特征，2017 年 12 月召开的中央经济工作会议指出，稳中求进工作总基调是治国理政的重要原则，要长期坚持。稳健的货币政策要保持中性，管住货币供给总闸门，保持货币信贷和社会融资规模合理增长，保持人民币汇率在合理均衡水平上的基本稳定，促进多层次资本市场健康发展，更好为实体经济服务，守住不发生系统性金融风险的底线。2018 年要打好防范化解重大风险攻坚战。重点是防控金融风险，金融要服务于供给侧结构性改革这条主线，促进形成金融和实体经济、金融和房地产、金融体系内部的良性循环，做好重点领域风险防范和处置，坚决打击违法违规金融活动，加强薄弱环节监管制度建设。

从上述宏观形势看，我国资管行业发展正处于回归本源、支持实体经济发展，以及防控金融风险的调整转型期。

二、行业发展形势

1. 金融监管趋严

继 2016 年监管部门下发了一系列严监管的政策法规后，2017 年加强金融监管的政策法规不断出台，2017 年是史上最严金融监管年。尤其是 2017

年11月17日，中国人民银行、银监会、证监会、保监会、外汇局等5部委联合下发了《关于规范金融机构资产管理业务的指导意见（征求意见稿）》。监管部门针对资管行业发展出现的问题，首次从制度层面规范金融机构资产管理业务，统一资产管理产品监管标准，引起资管行业的特别关注。在征求近半年的意见之后，2018年4月27日《关于规范金融机构资产管理业务的指导意见》（简称"资管新规"）正式发布，随后配套的相关制度纷纷出台，资管新规及其配套制度的落地对我国资管行业发展影响巨大（详见表1）。

表1　2017年以来出台金融监管法规一览表

发布时间	发布部门	法规名称	针对单位或产品	主要内容
2017年3月28日	银监会	《关于开展银行业"违法、违规、违章"行为专项治理工作的通知》	银行金融机构	要求银行开展全系统自查及上对下抽查、全面覆盖体制、机制、系统、流程、人员及业务，并对自查、抽查以及监管检查发现的问题进行整改和问责
2017年3月28日	银监会	《关于开展银行业"监管套利、空转套利、关联套利"专项治理工作的通知》	银行同业、银行理财、信托	对银行的同业业务、投资业务、理财业务等跨市场、跨行业等交叉金融业务中存在的杠杆高、嵌套多、链条长、套利多等问题开展专项治理
2017年4月6日	银监会	《关于开展银行业"不当创新、不当交易、不当激励、不当收费"专项治理工作的通知》	银行创新业务	重点检查银行的金融创新业务、运行情况、创新活动风险，银行是否定期评估、审批金融创新政策和新产品的风险限额，是否建立了金融创新的内部管理制度和程序，使金融创新限制在可控制的风险范围内
2017年4月7日	银监会	《关于集中开展银行业市场乱象整治工作的通知》	银行理财	对全国银行业进行集中整治市场乱象，对公司内部治理、激励机制、人员行为和行业廉洁等做出严格规定和改革调整，大幅抑制银行机构冒险冲动，引导部分机构从追求利润转向追求安全性

续表

发布时间	发布部门	法规名称	针对单位或产品	主要内容
2017年4月7日	银监会	《关于银行业风险防控工作的指导意见》	银行金融机构	明确了银行业风险防控的重点领域，既包括信用风险、流动性风险、房地产领域风险、地方政府债务违约风险等传统领域风险，又包括债券波动、交叉金融产品风险、互联网金融风险、外部冲击等非传统领域，涵盖了银行风险的主要类别。针对银行业提出十条重大监管要求
2017年6月30日	保监会	《关于进一步加强保险公司关联交易管理有关事项的通知》	保险公司、保险资产管理公司	强化保险公司关联交易管理，明确穿透监管原则，建立"责任到人"的审核和追责机制，增加有针对性的监管措施
2017年9月1日	证监会	《公开募集开放式证券投资基金流动性风险管理规定》	公募基金	对公募基金尤其是货币基金提出了更加严格的流动性管理要求
2017年11月16日	银监会	《商业银行股权管理暂行办法（征求意见稿）》	商业银行	建立健全了从股东、商业银行到监管部门的"三位一体"的穿透监管框架
2017年12月6日	银监会	《商业银行流动性风险管理办法（修订征求意见稿）》	商业银行	新引入3个量化指标，即净稳定资金比例、优质流动性资产充足率、流动性匹配率
2017年12月15日	保监会	《保险资产负债管理办法（征求意见稿）》	保险公司	明确了保险资产负债管理的基本要求、监管框架、评级方法以及对应的差别化监管措施，是保险资产负债管理监管的纲领性文件。这一文件的出台，标志着近年来风靡于诸多中小险企以"资产驱动负债"扩张模式，将受到监管层顶层设计的严格约束

续表

发布时间	发布部门	法规名称	针对单位或产品	主要内容
2017年12月22日	银监会	《关于规范银信类业务的通知》	银信业务	这是大资管新规纲领性文件落地后，发布的首个监管细则，对存在风险隐患的银信通道业务做出新约束
2018年4月27日	中国人民银行、银保监会、证监会、外汇局	《关于规范金融机构资产管理业务的指导意见》	资管行业	从制度层面规范金融机构资产管理业务，统一资产管理产品监管标准，有效防范和控制金融风险
2018年7月20日	中国人民银行、银保监会、证监会、外汇局	《关于进一步明确规范金融机构资产管理业务指导意见有关事项的通知》	资管行业	指导贯彻《指导意见》，确保规范资产管理业务工作平稳过渡
2018年9月26日	银保监会	《商业银行理财业务监督管理办法》	银行理财	规范商业银行理财业务
2018年12月2日	银保监会	《商业银行理财子公司管理办法》	银行理财	加强对商业银行理财子公司理财业务的监管

资料来源：根据公开资料整理，建投研究院。

2. 进一步健全金融监管体系，弥补监管漏洞

2018年3月召开的全国两会，对我国金融监管机构进行了调整，形成了"一委一行两会"的监管新格局。在金融监管的最顶层是国务院金融稳定发展委员会，负责对金融领域改革、发展、稳定等重大事项的统筹和协调作用，更好地防范和化解金融领域的系统性风险。原银监会、原保监会审慎监管等职责划归人民银行，实现政策制定和执行的适度分离，可以保持我国监管政策的一致性，减少同一领域重复监管或多头监管等现象，强化央行宏观审慎管理职能。银保监会和证监会负责对具体违法违规现象的查处，提高监管的专业性、有效性。此次金融监管机构调整，弥补了监管漏洞，贯彻了穿透式监管、审慎监管的思路，进一步

健全金融监管体系，对维护我国金融稳定、促进金融业健康发展将产生重大而深远的影响。

3. 资管行业进入调整、分化与重塑阶段

从资管行业整体看，2017年末资产管理规模达到118万亿元，是2013年的3倍多，其规模已接近2017年末我国各项贷款余额120万亿元的总量，超过当年GDP近40万亿元。我国资管行业经历高速增长后，在强金融监管下，近两年增速出现放缓态势，尤其是2017年增速下降到个位数，只有5.92%（见图1）。目前，我国资管行业正处于调整、分化和重塑阶段。

图1 2013~2017年资管业务规模增长速度变化

年份	增长速度(%)
2013	39.71
2014	46.83
2015	53.87
2016	29.23
2017	5.92

资料来源：根据公开数据整理，建投研究院。

从资管行业各板块看，分化尤为明显。2017年银行理财规模呈现增长势头大幅回落趋势，信托继续保持两位数增长速度，其规模接近银行理财；私募基金仍然保持高速增长态势，其规模已接近公募基金；公募基金增长速度较快，但公募基金的专户理财业务下降幅度较大，其规模回到2015年水平；券商资管增长乏力，其规模比2016年略有下降；保险资管继续呈现增长态势，但增速有所回落（见图2）。

图 2　2014~2017 年各资管板块规模增长趋势变动

资料来源：根据公开数据整理，建投研究院。

第二节　资管行业发展趋势分析

2018 年国内外形势异常复杂，年初中央明确，稳中求进工作总基调是治国理政的重要原则，要长期坚持。推动高质量发展是当前和今后一个时期确定发展思路、制定经济政策、实施宏观调控的根本要求，必须深刻认识、全面领会、真正落实。针对经济运行稳中有变以及面临的一些新问题新挑战，以及外部环境明显变化，7 月 31 日，中央再次强调，要坚持稳中求进工作总基调，保持经济运行在合理区间，加强统筹协调，形成政策合力，精准施策，扎实细致工作。要做好稳就业、稳金融、稳外贸、稳外资、稳投资、稳预期工作；要把防范化解金融风险和服务实体经济更好结合起来，坚定做好去杠杆工作，把握好力度和节奏，协调好各项政策出台时机。要通过机制创新，提高金融服务实体经济的能力和意愿。

一、资管新规落地，给予金融机构更为充足的整改和转型时间

经过近半年的时间，资管新规于2018年4月27日由中国人民银行等四部委正式对外发布了。资管新规正式稿与征求意见稿的主要区别：

1. 在非标准化债权类资产投资方面，资管新规明确标准化债权类资产的核心要素，提出期限匹配、限额管理等监管措施，引导商业银行有序压缩非标存量规模。

2. 在产品净值化管理方面，资管新规要求资管业务不得承诺保本保收益，明确刚性兑付的认定及处罚标准，鼓励以市值计量所投金融资产，同时考虑到部分资产尚不具备以市值计量的条件，兼顾市场诉求，允许对符合一定条件的金融资产以摊余成本计量。

3. 在消除多层嵌套方面，资管新规统一同类资管产品的监管标准，要求监管部门对资管业务实行平等准入，促进资管产品获得平等主体地位，从根源上消除多层嵌套的动机。同时，将嵌套层级限制为一层，禁止开展多层嵌套和通道业务。

4. 在统一杠杆水平方面，资管新规充分考虑了市场需求和承受力，根据不同产品的风险等级设置了不同的负债杠杆，参照行业监管标准，对允许分级的产品设定了不同的分级比例。

5. 在合理设置过渡期方面，经过深入的测算评估，相比征求意见稿，资管新规将过渡期延长至2020年底，给予金融机构充足的调整和转型时间。对过渡期结束后仍未到期的非标等存量资产也做出妥善安排，引导金融机构转回资产负债表内，确保市场稳定。

二、资管新规配套操作细节出台，以确保平稳过渡

资管新规的出台，对进一步规范资产管理市场秩序、防范金融风险等

方面发挥了积极作用。但由于缺乏配套细则指引，金融机构在操作层面存在疑惑，相关业务的开展和退出均受到一定程度影响。为指导金融机构更好贯彻执行资管新规，确保规范资产管理业务工作平稳过渡，2018年7月20日，中国人民银行会同银保监会、证监会、外汇局制定下发了《关于进一步明确规范金融机构资产管理业务指导意见有关事项的通知》（以下简称《通知》），就过渡期内有关具体操作性问题进行了明确。《通知》主要内容有三个方面：

1. 进一步明确公募资产管理产品的投资范围。《通知》明确，公募资产管理产品除主要投资标准化债权类资产和上市交易的股票，还可以适当投资非标准化债权类资产。但应符合资管新规关于非标投资的期限匹配、限额管理、信息披露等监管规定。

2. 进一步明晰过渡期内相关产品的估值方法。《通知》明确，过渡期内，对于封闭期在半年以上的定期开放式资产管理产品，投资以收取合同现金流量为目的并持有到期的债券，可使用摊余成本计量，但定期开放式产品持有资产组合的久期不得长于封闭期的1.5倍；银行的现金管理类产品在严格监管的前提下，暂参照货币市场基金的"摊余成本＋影子定价"方法进行估值。

3. 进一步明确过渡期的宏观审慎政策安排。《通知》明确，过渡期内，金融机构可以发行老产品投资新资产，优先满足国家重点领域和重大工程建设续建项目以及中小微企业融资需求，但老产品的整体规模应当控制在资管新规发布前存量产品的整体规模内，且所投资新资产的到期日不得晚于2020年底。

《通知》试图在保证防范风险、加强监管大方向不变的前提下，在操作过程中保留一定的柔和度。《通知》提出，对于过渡期结束后难以消化的存量非标，可以转回银行资产负债表内，人民银行在宏观审慎评估（Macro Prudential Assessment，MPA）考核时将合理调整有关参数予以支持，以确保平稳过渡。同时，为解决表外回表占用资本问题，支持商业银行通过发行二级资本债补充资本。而对于因特殊原因难以回表的非标资产和过渡期后仍未到期的少量股权类资产，《通知》明确，经金融监管部门同意后，金融机构可以合理妥善处理。此外，为促进有序整改，《通知》按照资管新规要求，由金融机构自主制订整改计划，监管部门予以监督指导。这意味着，过渡期内将不硬性提阶段性压降要求。

《通知》的推出，是为了给金融机构更明确的指导意见，引导金融机构稳步渐进、坚定不移地把防范风险和加强监管的工作做得更持续、更彻底。

上述举措是参考国际宏观经济环境、国内资本市场和金融稳定等情况，对资管新规做出的微调，不是政策性的转向，旨在引导金融机构平稳过渡。

三、资管行业未来发展趋势分析

1. 我国资管行业发展的基础没有改变

首先，与成熟市场相比，中国资管行业仍处于发展的初级阶段。我国资管行业起步较晚，全社会对资管行业的认识有待进一步深化，行业成熟度还需经过一个长期过程。尽管前几年我国资管行业保持较高的增长速度，但我国资管业务规模与我国 GDP 总量的比重，与发达国家相比还有一定差距，资管行业仍有较大的发展空间。

其次，我国经济稳定增长为资管行业的发展打下了坚实基础。历经 40 年的改革开放，中国已成为世界第二大经济体，人民生活总体上达到小康水平，这是前几年资管行业高速发展的基础。按照十九大报告要求，到建党一百年时把我国建成经济更加发展、民主更加健全、科教更加进步、文化更加繁荣、社会更加和谐、人民生活更加殷实的小康社会，然后再奋斗三十年，到新中国成立一百年时，基本实现现代化，把我国建成社会主义现代化国家。预计未来我国 GDP 增速将保持在 6.3% 上下，仍远高于全球经济增长速度。我国经济稳定发展，财富不断增长，将是我国资管行业发展的内生动力和坚实基础。

再次，我国正处于转变经济发展方式、调整产业结构的经济转型期，融资主体将从过去以成长、成熟企业为主转向大量初创、转型期企业甚至问题企业；融资周期从过去的中短期转向全周期；融资工具将从贷款等间接融资转向直接融资结构，融资主体、周期和工具这些变化，将为资产行业创造更多发展机遇。

2. 加强金融监管，有利于我国资管行业健康长远发展

资管新规的发布，促使行业从分业监管转向功能监管。一方面功能监管能够消除金融创新带来的监管真空，另一方面能减少监管标准不统一导致的监管套利。同时，打破刚兑、净值化管理、收紧通道业务、整顿资管乱象，资管新规在引发金融从业人员剧震的同时，也会对投资者产生深远影响。

统一监管标准，将促进大众理财观念加快走向成熟。长期投资、分散投资、价值投资以及资产配置等优秀的理念将真正深入人心，从而引领过去这些年"劣币驱逐良币"的中国金融市场走向正轨。从短期看资管新规的出台会影响资管行业发展，尤其是抑制买入能获得确定性高收益的银行理财产品的冲动，而且在购买其他资管产品时也被加上了诸多的束缚，但从长远看，这也将大大减轻系统性风险发生时对普通人辛苦积攒的财富的影响，有利于资管行业的长远发展。

尽管资管新规以及配套的操作规程的出台，给予资管行业适度弹性，金融配合经济迈入"稳杠杆"阶段，货币政策传导链条修复；可以在稳杠杆阶段一边降分子、一边稳分母，助益过渡期的平稳过渡以及结构性去杠杆的进一步推向前进。但资管新规的几个核心要点——去通道、去嵌套、限非标、净值化、破刚兑，没有一个要点发生本质变化。只要核心框架在，那么严监管的趋势就不会发生变化，变的只是监管运行的斜率。

在这样的政策环境下，未来我国资管行业进入调整、分化、重塑期，老路必不重走，新路更需走活，未来我国资管行业追求的不是发展速度，而是发展质量。

第三节　资产管理行业高质量发展的内涵

从发展环境看，我国资管行业正处于强金融监管，行业乱象、扩张式快速发展终结阶段，行业调整、分化和重塑期，资产管理行业将逐渐回归"受人之托、代人理财"的本质，推动资管业务高质量发展是当前和今后一个时期资管行业面临的主要问题。

一、资管业务模式发生根本性转变

过去几年来，我国资管行业实现高速发展，在较大程度上依赖于国内金融业刚性兑付的土壤，其本质上仍然是"左手资金、右手资产"的投行融资模式，不同类型的资管机构在上下游链条上，分别赚取前端资金、后端资产和中间通道的钱。在金融监管相对"宽松软"的大环境下，必然导致套利之风盛行、资管乱象丛生。当前，我国资产管理行业发展的宏观形势已经发生巨大改变，按照十九大报告的要求，我国正在着力加快建设实体经济、科技创新、现代金融、人力资源协同发展的产业体系。金融要做好支持和服务实体经济，做到协调发展。同时，随着金融体制重大改革的推进，监管套利的时代也基本结束。面对新形势、新要求，我国资管业务模式将发生根本性转变，资管行业将回归"受人之托、代人理财"的本质。

二、资管产品向标准化转型

按照资管新规的要求，资管产品将加快与国际接轨，预期收益型产品向净值型转型，准确反映资产价格的公允变化，基础资产的风险得到充分揭示。同时，按照十九大报告的要求，金融业要提升服务实体经济的能力，未来我国资管产品的创新将紧紧围绕支持服务实体经济展开，多层嵌套、监管套利等产品将受到严格限制，标准化资产投资将是大势所趋。从2017年下半年的变化看，已经显露其端倪，PPP资产证券化、住房租赁ABS、可转债等金融产品频出，在资本市场掀起了一轮又一轮的热潮。尤其是资产证券化市场，2017年发行规模超过1万亿元，达到1.45万亿元，同比增长66%，年末市场存量突破2万亿元，达到2.08万亿元，同比增长67%，呈现井喷之势。可以预见，今后将有更多支持实体经济发展的创新资产管理产品在国内市场出现，以降低企业杠杆率为目的、有助于降低实体经济融资成本的资管产品将得到快速发展，资管行业要在提升服务实体经济能力的同时，实现其健康长远发展。

三、全面提升资产管理能力

在穿透式监管不断加强和金融业对外开放进一步扩大的背景下，我国资管机构原有的发展方式亟待改变，大类资产管理、投研能力和风险定价将成为我国资产管理机构长远突围的方向，资产管理机构只有切实履行"卖者尽责"，才能谋得生存与进一步发展。因此，提升资产管理能力将是资产管理机构的关键，未来投资类业务将基金化，资管的核心是管理能力；融资类业务会投行化，核心是企业客户基础。我国资产管理行业正在进入精耕细作的阶段，全面提升资产管理能力，采取差异化竞争策略是资产管理机构生存之道。同时，在严金融监管的大环境下，对资产管理机构规范经营要求更严，监管处罚力度更大，规范发展将是今后资产管理行业的主基调。

四、投资行为更趋理性和成熟

在刚兑环境下，我国资管机构的竞争焦点主要落在预期收益率上，资管机构同质化竞争，为冲规模往往采取价格战，拉高负债成本，而负债成本的提高对资产端收益提出了更高要求，致使资管机构为提高收益，采取诸如加杠杆、加久期、下沉信用、监管套利、多次嵌套等手段，各种资管乱象频发的根源在于刚兑预期。资管新规的出台，明确打破资管产品的刚性兑付。破除刚兑，真正让资管业务遵循"高风险高收益"原则，让资管机构运作更加规范、透明，也让投资者明规则、识风险，"买者担责"，逐步习惯自担风险，促使投资者的投资行为更趋于理性和成熟。

第四节　新时代资管行业的出路

资管行业要充分认识新形势下我国资管行业发展新趋势和新特点，加快转变经营观念，克服以往规模竞争、通道为王、结构创新、野蛮生长的冲动，采取措施积极应对新形势下的新情况、新变化，防范和化解资管行业高速发展阶段带来的潜在风险，实现资管行业由高速度发展向高质量发展转变。

一、加快资管业务回归本质

资管新规的出台从制度层面规范金融机构资产管理业务，统一资产管理产品监管标准。尽管资管新规给予过渡期安排，并明确过渡性适当弹性操作规定，但资管新规的核心要求没有发生变化。我国资管行业将逐渐回归"受人之托、代人理财"的本质，平台和牌照的溢价能力将不断弱化，业务模式向国外成熟市场通过资产配置、风险分散、策略对冲等获取回报方式转变。随着我国居民财富的不断增长，我国资管行业发展潜力仍然巨大，资管行业要抓住机遇，加快业务模式转变，回归本质，切实提升服务实体经济能力，实现资管行业与我国经济协调可持续发展。

二、加强投研能力建设

随着资管业务回归本质，资管机构要实现高质量发展，必须紧紧抓住"代人理财"这一核心，不断加强投研能力建设，全面提升资产管理水平。研究能力是资产管理业务的基础，投资能力是资产管理业务的核心。资产管理机构应提高对宏观经济的研判能力，把握经济发展大势；加强尽调工作，研究调查工作要下沉到底层资产的形成、归集、规范和处理等环节，扎根产业，准确把握产业经济运行的规律。加强研究与投资的联动，将研究能力转化为投资能力，不断提升投资能力，切实提高投资回报，在更好地支持和服务实体经济的同时，认真履行资管机构的职责，为投资者带来合理风险回报，资产管理规模才能越做越大，资产管理业务才能健康长远发展。

三、不断提升风险定价能力

过去我国资管行业以收益率高低论英雄，资管产品定价存在着重大缺陷，缺乏对信用风险的定价。随着资管新规的出台，刚兑被打破，信用风险上升，资管行业将回归到高风险高收益、低风险低收益的理性投资环境。对资管机构而言，风险定价能力直接关乎资管企业的生存。风险定价的核心内容是识别风险、计量风险，在此基础上，让适当投资者承担适当的风险并获取与风险相匹配的回报。在资产管理费呈现不断下降的大趋势下，风险定价能力将是资管行业的核心竞争力。资管机构应切实关注自身风险定价能力的提升，尤其是随着互联网、人工智能技术的发展，未来人工智能取代人力是不可避免的趋势。资管业务运用金融科技，一方面可以降低成本，包括获客成本、营运成本和风险成本；另一方面可以有效识别投资者，给投资者更加匹配的风险定价。目前，已经有不少资管机构开始探索运用金融科技实现差异化的风险定价，如 2016 年底招商银行推出了摩羯智投，提供涵盖大类资产配置、基金评价、智能算法、量化投资等领域的服务。资管行业应密切关注金融科技发展趋势，加大金融科技的投入力度，提升行业竞争力。

四、切实做好资管人才培养和引进

国际成熟资管市场的经验表明，今后资管行业的竞争主要是人才的竞争，资管机构投研能力、风险定价能力的提升都离不开专业人才队伍。资管机构应要切实做好人才培养和引进工作，搭建具有自身资管业务特色的专业化人才队伍，建立市场化的人才培育机制，把人才作为保障推动资管业务持续健康发展的重要根基。一是加快资产管理业务人才的培养，全面提升研、融、投、管、退的能力和水平。二是加快培育和引进资管业务领军人才，打造资管业务品牌，提升企业差异化竞争水平。三是建立有效的激励约束机制，用有效的管理机制激发全员的积极性和创造性。四是要加强企业文化建设，树立正确的企业价值观，不断打造企业核心竞争力。

五、加快适应对外开放格局

当前，我国金融业的有序开放正在进入深水区，2018 年政府工作报告提出，推动形成全面开放新格局。2018 年 4 月，国家主席习近平在出席博鳌亚洲论坛 2018 年年会开幕式上宣布推出一系列扩大开放新的重大举措。有序开放银行卡清算等市场，放开外资保险经纪公司经营范围限制，放宽或取消银行、证券、基金管理、期货、金融资产管理公司等外资股比限制，统一中外资银行市场准入标准。扩大金融业对外开放，有利于进一步增强我国金融业的核心竞争力，提升其服务实体经济的水平，满足经济高质量发展的要求。目前，我国资管行业与国际成熟市场相比尚有一定差距，资管机构要积极面对金融对外开放出现的新格局。一方面，要发挥比较优势，迎接对外开放带来的新挑战；另一方面，要积极走出去，学习和借鉴国外先进资管机构的经验，提升全球化竞争能力，迎接对外开放带来的新机遇。

第四章
中国资管行业的风险和防控

第四章　中国资管行业的风险和防控

经过短短十来年的快速发展，我国资产管理业务规模已经超过百万亿元人民币，成为金融行业里一个新的增长点。但是，由于我国资管行业起步较晚，且缺少有效监管，存在野蛮生长的问题，发展的质量不高，风险和问题不少。当前，我国资产管理领域普遍存在层层嵌套、高杠杆、刚性兑付、脱实向虚、资金空转等问题，如果任其继续野蛮生长，不对其进行有效监管，必然会导致风险进一步累积，危及我国整个金融体系甚至实体经济的安全。回归服务实体经济本源是我国资产管理业务发展的唯一正确道路。治理资管乱象首先要完善相关法律法规，强化行业监管，同时，还要继续支持和鼓励金融创新，促进金融机构回归本真，培育行业龙头企业。

第一节　脱实向虚问题严重

金融创新是一把"双刃剑"，曾任美国财政部长的萨默斯曾说过"金融创新如同飞机，它为人们提供了方便快捷的交通方式，能够让人们更快地到达目的地。不过一旦飞机失事，后果将非常严重"。在东南亚金融危机和美国次贷危机中，金融创新扮演了重要角色。我国资产管理领域中，许多产品也是借各种创新之名推出的，其在推动行业快速发展的同时，也带来很多的风险和隐患，给我国的金融和经济健康运行带来隐忧。

一、场外配资引发的股灾

中国资本市场自创建以来，有过多次的起伏跌宕，但是只有 2015 年的那次下跌被称为"股灾"。那次中国股市下跌的幅度和速度都超出人们的预料，在不到一个月的时间里，股指下跌超过 30%，不仅让很多普通投资者损失惨重，甚至连资本市场的监管者也感到有点惊慌失措。股灾发生之后，政府曾出台了多项救市政策，甚至不惜投入万亿元资金成立中国证券金融股份有限公司直接入市，也没有能够挽救当时残局。提起这次股灾，很多人至今还心有余悸，而导致这次股灾的元凶就是场外配资，而场外配资实际是一种资产管理业务。

我国实行严格分业经营和分业监管。根据相关的监管规定，银行等部门的资金严禁进入资本市场。然而，银行是我国金融体系中资金最充裕的机构，于是总有一些人想尽一切办法从银行套取资金进入股市。从2014年中国股市启动之后，据估计，有5000万亿~10000万亿元来自资本市场以外的所谓场外配资和20000多亿元的融资融券涌入股市，这些人在享受股市上涨带来的快感之余，也促使中国股市形成了一个大干快上的局面。在短短不到一年的时间里，上海证券综合指数（下文简称"上证综指"）从2000点快速上涨至5000点，在这一过程中，各方都赚得盆满钵满，不亦乐乎。配资炒股的人赚得很爽，他们花20%左右的资金成本，却赚了100%的利润；场外配资的人也赚得很爽，他们每年可获得20%的净收益，而且这种收益非常安全，万一股票下跌可以直接平仓。但是这种饮鸩止渴的局面注定持续不了多久，即使中国经济在全世界一枝独秀，即使中国股市属于"改革牛"的红利释放，但是也支撑不了8个月大盘增长1.5倍的行情。

当上证综指上涨到5000点左右的时候，人们的预期发生了一些微妙的变化。有些人认为股市还会继续上涨，上证综指会超越6000点甚至达到8000点，还有些机构预测上证综指会上1万点。但是也有一些清醒的人认为，如果股市继续上涨，风险将进一步集聚，最终可能血本无归，不如趁早出货落袋为安。于是，有些人悄悄地卖掉自己手中的筹码，退出了市场。当持有这种观点的人越来越多的时候，股市就出现了快速下跌，各路资金纷纷夺路而逃，导致股市发生雪崩。当大家都想逃跑的时候，基本上大家都逃不掉，那些拿了场外配资、融资融券的人几乎是不要命地夺路狂奔，每天下跌10%也在所不惜，因为再不逃跑不但利润不保，甚至本金也保不住。场外配资公司、融资融券公司都在拼命平仓，以期保住自己的收益。在这种慌乱的情况下，中国 A 股出现了前所未有的千股齐跌停的奇观。

随着我国资产管理业务的不断发展和创新，资管业务的结构和资金来源越来越复杂。引发 2015 年中国股灾的场外配资，既有银、证、保和信托的结构化产品，也有 P2P 等互联网金融渠道，且经过多个通道和多层嵌套使得资金规模、杠杆率等核心监管指标都存在失真。以银行理财资金为例，虽然银行理财资金不能直接投资股市，但可以通过对接伞形信托的方式进入股市。所谓伞形信托是指同一个信托产品之中包含两种或两种以上不同类别的子信托。这种投资结构是在一个信托通道下设立很多小的交易子单元，通常一个母账户可以拆分为 20 个左右的虚拟账户，按照约定的分成比例，由银行发行理财产品认购信托计划优先级受益权，其他潜在客户认购劣后受益权，根据证券投资信托的投资表现，剔除各项支出后，由劣后级投资者获取剩余收益。从整个金融体系看，投机驱动下的场外配资放大了股市的杠杆，加剧了股市的价格波动，最终引爆了中国股灾。

二、险资频频举牌的底气

虽然保险资金早就可以投资股市，但是由于受到种种监管限制，保险资金在资本市场上始终扮演着财务投资者的角色。但是从 2015 年底到 2016 年中，保险资金在资本市场上频频举牌，让人们对保险资金刮目相看，尤其是宝能系的前海人寿携百亿元资金举牌万科，在我国资本市场上掀起了一波巨浪。保险资金之所以能有如此大的威力，主要靠的是资管计划。从 2015 年下半年开始，前海人寿联合钜盛华频频增持万科。从 2015 年 12 月至 2016 年 7 月，宝能系通过九个资管计划在二级市场斥资 111.18 亿元，增持近 5.49 亿股万科 A，占总股本的 4.97%。而在此之前，2015 年 11 月 27 日至 12 月 4 日，前述九个资管计划中的七个，就已斥资 96.52 亿元增持 5.49 亿股万科 A，占比 4.97%。这九个资管计划累计持有万科 A 超 9.94%。也就是说，"宝能系"手中万科 A 25% 的股份，近 40% 是通过资管计划买入的。

深入分析这些保险资管计划就会发现,它们都是基金公司及其子公司和券商发行的"一对多"分级产品,钜盛华作为劣后方实际出资约69亿元,多家银行作为优先级委托人出资138.3亿元,出资方包括建行、广发、平安、民生、浦发,利率在6.4%~7.2%。从表面上看,这些资管计划都是2倍杠杆,如果要穿透钜盛华作为劣后级的资金,杠杆率可能更高。这种"配资式"资管计划的具体模式是,券商、基金公司及其子公司设立包含优先、劣后甚至夹层的结构型资管计划,优先和夹层获得固定收益,劣后享受剩余收益。同时,计划的投资决策权由劣后方下达,而优先级的固定收益从整个计划的收益及劣后方的本金中扣除。在这种结构安排下,资管计划实际上是在给劣后方放大交易杠杆做交易提供便利。

另外一家依靠资管投资迅速膨胀的保险公司是安邦保险。自成立10年来,安邦保险共计7次增资,资本规模迅速跃居保险行业之首。除保费收入之外,储金业务是安邦保险投资资金的另一个重要来源。这是一种保险企业在办理保险业务时不直接向投保人收取保费,而向投保人收取一定数额到期应返还资金的银保合作业务。根据公开资料计算,安邦系曾在A股市场上重仓了25只股票,以银行股、地产股为主,市值约2649.68亿元。其中,持股比例超过10%的有11家,合计持股金额更是高达1963亿元。在资本市场上大展拳脚的同时,安邦保险还在国外攻城略地。安邦保险曾斥资19.5亿美元从希尔顿手中接盘了拥有83年历史的华尔道夫酒店,斥资2.43亿欧元收购比利时有百年历史的保险公司FIDEA,斥资2.19亿欧元收购比利时德尔塔·劳埃德银行100%股权。

保险是以风险分散和损失补偿为基本功能的经济行为,其基本属性就在于"保障"二字,其发展定位是经济社会的稳定器和助推器。但是近年来,一些保险公司脱离保障功能而将保险作为圈钱工具,发行各种各样的资管计划,然后拿这些资金到资本市场上攫取暴利,这实际上是一种唯利是图、舍本逐末之行为。保险资金进入资本市场本无可厚非,但是如果通过各种资管计划方法操纵杠杆率,用资金优势炒股或并购上市公司,这显然不符合保险公司的市场定位。监管机构屡次强调"保险姓保",高呼去杠杆,坚决不让保险公司成为"提款机",然而某些主体仍然利用规则漏洞,随心所欲大行并购之道,业务结构逐渐走形,不仅造成了资本市场的剧烈波动,也给自身发展埋下风险隐患。

三、资管行业脱实向虚的危害

金融的本质功能是为实体经济提供资金支持。资金在金融体系内空转本身并不创造价值,金融投资的收益来源于实体经济的投资回报。离开了实体经济的利润,金融投资的收益就变成了无源之水,无本之木。金融过度发展不仅不会带来社会财富的增加,而且还会带来严重后果。资产管理业务作为新兴的金融业,其筹集和运用资金也应该围绕实体经济。但是,由于我国经济结构失衡,金融业依靠政策和垄断地位,拥有非常高的利润率,于是就出现了一定程度的资本"脱实向虚"问题,大量资金流向股市、房地产等领域,虚拟经济表现出一派繁荣景象,然而以制造业为主的实体经济却面临融资难、融资贵的困境。

在实体经济收益率持续下行和资产价格持续上涨的背景下,银行、信托、保险、证券、基金等金融机构纷纷涉足资产管理行业,银行理财、同业存单、同业理财、委外投资、非标融资、权益融资等金融创新如雨后春笋般爆发,借助各类创新工具,理财空转、信贷空转、票据空转、同业空转等花样频出的资金空转大行其道,跨市场、跨行业来回游走穿梭。资金绕道信托、券商、保险、公募基金等金融机构资管计划,辗转投向资本市场,而没有进入实体经济,对资产价格泡沫化起到了推波助澜的作用。同时,为应对MPA考核带来的压力,同业存单利率大幅飙升,中小银行发行的同业存单又成为大型银行的投资标的,同业存单互持进一步加剧了资金空转,大量资金在金融体系内长期滞留、自我循环、自成体系,加大了实体经济融资困难,对资金"脱实向虚"起到了推动作用。

实际上，在西方欧美等金融发达国家，在经济发展过程中也都不同程度地出现了金融业过度发展的倾向，给本国经济发展带来了严重的负面影响。自20世纪90年代中期开始，美国从有形实体经济为主过渡到货币主导的虚拟经济为主，金融业在GDP中的比重超过了制造业。2004年，美国的金融服务业占GDP的比重曾达到20%，而同期制造业所占的比例下降到了13%。与此同时，美国在制造领域逐步丧失比较优势，除了部分高端产品之外，产业资本全面向发展中国家转移。当大量资本转向虚拟经济领域之后，就为金融危机的爆发埋下了隐患。有经济学家进行过统计和估算，结论是：当今全球货币流通只有5%左右是基于真实的交易和支付，另外95%的货币实际是在空转。资本的逐利性决定了这些货币必然要寻求增值和回报。在全球经济金融一体化条件下，这些资金流到哪里，必然会推高哪里的商品或资产的价格。由于这种货币的流动本身并不能创造出真正的价值，当泡沫破裂的时候，就会引起当地的经济金融动荡，甚至最终演变为经济危机。

第二节 中国资管行业的风险特点

中国资产管理业务起步较晚。近年来虽然发展很快，也形成一定规模，但是与成熟市场经济国家相比，还存在很大的差距。由于缺乏相关的法律法规和监管，我国资产管理业务目前处于野蛮生长阶段，存在很大的风险隐患，如不加以认真研究和防控，必将影响整个行业的健康持续发展。

一、影子银行野蛮生长

影子银行是指平行于商业银行的金融机构、业务或系统。最早的"影子银行"产生于20世纪七八十年代的美国，当时欧美国家出现了所谓脱媒型信用危机，即存款机构的资金流失、信用收缩、盈利下降、银行倒闭等。为了应对这种脱媒型信用危机，不仅政府大规模放松金融部门的各种管制，而且激烈的市场竞争形成一股金融创新潮。各种金融产品、金融工具、金融组织及金融经营方式层出不穷。随着美国金融管制放松，一系列金融创新产品不断涌现，"影子银行"体系也在这一过程中逐渐形成。

美国次贷危机爆发后，理论界将那些具有银行功能却又没有银行之名，且不受或很少受银行监管部门监管的金融机构及围绕资产证券化产生的各类业务归入影子银行体系范畴。在中国，"影子银行"的概念至今没有一个明确的界定。一般来说，只要涉及借贷关系和银行表外业务都属于"影子银行"。2012年，我国资产管理行业准入放开，各类金融机构资产管理业务分割格局被打破，银行、证券、保险、基金、期货等纷纷进军资产管理行业，银行理财、同业业务、信托贷款、委托贷款、委外投资等金融创新推波助澜，投资范围扩展至债券等标准化资产，影子银行规模不断膨胀。据国际评级机构穆迪公司统计，截至2016年底，我国影子银行资产规模大约为64.5万亿元人民币。

我国的资产管理业务是中国商业银行在金融抑制环境下自发实施的一种金融创新行为，这扩展了传统金融服务的边界，在一定程度上缓解了金融抑制的不利影响，有助于提高金融体系的储蓄投资转化能力与资源配置效率。一方面，资管产品的收益率显著高于银行基准存款利率，这为投资者提供了新的投资选择，以市场倒逼方式推动了中国的利率市场化进程；另一方面，影子银行的发展突破了不同类型的金融市场之间由于分业监管形成的市场分割与扭曲，不但提高了市场的整体流动性与深度，而且推动了中国金融市场的整合与扩张。但是，影子银行的最大特点就是脱离政府监管部门的监管。由于影子银行长期游离于监管体系之外，其野蛮生长背后的高杠杆、层层嵌套、期限错配、流动性转换等风险隐患已成为系统性金融风险的阿喀琉斯之踵。

二、层层嵌套风险聚集

资管产品多层嵌套是在我国分业监管制度下，资管机构为了规避监管而采取的应对措施，实际是金融创新和监管当局博弈的产物。一方面，政府监管机构作为制度供给方，根据不断变化的市场需求、供给、风险演变而不断出台新的监管措施；另一方面，作为被监管对象的市场上的资金提供方、需求方和中介机构，需要根据监管政策和要求设计产品来规避监管。比如：我国的商业银行法禁止银行资金从事信托投资和证券经营业务，禁止向非自用不动产投资或者向非银行金融机构和企业投资，银行资金若要进入上述投资领域，必须通过嵌套资产管理产品来实现。实际的操作过程为：（1）银行向券商发行一个定向资管计划；（2）券商用该定向资管计划募集的资金设立有限合伙企业；（3）有限合伙企业投资于上述禁止银行资金投资的领域，这样通过几层的嵌套完成了银行资金到禁区的投资。

近年来，受金融市场化改革和金融创新的激励，银行、券商、保险、信托、基金、期货等金融机构间资产管理壁垒被打破，逐步形成了跨行业、跨领域、相互交叉、相互竞合的大资管发展格局。在当前分业监管体制下，资金在各金融子行业中游走自如，层层嵌套，规避监管。据统计，当前超过100万亿元的资产管理产品中，约一半规模属于层层嵌套。资金（银行理财、同业理财、自有资金）通过委外投资在券商、保险、基金、信托等两个及两个以上资管计划之间层层嵌套，打通了监管部门之间的监管壁垒，形成监管盲区，监管部门无法实施穿透式监管，相关监管部门在各自的领域都查不出问题，但风险隐患已逐步积聚。"宝万之争"中宝能集团借助各个资管计划层层嵌套加杠杆，但依照当时的监管法规却查不出其违规之处即是鲜活的现实案例。

资管产品多层嵌套还有一些是为了放大杠杆率，起到了所谓"四两拨千斤"的效果，即用很少的资金撬动很大的资产。随着杠杆水平的不断提高，融资规模也就越来越大。由于金融资本无法在现实生产领域获得积累，金融资本只能寻求在金融体系内部实现增值。与此同时，产业资本自身也通过金融化过程不断转化为金融资本，造成金融资本的不断膨胀。随着金融资本规模的不断扩张，金融资本对于自身增值的要求也在不断提高。在产业资本规模相对减少的情况下，金融资本对于产业资本积累的要求却越来越高，从而使产业资本更加难以获得金融资本的支持，进一步恶化了产业资本积累的环境。金融体系内部的层层嵌套不断提高实体经济的资金成本，而在资金空转的条件下，空转部分的资金虽然能够使部分非金融企业获取金融收益，但资金空转的运作伴随着更多资金，追求更高的收益，最终也必然将压力转嫁给实体经济，提高实体经济的融资成本。

三、资金池业务掩盖风险

不论是商业银行、信托公司的资管业务，还是保险公司和券商的资管部门，尤其是一些私募基金和 P2P 平台的资管业务，我国的资产管理机构都喜欢采用资金池的模式。资金池（Cash Pooling）也称现金总库。最早是由跨国公司的财务公司与国际银行联手开发的资金管理模式，以统一调拨集团的全球资金，最大限度地降低集团持有的净头寸。资管机构通过大量滚动发行各类期限的理财产品，把各期限的资金汇集起来形成一个类似于池子的集合，相对应的资产也是一个大的池子，采用两个池子对应，而不是每一个产品的资金对应一种资产或者一个组合，这样就很难区分每一笔投资的具体状态。这样的理财产品就可以给客户约定一个预期收益率，比如 5%，就变成了一个固定收益的产品。很多客户会把它当作一种高息储蓄，到期连本带息都要兑付的，且必须兑付，即所谓的刚性兑付。

资管机构通过滚动发售不同期限的理财产品持续性募集资金，并将募集资金集合起来统一运用，投资于债券、回购、信托融资计划、信贷资产、信托受益权、券商资产管理计划等集合性资产包，以动态管理保持理财资金的来源和运用相对平衡。资金池模式与基金的运作模式类似，具有"滚动发售、集合运作、期限错配、分离定价"的特点。资金池模式直接助推了理财业务规模的高倍增长。有关统计数据显示，我国目前银行资金池理财产品占全部表外理财产品总数的比例超过50%，且资产池下的标的资产丰富，涵盖了存款、债券、票据、信贷资产、信托受益权、券商资产管理计划等。资金池模式暴露出资管机构期限错配、信息不透明、刚性兑付、流动性风险突出等诸多问题。

虽然，监管部门出台了多项政策禁止资金池业务，但这种模式还是屡禁不止。一些恶意诈骗的P2P平台，尤其喜欢资金池模式，这些恶意诈骗平台将投资人的资金通过平台项目转移到公司名下，实际控制人可以随意动用，为诈骗跑路创造极为方便的条件。有时连中高层管理人员都搞不清资金去向，甚至公司实际控制人卷款跑路几天了，员工才知道。还有一种资金池是通过自己控制或关联的实体企业在平台融资，形成资金池，为平台自身所用融资提供便利。资金池最大风险是掩盖风险。一些平台，并无充足有力的保障措施，项目一旦出现逾期或坏账，为解燃眉之急，维护平台声誉，兑现垫付代偿的承诺，就会挪用资金池资金，通过借新还旧来维持运营。有一些原本实实在在开展业务的老平台、大平台出问题，基本都是这个原因，导致庞氏骗局愈演愈烈，当后续资金链断裂时，问题爆发，往往是惊天大雷。

四、刚性兑付大行其道

按照委托代理原则，资产管理业务应当是一个纯粹的中间业务，资产管理机构作为受托人，为受益人管理资产，资产管理机构仅收取管理费，不承担资产投资损失的风险。但在中国，由于资产管理业务起步较晚，为了吸引投资者，资管机构往往承诺保本保息，即所谓的刚性兑付。长期以来，我国的国有金融机构以国家信用为担保，而金融市场上又以存款类金融产品为主，投资者习惯于存款类产品保本付息式的刚性兑付，已经形成了对所有金融产品都存在国家信用提供隐性担保的兑付预期。在资产业务发展之初，资管机构实行刚性兑付，有利于保护投资者的权益，同时也有利于约束资管机构的行为。但是这种普遍存在的刚性兑付隐藏着巨大的风险，制约着行业的进一步发展。

刚性兑付的本质是以资产管理机构自身信用保证投资者本金安全和固定收益。在刚性兑付的框架下，资产管理业务嵌入了资产管理机构自身信用，将投资者本应承担的投资风险转嫁给了资产管理机构。按照是否进入企业资产负债表来划分，资产管理应当属于表外业务，资产管理机构不应承担投资风险和兑付责任。在刚性兑付的模式下，资产管理这一表外业务实际上具备表内业务属性，但监管机构对这些具有表内业务属性的资产管理业务仍然适用表外业务监管规则和指标，形成监管漏洞。一旦出现特殊事件，导致刚性兑付义务在资产管理行业大规模触发，资产管理机构自身信用很可能不足以履行兑付义务，并且由于资产管理机构的对接和产品嵌套，极易导致金融风险跨行业传导，形成系统性金融风险。

五、法律缺失监管缺位

说到底，资产管理的本质就是"代客理财"。通俗地说，就是专业的资产管理机构或个人为客户提供投资和理财服务，并收取一定的佣金或报酬。资产管理机构接受客户委托，按照跟客户达成的投资方向，通过资管机构的主动管理实现客户资产的保值和增值。作为受托人，资管机构必须要尽职尽责，必须要按照事前约定的投资方向和原则进行投资；而作为委托人，不仅有享受资产增值的收益的权利，也有义务承担资产损失风险的义务，当然，前提是受托人严格履行了其职责，真正做到了受人之托，尽职尽责。如果受托人没有尽责，当然要承担资产损失的赔偿责任。

由于我国资产管理相关上位法的缺乏和分割，资产管理法律关系没有得到统一的界定，出现了对资产管理法律关系认识混乱的局面。在监管层面，既有由信托关系主导的突出投资人利益优先原则的监管规则，也有由民商关系主导的遵从平等合同主体地位的监管规则，在某些情况下甚至将应当界定为信托法律关系的行为与委托代理关系混淆，从而弱化了受托人信义义务和道德约束。法律关系的混淆还导致受托财产法律属性不清晰，对于受托财产所有权界定存在争议，对受托人管理、处分受托财产的自主权也缺乏规范。由于基本法律关系的模糊不清、相关法律法规的不完善，委托人利益受侵害时缺乏救济途径，导致与资管有关的案件审理困难，难以充分维护委托人的合法权益。

在现行机构监管模式下，各资产管理机构由不同的监管机构监管，各监管机构分别制定各自的监管规则，监管标准不统一。这导致了行业内非常突出的问题：对于属性相似的业务，不同机构执行的监管标准大相径庭，使资产管理机构被迫处于不公平竞争状态。例如，证券公司受证监会监管，因而执行证监会的相关业务规则；而信托公司受银保监会监管，执行银保监会的业务规则，两者发行的产品在合格投资者认定标准、认购起点、投资者数量等方面的要求迥然不同。此外，长期以来的分业监管导致监管机构形成了"谁家的孩子谁抱"的监管理念，"各人自扫门前雪"的态度导致监管分割突出，各机构往往只专注于自己的监管领域，缺乏交流和协同，客观上增加了形成统一监管标准的难度。

第三节　国外资管行业的监管经验

他山之石，可以攻玉。当前资产管理已经成为世界金融业发展的一个重要方向。与我国相比，美欧等发达国家的资产管理行业发展较早，市场规模也更大，发展成熟度更高，监管体系也更为完善。深入了解和掌握美欧等国家和地区的行业发展和监管的形成历史，对于完善我国资管行业监管和促进行业健康发展具有一定的借鉴价值。

一、美国资管行业的监管

美国作为当今世界上资产管理最发达的国家之一，其金融自由化程度较高、金融产品类别也较为丰富。具体来看，美国资产管理业务涵盖的范围涉及代客理财、代客投资、代客流动性管理、代客资本运营等。资管机构的投资标的主要包括权益类投资、固定收益类投资、混合类投资（即权益与固定收益的混合投资）、现金管理类投资等。

推动美国资产管理行业快速发展的主要原因有如下三点：一是鼓励金融创新，市场竞争充分。美国的金融是建立在市场自由竞争基础上的，以基金公司为例，美国基金公司根据客户的不同需求，有针对性地设计差异化基金产品，如大盘股基金、小盘股基金、退休基金、避税基金等，通过市场竞争提高经营效率。二是市场适度集中，产品质量不断上升。"二八定律"在美国资产管理市场上尤为明显，大型公司的品牌声誉卓著，提供的资产管理服务质量好，所占市场份额以及获得的资源也相应较大。这些大型公司利用资源优势争相推出表现优于同业的产品，给市场带来了持续强劲的增长。三是分销渠道活跃，营销能力增强。由于产品多，资产管理机构不仅注重通过高效投资来争取客户，赚取资产管理费，同时还注意不断强化产品的营销能力，形成了十分活跃的分销代理市场局面。

自1940年《投资顾问法》和《投资公司法》通过以来，美国证监会对资产管理行业的监管已接近80年，首要任务是保护投资者，维护公平、有序、高效的市场，并促进资本形成。多年来，为应对不断变化的市场及发展带来的挑战，美国证监会注重加强和调整资产管理监管程序，其对资管行业监管的最重要的三大工具是：利益冲突的控制，注册、报告和信息披露制度，以及解决投资组合风险和操作风险。美国证监会通过法定框架建立监管保障措施和激励机制，以帮助投资者应对投资顾问和基金组织机构内部利益冲突、运营及管理风险。根据《多德-弗兰克法案》所赋予的权力，针对其向特定私募基金的投资信息，证监会规定投资顾问实施全面登记制度。近年来，美国监管当局将监管重点放在潜在的风险活动和产品上，而不再是个别资产管理机构，保护投资者利益。

二、欧洲资管行业的监管

欧洲是全球第二大资产管理市场。尽管欧洲市场包含的国家众多，但是受托管理的资产主要集中在少数金融大国。英国拥有欧洲最大的资管市场，其次是法国和德国。欧洲资产管理公司多数是独立公司形态，而银行系资产管理机构，也往往以银行控股或全资子公司的模式存在。中瑞银集团为欧洲市场资管规模最大的公司；其次为德国的安联集团。欧洲资产管理业务客户以机构客户为主，特别是养老金管理机构、保险公司、学校捐助基金管理机构、主权财富基金管理机构等。在欧洲，资管业务通常被分为两类，即投资基金资管业务和全权委托资管业务。其中，前者主要服务于零售投资者，后者主要服务于机构投资者和高净值人群。

欧洲资产管理市场有着较为成熟合理的投资者结构，机构投资人往往具备较长期的投资视野与理性的投资理念，不会过度关注产品短期收益，拥有合理的收益风险偏好。欧洲资产管理投资已覆盖全球，主要产品包括：可转让证券集合投资计划、非可转让证券集成投资基金、特定投资基金、风险资本投资工具等。涉及货币市场工具、债券、股票基金、衍生品和另类（包括艺术品、奢侈品、大宗商品）等各类资产，注重衍生工具和金融工程技术的运用，投资标的基本都是标准化投资工具，非标工具较少。

在监管方面，欧洲资管行业由各成员国的分散监管转向由欧盟统一监管。欧盟委员会按照资管产品募集方式的不同分别制定了针对公募产品和私募产品的监管法规即《可转让证券集合投资指令（UCITS）》和《另类投资基金经理指令（AIFMD）》，监管对象也明确为各类资产管理公司，监管机构仍为各国监管部门，譬如法国是由金融市场监管局（AMF）负责。2012年金融危机后，出于保护投资者的利益，欧盟决定修改UCITS指令，并于2014年通过了UCITS V指令，同年9月该指令正式实施。该指令站在投资者的角度，主要针对可转让证券集合计划托管职能、薪酬政策和处罚制裁等方面的法律与条例以及管理规定的修改提出了更高的要求，使得基金投资市场的高效运行更具保障。

三、新加坡资管行业监管

近年来，新加坡依靠其特殊的地理位置，加快发展资产管理业务。在新加坡政府一系列政策推动下，新加坡已经发展成为亚洲重要的美元离岸中心和资产管理市场。1997年，亚洲金融危机之后，新加坡政府提出建设世界级金融中心的发展蓝图，具体包括资产管理/私人银行、债券市场、证券及衍生交易、外汇交易、银行业、保险业、个人金融等七项主要支柱。新加坡政府在充分利用其港口城市的区位优势，且熟悉亚太地区情况、了解发达金融市场等方面优势基础上，不断争取在亚洲公司对全球资产管理及国际公司资产管理过程中，扮演重要的投资通道和中间人角色并逐步向亚洲资产管理中心迈进。

新加坡的资产管理之所以能快速发展做大，主要得益于其监管思路的变化和政府的有效推动。首先，新加坡的监管机构改变了过去的监管理念，改革了监管体系。监管理念由"法无许可则为禁止"转变为"在审慎的基础上放松监管"，即由合规性监管转向风险监管，监管体制由之前的分业监管模式转向建立统一的金融监管体制。其次，进一步开放银行业，鼓励外资银行进入新加坡市场，促进本国银行业实施并购。再次，大力发展债券市场。出台"新元国际化指引"，并发行政府长期债券，给债券市场提供完整的收益率曲线。最后，进一步完善金融法律体系和城市基础设施建设，出台税收优惠和人才吸引等政策。

四、国外经验与启示

总体而言，资产管理已经成为未来金融业的重要发展方向。欧美等发达国家的资产管理业务已经相当成熟，并且还在继续发展。与这些国家相比，我国的资产管理业务还处在发展的初级阶段，我国监管部门对资管行业的认识还不到位，监管的理念和方法还不能适应资管业务快速发展的要求。分业监管体制与混业经营模式不匹配导致很多业务监管主体不明确，客观上为资管行业野蛮生长和行业乱象提供土壤和条件。发达国家在资产管理业务模式和监管方面都有各自的特点和优势，值得我们认真研究和借鉴。

（一）构建统一的监管框架

传统的机构监管在资产管理业务跨业发展的背景下已显得有些失灵，加强监管机构的统合与协同势在必行。从发达国家的经验来看，功能监管已成为普遍认可的趋势。随着金融创新浪潮导致的金融工程与金融科技的发展，金融机构之间的界限日益模糊，因此需要将监管的关注重点从金融机构转移到金融业务，改为采用"统一功能监管"，即对具有同一性质的金融业务适用同一监管标准，减少监管真空和套利。

经过长时间的酝酿，2018年4月央行等四部委正式颁发《关于规范金融机构资产管理业务的指导意见》（简称"资管新规"），首次明确提出对资产管理业务实行统一监管。资管新规明确提出，中国人民银行负责对资产管理业务实施宏观审慎管理，会同金融监督管理部门制定资产管理业务的标准规制。金融监督管理部门实施资产管理业务的市场准入和日常监管。资管新规出台，意味着资管行业在统一监管、提升监管有效性上迈出了实质性的一步，资管行业将逐步迎来天朗气清的良好发展环境。

(二) 强化资管信息披露制度

与美欧等发展较早的国家和地区相比，中国资管行业法律监管尚有诸多短板，需根据实际状况不断加以完善。由于资产管理业务的特殊性和相关保密性等特点，投资者不能顺利地获取完整的信息，资管管理机构在具体实践中不可避免会产生负面影响和潜在风险。完整、准确的信息披露对于参与者各方利益的维护有重要影响，因而加强对资产管理行业的监管，尤其是以建立信息披露制度为主要手段的法律监管措施也势在必行。

2018年4月新颁布的资管新规对资产管理机构的信息披露制度做出了明确的要求和规范。资管新规第十二条明确要求，金融机构应当向投资者主动、真实、准确、完整、及时披露资产管理产品募集信息、资金投向、杠杆水平、收益分配、托管安排、投资账户信息和主要投资风险等内容；第十八条要求，金融机构对资产管理产品应当实行净值化管理，净值生成应当符合企业会计准则规定，及时反映基础金融资产的收益和风险。

(三) 加强宏观审慎管理制度建设

以强化金融监管为重点，以防范系统性金融风险为底线，加快资产管理业务的相关法律法规建设，完善金融机构法人治理结构，加强宏观审慎管理制度建设，加强功能监管，更加重视行为监管。要把主动防范化解系统性金融风险放在更加重要的位置，科学防范，早识别、早预警、早发现、早处置，着力防范化解重点领域风险，着力完善金融安全防线和风险应急处置机制。对于不同的资管业务实行全面监管，在表内业务与表外业务、管理中介与信用中介、投资范围与限制范围、风险防控等领域重点强化监管。

一是加快完善资产管理机构的法人治理结构，并促进法人治理结构有效运转。二是引导资管机构建立科学有效的风险管理架构。就国际实践来看，基本风险管理框架及治理已成常规，在流动性风险、衍生品杠杆与运营风险管理的重要性等问题上，监管部门与资产管理机构的看法也逐步统一。三是要着力培育具有世界核心竞争力的专业资产管理机构。一个行业的发展和成熟离不开行业龙头企业的示范和引领。资产管理机构核心竞争力的提升需要人才储备、监管环境、资产管理机构自身发展战略等多因素的共同作用，在规范管理的同时，监管机构应对资产管理机构的发展予以支持和引导。

第五章
资产管理产品的创新与规范

在我国资管市场上，资管机构为规避监管政策而设计了一些非标准的理财产品（即"非标产品"），这各类资管产品五花八门，令人眼花缭乱，不用说普通投资者看不懂，就是专业人士也不一定能看明白。非标产品的大量出现，复杂结构之中，暗含期限错配、杠杆高企等风险。规范金融机构非标资产业务发展、促进资管产品标准化和净值化已经成为治理资管乱象、规范资管行业发展的当务之急。这也正是资管新规要解决的重点问题。

第一节　资管产品的创新发展过程

资管业务最早起源于18世纪的瑞士。在工业革命后金融市场快速发展、富有家族资产管理需求旺盛的特殊环境下，瑞士的金融机构开始向私人客户和企业客户提供财富管理服务，瑞士人的忠诚和守信造就了瑞士的金融业，而瑞士银行也因其严密的保密制度而闻名于世，因此瑞士银行吸引了全球的富豪前来存款理财。第二次世界大战之后，随着全球金融体制变化、科学技术进步和资本市场发展，社会财富快速积累，公众对资产保值、增值和规避高额征税的需求越发强烈，加之金融机构追逐高利润的强劲动力直接助推了金融资管业务的快速发展，也使资管行业成为金融业皇冠上的明珠。

一、商业银行的理财业务

我国是一个以间接融资为主的国家，实行分业经营和分业监管。商业银行是我国金融机构的主体，中国的商业银行最早主要从事存贷款业务，而商业银行的理财业务是从21世纪初开始的。随着中国经济的发展，居民手中的财富逐渐增多，人们不再满足于将手中的钱存入银行，对理财增值的需求也日益强烈，2004年，光大银行推出首只人民币理财产品，拉开了国内商业银行探索发展资管业务的大幕。随后，招商银行、广发银行、民生银行、建设银行等纷纷跟进，理财业务逐渐成为商业银行重要的业务。此阶段商业银行的理财产品多以结构化产品为主，外币产品为先导，由充分体现金融创新活力的股份制银行率先发力，并带动了整个银行业的业务变革。2004年也被称为"银行理财元年"。

随着金融领域改革的持续深化，尤其是在利率、汇率市场化改革加速推进，资产管理业务迎来大发展的良好机遇，一方面，社会融资需求旺盛而资金稀缺导致资金供需失衡，商业银行竞争加剧，传统的存款业务受到了迅猛发展的互联网金融的强大冲击；另一方面，居民财富迅速积聚，居民理财意识增强，且金融需求日趋多样化；商业银行依靠传统存贷利差生存的制度红利在全面深化改革的时代背景下，正在逐步消失。在这种情况下，有利于调整业务结构、减少资本占用的资管业务就成为当前商业银行寻求发展转型、谋取差异优势、探索新的经营模式和盈利模式的必然选择和重要突破口。

作为新兴财富管理业务，商业银行的资管业务形式各异、内容广泛、类型多样，包括理财产品、受托投资、投资顾问等。其中又以理财产品为主，目前，理财业务占到银行资管业务的90%以上。以理财产品为例，根据不同的划分方式有多种类型。比如，按客户类型可划分为：个人理财和机构理财；按收益方式可划分为：保证收益理财计划类、保本浮动收益类和非保本浮动收益类理财计划产品；按投资标的可划分为：债券型理财产品、股票型理财产品、权益型和组合类理财产品；还可分为结构型产品、开放式和封闭式净值型产品、预期收益率型产品、项目融资型产品、股权投资型产品、另类投资产品；等等。

二、公募基金的发展和变迁

1997年11月，国务院批准发布了《证券投资基金管理暂行办法》，标志了基金行业的诞生。1998年，最初的两只封闭式基金——基金金泰和基金开元通过交易所系统上网发行，从此拉开了中国基金市场的序幕。在我国公募基金发展初期，由于市场品种仅限于封闭式基金，基金规模很小，到2000年底，资产净值仅为845.62亿元。这时候的基金投资方向也主要是以封闭式股票基金为主。2000年10月，证监会颁布《开放式证券投资基金试点办法》之后，中国第一只开放式基金"华安创新"成立，标志着我国基金产业正式进入开放式基金时代。2008~2011年，基金份额增长缓慢，基金市场处于"停滞期"。2008年，基金资产净值一落千丈，从巅峰状态3.28万亿元，跌落至2008年末的1.93万亿元。

自2012年开始，《基金法》和《证券投资基金管理公司管理办法》的实施，使得资产管理行业迎来了一轮监管放松。良好的政策环境催生了基金市场的再次繁荣，截至2014年末，共存续基金1892只，份额为42153亿元。经过20多年的发展，中国的公募基金行业从发展初期封闭式基金垄断市场到现在开放式基金占比超过97%；从只有股票型基金，到股票型、混合型、债券型、货币型、另类投资型，以及QDII型基金各分天下；从"一股独大"到"货基占据半壁江山"，中国基金市场的资产结构发生了显著变化。截至2018年12月底，我国境内共有基金管理公司120家，基金资产合计13.03万亿元。

中国的公募基金发展很快，也取得了很大的成绩，为人民群众理财创造了巨大的收益，但是也存在一些问题。在资金来源方面过分依赖银行渠道，公募基金主要由银行渠道中储蓄存款资金转化而来。基金主要依靠银行网点的理财经理推介销售、居民自愿直接认购，相应地，公募基金存在短期化和散户化的特征。美国的公募基金中虽然超过80%由个人投资者持有，但大多以雇主发起的个人退休年金（IRAs）和缴费确定型退休计划账户（DC）的形式间接持有，是真正的长期资金。据统计，到2012年底，二者合计占养老金比重达到52.75%，超过美国当年GDP的60%。与国外相比，我国公募基金缺乏像养老金、保险资金、教育基金、慈善基金等机构投资人这样的长期资金。

三、券商资管业务创新和演进

我国券商资产管理业务的创新历程是伴随着金融市场的发展、资管业务的发展以及监管政策的变迁而不断推进的。我国券商的资管业务最早是从代客理财开始的，主要服务对象是个人投资者；在业务模式上，基本上采用的是全权委托的模式，客户资金交给券商操作，券商收取一定的委托佣金。这种业务模式基本上属于经纪业务的类型。随着资管业务与市场运行的不断完善，券商的创新意识也大大增强。随着中国证券市场的发展和完善，在相关监管机构的大力扶持下，中国券商的资产管理业务创新正如火如荼地开展。

2003年12月，证监会颁布的《证券公司客户资产管理业务试行办法》，明确界定了券商资产管理业务的类型，即定向、专项与集合资产管理三项业务；此后，监管部门又出台多项政策，鼓励支持券商扩大资管投资范围与资产运作方式，调整相关资产投资限制，允许集合计划份额分级和有条件转让。在各项法规的制约与推动下，券商资管业务创新有了新的空间，业务发展迎来了新的契机。2005年2月23日批准的"光大阳光集合资产管理计划"设立申请，是中国证券市场上第一只券商集合资产管理计划。

经过多年的努力，券商资管业务不断发展壮大，正在逐步成为继经纪业务、承销业务、自营业务之后我国券商的第四大收入来源，且在收入结构中，比例逐步上升。截至目前，券商的资管业务已经形成了以定向、专项与集合三大类别，以FOF、股票、债券和货币等为投资标的资管产品系列，产品数量不断增加，规模不断增大。截至2017年底，证券公司资产管理业务规模已经达到16.88万亿元，成为我国资产管理行业的一支重要力量。从具体的业务规模来看，券商资管集合计划2.12万亿元，定向资管计划14.39万亿元，专项资管计划89.08亿元，直投子公司的直投基金3691亿元。

近年来，中国私募股权投资发展迅猛，尤其是阳光私募、私募股权增长迅猛，正在成为高净值人群的投资热点。在国家支持"大众创业，万众创新"、鼓励风险投资和PE投资的大背景下，券商在私募股权投资方面已经落后于市场。券商资产管理并没有发挥银行与券商自身营业部的不同渠道优势，客观上对产品多样化设计形成了屏障，无法满足多样化的需求。当前券商资产管理产品销售渠道主要是银行与券商自身营业部。然而，由于银行客户较为保守，偏好本金上有一定保证的固定收益类产品；而券商客户偏好风险，愿意付出一定成本融资参与二级市场。在投资领域被圈定的条件下，用单一产品应对不同风险偏好的客户需求，券商资产管理无法发挥其优势；而高净值客户群的形成急需个性化的财富管理。

四、保险资管的发展过程

我国的保险资管业务是随着保险资金的运用而发展起来的。在我国保险业发展初期，由于我国金融市场不发达，保险资金的运用主要是银行存款，虽然风险低但是收益也低。随着我国资本市场的发展，保险资金开始投资于债券和股票等金融产品。债券、股票的收益高于银行存款，但是风险也高，因此需要由专门的机构来运作。2003年，中国首家保险资产管理公司——中国人保资产管理公司成立，标志着保险资产管理市场化、专业化改革的开启。目前，我国保险资金投资于银行存款的比重不到15%，而投资于债券的比例大于30%，投资于股票的比例也接近15%。这样多样化的资产配置和投资，不仅提高了保险资金的收益率，也为实体经济的发展注入了资金，促进了经济的发展。

十几年来,伴随着保险业的不断壮大和保险市场的快速发展,保险资产管理业茁壮成长,从无到有、从小到大、不断走向成熟,为保险市场的发展壮大发挥了积极的作用,正在成为我国金融市场上的重要力量,在大资管市场上占据一席之地。从市场主体情况看,目前我国已初步建立和形成了市场化、专业化、多元化和国际化的保险资产管理组织机构,包括设立或批复了22家保险资产管理公司、10余家专业资产管理公司、10余家香港子公司,还有150多家资产管理中心或资产管理部门;全行业投资从业人员近5000人,管理着业内外资产规模近14万亿元,在金融市场的影响力不断提升。从资产配置看,分散化、多元化、国际化配置趋势成为主流。

从资产配置方面看,保险资产配置涉及银行存款、债券、股票和基金等,其中配置最多的资产是债券和银行存款等固定收益类产品。近几年来,保险资金实体经济投资包括基础设施、不动产、长期股权等增长迅速,既支持了实体经济发展和民生建设,也取得较好的投资收益。以债权投资计划和长期股权投资为例,投资收益分别在7%和18%左右。此外,境外投资增长较快,目前累计投资规模超过230亿美元,占总资产的1.5%,广泛涵盖了股票、债券、股权、不动产、私募股权基金、货币市场基金等工具,涉及多个发达或新兴国家和地区,保险资产国际化配置初现,引起国内外市场的广泛关注。

发端于2013年的保险资管产品化改革,使保险资管机构得以摆脱参与单一账户管理模式的被动局面,帮助保险资管公司保持委托投资人的决策独立性;同时,保险资管的产品化也是完成市场化改革的必要条件,增加保险资管公司的竞争力。目前,保险资管产品已形成包括基础设施债权投资计划、不动产投资计划、股权投资计划、资产支持计划、组合类资管产品等五大类系列产品,对推动保险资产管理市场化、提升主动资产管理能力、扩大市场影响力发挥了重要而积极的作用。近年来,一些保险资管公司推出了高端的财富管理业务,主要针对高净值客户资产管理和公众理财市场，专项或定制化产品的设计，以及公募产品的开发。从国外的经验来看，该板块有着非常大的发展前景。

第二节 非标资管产品的利弊与影响

我国金融机构非标准化产品业务始于2006~2007年，最初表现为商业银行理财资金投资信贷资产，用以规避当时从紧的货币政策。伴随着银信合作步伐的加快及同业业务的扩张，金融机构买卖非标准化金融产品越来越多，这类非标产品的规模也迅速扩大。非标资产的出现，有力地推动了我国资产管理业务的发展，也为利率市场化等金融领域的改革提供了条件，但是非标产品业务也一定程度上也削弱了金融监管政策的效果，扩大了杠杆水平并增加了系统性风险，对宏观审慎管理产生重要影响。

一、非标产品的表现形式

我国非标投资的快速发展是在2008年国际金融危机后，"四万亿"经济刺激政策后诞生了大量的基建类项目，而银行资本监管收紧，表内信贷供应不足。此外，资产质量问题的暴露也促使银行减少表内放贷。2013年，我国监管部门正式提出了"非标资产"的概念，以区别于传统对商业银行理财业务投资标准的划分（如央票、国债、企业债及同业存款等）。非标资产是在我国市场体系不健全、利率管制条件下的一种金融创新。从资产管理的角度看，非标资产业务运作主要围绕两条主线：一是投资标的创新，一是资金来源及运用渠道创新。从资金运用渠道的角度看，资管机构的非标资产业务有以下几种形式。

（一）银行理财业务

为提高理财产品的收益，理财业务很多是投资于非标资产。根据监管部门的认定标准，银行理财产品投资于票据、信用证、信托贷款等资产都属于非标资产（见图1）。金融机构通过理财业务开展非标资产投资运作，主要借道非保证收益型理财业务渠道。一是信托受益权。信托受益权同时具备物权和债权性质，是一种典型的非标资产。"过桥"企业一般无须实际出资。因为实际融资企业一般为发起行客户，其通常以"抽屉协议"向出资方提供担保或到期回购。二是资产管理计划。资产管理计划是非标资产业务的另一个渠道。与投资信托受益权相比，其优势在于不受监管部门对银信融资性理财比例等的限制，而且渠道费率比较低。

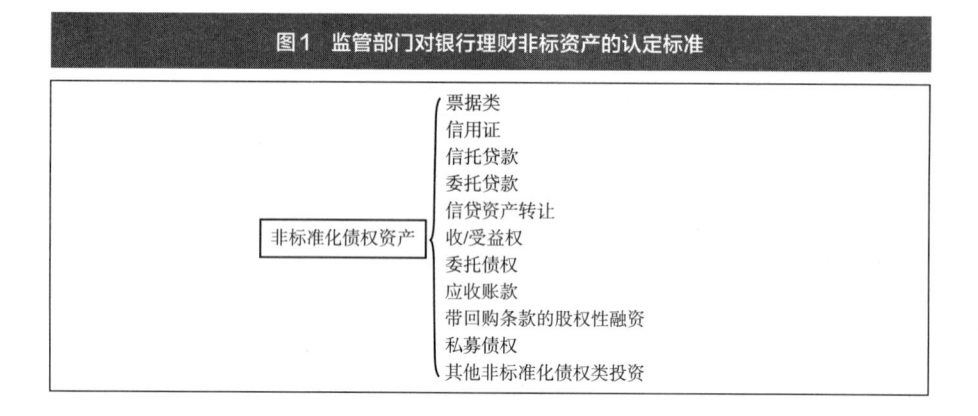

图1 监管部门对银行理财非标资产的认定标准

非标准化债权资产：
- 票据类
- 信用证
- 信托贷款
- 委托贷款
- 信贷资产转让
- 收/受益权
- 委托债权
- 应收账款
- 带回购条款的股权性融资
- 私募债权
- 其他非标准化债权类投资

（二）同业业务

最初表现为商业银行同业拆借，用于解决短期流动性不足。2010年，该业务逐渐变种。该渠道主要有两种方式：一是同业代付。主要包括国内信用证结算项下代付、国内保理项下代付和票据类代付。以信用证为例，首先由买方客户向开证行提出融资申请，开证行/委托行在自身资金紧张、资金成本较高或缺少信贷规模的情况下，通过受托行代为付款，融资到期日委托行向受托行偿付相应款项。二是买入返售。主要有三种模式：标准的买入返售三方模式、"T+D"买入返售模式和买入转售模式。

（三）自营资金投资

该渠道盛行于监管部门对商业银行理财投资非标资产实行"理财产品余额的35%与披露总资产的4%之间孰低者为上限"规定的初期。为满足该要求，金融机构创新出以下三种模式：互买方式、过桥方式和直接投资信托受益权。以互买模式为例，A银行以自营资金"接盘"B银行理财产品投资的非标资产，B银行再以自营资金"接盘"A银行非标资产。一方面，避免银行直接以自营资金"接盘"自身非标资产导致的理财和自营账户相互交易、代客和自有资金混淆的违规操作；另一方面，直接将非标资产转入自营资产，风险资本计提由100%降至20%，资本消耗大幅减少。

（四）委托投资

典型代表即委托定向投资。金融机构A将存款存入银行B，并与B签订委托定向投资协议，作为"抽屉协议"进行风险兜底；B银行将这笔同业存款投资于A指定的金融资产。B银行在整个过程中仅作为"通道"，一般收取5‰～8‰的通道费，以帮助金融机构A将存量买入返售和应收账款投资变种为存放同业，实现隐藏非标资产的目的。该模式中，因B银行不承担风险，仅属于表外业务。

非标与标准化产品的最大区别在于其流动性，非标产品的流动性较差。有关研究机构的数据显示，2017年末，我国银行理财产品资产配置中，非标资产占比接近三分之一（见图2）。实际上，非标产品不是中国所独有，在发达国家金融市场上也存在非标产品。美国的另类资产可看作广义非标产品。美国的另类资产包括：对冲基金、私募股权基金、房地产、商品、基础设施、自然资源及私募债权等7类资产，其中的私募债权（Private Debt）、房地产（RE）、基础设施（Infrastructure）可看作中国的"非标"。美国银行业机构具有先进的人才管理、风险管理体系及较强的专业投研能力，为其非标产品投资奠定了基础。另类投资具有收益较高、流动性较差的特点，提高了资管产品的多样性，也增加了资管机构投资的灵活性。

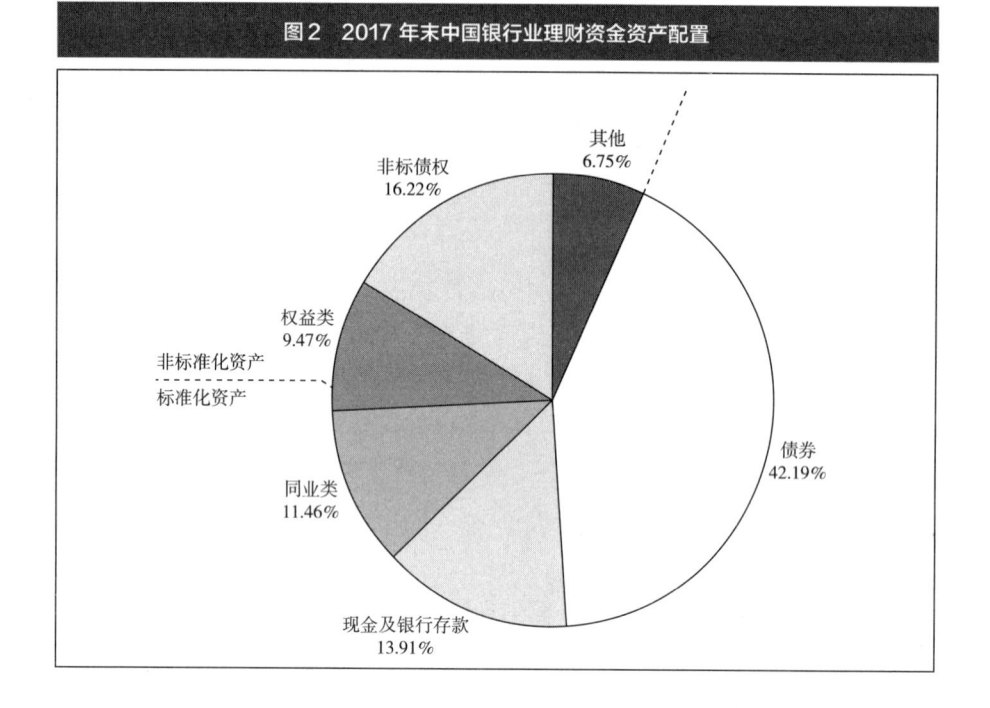

图2 2017年末中国银行业理财资金资产配置

- 非标债权 16.22%
- 其他 6.75%
- 权益类 9.47%
- 非标准化资产
- 标准化资产
- 同业类 11.46%
- 现金及银行存款 13.91%
- 债券 42.19%

二、非标产品的利弊与影响

相对于债券等标准化金融产品，非标资产业务在资金募集、机构合作、运作机制及投资标的等环节均具有多样性、灵活性和隐蔽性，在实现资金供需双方匹配的同时，也活跃了市场交易，金融机构的资产负债管理能力等也得到提升。但同时，在资金运用过程中，业务面临较大的信用违约风险，信贷风险极易在金融机构间转移，并演化成系统性风险，威胁金融稳定，进而降低宏观调控效果。

（一）推动金融机构转型发展，为企业融资提供新的途径

我国是一个以间接融资为主的国家，商业银行在金融机构中一家独大，过去企业需要资金只能从银行寻求贷款支持。大量非标资产通过复杂的操作流程就变成了商业银行的理财产品而被销售给社会大众（见图3）。

非标产品的出现，为企业融资提供了新的途径，也为商业银行业务转型提供了新方向。对金融机构而言，非标产品增强了金融机构流动性管理主动性，提高了流动性水平。非标资产业务使商业银行的资产负债管理不再局限于存、贷款的简单匹配。非标资产已成为我国银行业理财资金的第三大投资标的。随着利率市场化的推进，一方面，金融机构可借非标资产，通过提供各类服务、"通道"等收取手续费，增加中间业务收入；另一方面，存款或同业资金被集中在一起，投向各类资产组合，构成不同的收益节点。对企业而言，当企业发展需要资金，而又无法满足商业银行贷款条件时，就可以从资管机构那里寻求融资帮助，通过信托计划、资管计划等获得资金。在房地产调控政策日益严格的大背景下，房地产企业很难从银行获得贷款，据估计，我国目前房地产企业20%的资金来自于非标资产，而其他基建项目资金的30%也来自非标资产。

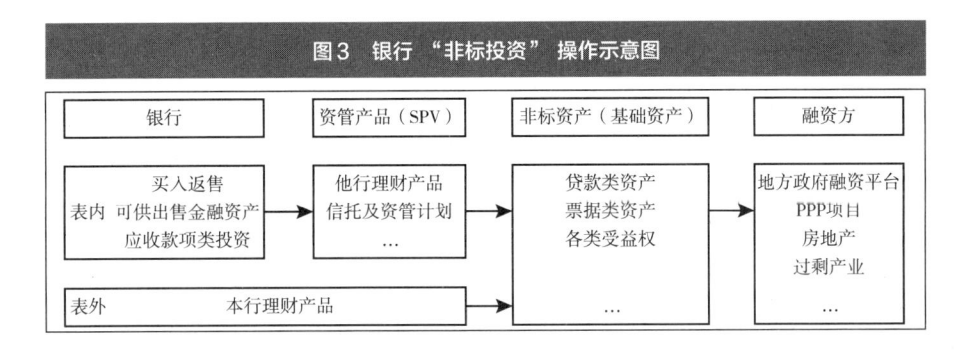

图3 银行"非标投资"操作示意图

	银行	资管产品（SPV）	非标资产（基础资产）	融资方
表内	买入返售 可供出售金融资产 应收款项类投资	他行理财产品 信托及资管计划 …	贷款类资产 票据类资产 各类受益权 …	地方政府融资平台 PPP项目 房地产 过剩产业 …
表外		本行理财产品		

（二）活跃市场利率体系，助推利率市场化改革

非标资产可被视为存款"市场化定价"的一种表现，实质是借助中介或"通道"实现供需双方资金匹配，资金需求大小决定了资金供给价格的高低。在存款利率管制的背景下，企业财务软约束、融资渠道少等因素推动非标资产收益率居高不下，通过同业或理财渠道，机构及个人可获得高于同期限存款利率的高收益。非标资产同时影响贷款价格。非标产品通道业务使企业主体融资的空间及选择性更大，部分"僵尸企业"依靠"非标"得以生存，而资管机构也从中渔利，贷款重要性有所下降，进而推高利率。从宏观上看，非标资产以相对高的收益率吸引闲散资金持有者，增加整个金融市场的资金供给，降低金融市场均衡利率，尤其是同业资金"批发"利率；从微观上看，非标资产带动金融机构资产负债结构优化，推动信贷市场供求均衡，提高金融市场资源配置效率的同时降低其利率水平。

（三）规避监管政策，削弱宏观调控效果

对存款类金融机构而言，理财、同业等渠道使其将资金转移到非银行机构，存款在不同科目间的转移缩小了存款准备金缴存范围，减少了缴存基数；同时，非标资产逐步增加同业拆借等货币市场渠道，降低存款在负债中的占比，进而绕开存款准备金限制。非标资产还推动了商业银行借出售证券、同业拆借、发行短期存单等方式满足流动性需要，借再贴现政策弥补流动性的需求降低。非标产品还影响货币供应总量及结构。一方面，在募集期、运作期及兑付期，非标资产对应资金在不同科目间转换频繁，弱化货币供应量统计稳定性。另一方面，因投资标的不同，非标资产对货币供应量总量影响也不同。若投向商业银行持有资产，资金转化为商业银行可运用资金，将导致货币供应量总量净减少；而以自有资金购买的非标资产，作用与贷款派生存款相似，将使货币供应量总量增加。

（四）风险向金融体系转移，扩大系统性风险

非标诞生之初的目的就是"绕道放款"，除了地方融资平台、房地产是受国家宏观调控外，大部分中小企业通过非标融资的原因是因为无法满足表内信贷投放的门槛。因此，这部分非标到期后也难以转向表内融资，若借新还旧的方式难以为继，可能会带来信用风险的上升。非标资产与债券及货币市场资产两类标的之间存在一定的相互替代关系。随着证、保等行业资产管理政策趋于宽松，商业银行通过延长"通道"使非标资产规模不断扩大，大量挤占债券投资空间，驱动债券利率上扬。非标资产还加大了期限错配风险。随着理财、同业市场资金需求增大，期限错配也易传导

风险。以同业拆借业务为例，近年来，国有商业银行仍是拆借市场的主要拆出方，且净拆出额较前两年显著增加，而股份制中小银行净拆出额大幅缩减，多数仍处于净拆入方；多数中小银行对同业资金依赖逐渐增大，基本作为主要拆入方，其流动性管理受外部因素影响明显，易触发系统性风险。

三、非标产品未来的出路

非标产品是在我国标准化金融产品市场不发达的背景下出现的。未来非标产品存在三条出路："非标转贷"，即非标融资转为表内信贷融资；"非标转标"，即原来的非标融资方式转为 ABS、REITS 等标准化资产形式；"非标转规"，即满足既有监管要求以后，非标产品可对接规范化私募资管产品。资产证券化市场的蓬勃发展，让海量的低信用评级企业通过风险分散化逻辑进入公开市场。在完善的多层次债券市场中，为高、中、低评级企业融资都提供了标准化的融资工具。我国的标准化市场的发展方向，也将从当前高等级债券一家独霸的局面，逐步发展到高等级债、高收益债、资产证券化三分天下的格局。

我国"非标市场"的蓬勃发展，正在构建我国高收益债券市场的雏形。信托等非标资产虽然并未进行公开评级，但相比债券无疑已经实现了资质下沉，同时相比信贷等债权又更加标准化，这就为非标转标提供了重要基础。资管机构要做的并不是大规模抛售非标资产，也不是强制企业提前偿还非标融资，更不是停止对低信用实体企业的融资。相反，要通过标准化方式扩大融资渠道，要创造信用、抵押、应收账款、股权等多品种融资方式，要开放多类型交易场所降低融资成本，要满足实体经济的需要。市场要在穿透披露、市场估值、二级流动等多方面继续深化，标准化进程要继续加大而非倒退。

实际上，资管新规已经为资产证券化预留了巨大的发展空间。资产证券化通过分散化原则立足资产质量而非主体信用，小微贷款、应收账款、租赁资产等都是比较优质的基础资产。实质上，这就为经济金字塔最底层的低信用评级企业提供了标准化、较低成本的融资渠道。分散化的资产通过结构化分为优先、中间、劣后等层级，可以满足不同风险偏好、不同期限偏好的资金方，满足大资管行业不同类型机构的配置需求，从而实现为中小企业的持续融资。因此，高等级债、高收益债、资产证券化将成为我国资管行业资产端标准化的三大基石。目前来看后两者的发展仍有极大的空间。

非标产品的标准化不仅需要产品设计者思路的转变和创新，同时还要有相应的政策和市场环境。要弥补当前资金资产之间的鸿沟，金融标准化的基础设施，特别是交易场所、评级机构等，也将迎来巨大发展机会。在"大资管"统一构架下，不仅要丰富各类型交易场所，还要在各市场之间实现资产流通，从根本上提高金融资产周转率。对于任何金融机构而言，要提高最终的资本收益率，利差、杠杆率和周转率是三大武器。在当前利差逐步降低、金融降杠杆的大背景下，提高周转率成为最重要的武器，也是当前政策最为鼓励的领域。而标准化市场正是提高周转率、增加市场流动性的基石。资管新规的出台与落实是行业的分水岭，它吹响了中国金融标准化的新号角，而这一进程刚刚开始，我们要走的路还很长。

非标的存在和发展有其特定的条件和环境，它对于解决我国社会融资难问题有积极意义。即使在发达国家市场上也存在大量的非标产品。封杀非标融资不是资管新规的目的，资管新规处置非标的立足点是规范融资方式。值得强调的是，资管新规并不否定非标融资方式，但是，非标融资长期限、低信息透明度的特征会强化表外资金池刚兑，针对此问题，资管新规处理非标问题时的重点应在于披露资产相关信息、匹配资金资产久期。从这个角度看，资管新规引致的短期非标收缩规模，缩的是不规范的非标。未来债权融资将呈现出如下结构：规范后私募资管＋表内贷款＋标准化债权资产的融资。

第三节　资管产品规范化和净值化

我国资管产品中非标产品占比较大，而且多数非标产品采取的是"预期收益率"定价模式。虽然该模式树立了资管机构的信誉，有力地推动了资管行业的发展，但却因信息不对称、运作情况和风险不披露、刚性兑付等问题导致业务风险过度集中于资管机构，难以塑造"卖者有责、买者自负"的行业发展生态。为此，资管新规明确要求"金融机构对资产管理产品应当实行净值化管理"，矛头直指非净值化理财产品。至此，资管产品由预期收益率模式向净值化模式转型的大方向基本明确。

一、非净值化产品的弊端

按照资金运作模式，资产管理产品大致可以分为：开放式净值型、开放式非净值型、封闭式净值型、封闭式非净值型四种模式。开放式净值型产品的表现形式最多，例如证券投资基金、阳光私募证券信托计划等。开放式运作方式增加了投资者申购赎回的权利，相当于基金发行人让渡了一个期权价值给予投资者。封闭式净值型产品代表是封闭式基金。投资者认购以后在封闭期内不能申购赎回，投资者通过分红获得收益，且基金的流通仅能通过二级市场交易转让实现。开放式非净值型产品主要表现为活期存款。对投资者而言，活期存款无须任何事先通知和约定，投资者随时可以转让和支取，投资者的流动性期权价值最大，发行人的流动性成本最高。封闭式非净值型产品的典型代表是各类的定期存款。定期存款的最大特征是约定期限和利率，我国不少资管产品包括银行理财都采取预期收益率模式，这种模式的最大弊端是基础资产的风险不能及时反映到产品的价值变化中。

目前我国很多资管产品采用的是预期收益模式，即封闭式非净值型。资管机构约定一定的时间和预期收益率。投资者仅仅依据这两个条件进行投资。在这段时间内资管产品属于封闭式运作，投资者不能赎回产品。资金的运作和风险状况不向外披露，基础资产的风险不能及时反映到产品的价值变化中，投资者不清楚自身承担的风险大小；而金融机构将投资收益超过预期收益率的部分转化为管理费或者直接纳入中间业务收入，而非给予投资者，投资者无法享受超过预期收益部分的收益，自然也就难以要求投资者承担亏损的风险。这是导致我国资管市场上刚性兑付盛行、市场风险不断累积的一个重要原因。

银行理财是典型的封闭式非净值型产品。当银行由于市场竞争和维护客户需要，发行不同的理财产品满足管制利率区间之外的投资者需求时，理财产品的信用等级代表了银行的信用等级，理财产品的流动性也代表了市场较高的流动性水平，尤其是大型银行发行的产品，其信用等级在一定程度上代表了最高的信用等级其流动性亦代表最高的流动性水平。这时，投资者投资大型银行的低风险银行理财产品相当于投资定期存款，市场需求最大的产品即是与存款有类似运作模式的封闭式非净值型理财产品。因此，在需求角度上，封闭式非净值型产品满足了"类存款"产品的需求，又在此需求上，在非加息降息时间略微变动产品价格，使投资者能更加敏感地感受利率价格的变动，进而认识到风险的变动性。在供给角度，通过该类理财产品的交易结构设计，商业银行能够根据管制之外的利率部分，掌握自主定价与维护存款之间的平衡。

二、净值化转型的困难

净值型理财产品是指以单位净值标示价值，并以该单位净值申购、赎回和计算收益的理财产品。净值型理财产品没有预期收益率的概念，资管机构会根据相关协议在规定日期公布产品净值，最终根据客户持有产品份额和对应净值兑付客户。从本质上看，预期收益型产品所投资产的风险难以及时反映到产品的价值变化上，客户无法判断自身承担风险的大小和真实收益，从而导致风险承受能力不同的客户很有可能买了相同的产品，带来投资者风险收益不匹配的问题。而净值型产品收益以净值形式展示，可以准确、真实、及时地反映所投资产的价值，客户根据产品实际运作情况，享受收益或承担亏损。这不仅更有利于保护投资者的利益，还有利于资产管理行业的健康发展，消除风险错配的隐患。

资管新规明确要求今后资管产品要逐步打破刚性兑付，实行净值化管理。净值型资管产品能够让投资者实时判别在各种因素影响下的净值波动情况，从而更好识别基础资产风险，调整投资和交易行为，从而实现"风险自担"，不存在刚性兑付的问题。对固收型信托产品进行净值化管理，是打破刚性兑付的重要手段。净值化要求带来的是两个问题，一是无法对产品进行预期报价，进而导致产品募集难以完成；二是由于当前我们还缺乏对非标资产估值的有效技术手段，因此存在净值化改造的技术壁垒。

按照基金行业定义，所谓净值，是指资管净资产与产品份额之比。净值管理本质上是对资管净资产价值的实时追踪与披露。因此，资产估值的适用规则是净值生成的核心与关键。关于这一点，资管新规要求"净值生成应当符合公允价值原则，及时反映基础资产的收益和风险"。不过，资管新规未就净值生成规则做更多描述，具体实施细则有待监管部门后续出台。从当前的情况看，资管产品实现净值化管理存在以下困难：

一是底层资产结构差异。各项资产所适用的会计估值各异，底层资产估值问题是理财产品净值化的主要困境之一。由于现存的理财资金通过多样化的投资渠道投向比较复杂金融资产，包括类信贷属性的非标资产或者股权资产，又有标准化的金融资产，如流动性强的债券、股票等标准化资产。由于每种资产所适用的会计估值不一，特别是非标资产很难找到合理的估值方法以反映其公允价值的变化。

二是现存的净值型理财产品大都为伪净值型理财产品。目前银行所推出的净值型理财产品的估值方法因采用成本法大都是伪净值型理财产品，因为从收益率曲线来看，其净值曲线比较平滑，波动较小，而同时段的公募债券基金的净值曲线的波动较大，比较能反映市场的变化。为保障净值型理财产品净值曲线的平滑，现存的净值型理财产品大都采用成本法，而这种方法却不能准确地显示出底层资产的真实波动，从而不能客观、合理地反映资产价值的变化，容易发生信用风险。

三是投资者的刚性兑付观念根深蒂固。从银行理财产品的资金端来看，主要资金来源是零售客户，截至2017年第三季度末，个人理财占比52%，但对于个人客户，大都是低风险偏好者，购买银行理财时普遍认为银行会保本保收益，非常重视投资的稳定性，故净值型理财产品"买者自负，风险自担"的特点很难受到投资者追捧，若产品净值出现大幅波动将会引起投资者的恐慌，甚至引起大规模赎回，这些安全隐患的存在，以及缺乏风险处理机制都制约着净值型理财产品的发展。

三、净值化转型的路径

为了推动预期收益型产品向净值型产品转型，让投资者在明晰风险、尽享收益的基础上自担风险，资管新规强调金融机构的业绩报酬需计入管理费并与产品一一对应，要求金融机构强化产品净值化管理，并由托管机构核算、外部审计机构审计确认，同时明确了具体的核算原则。要求资管产品投资的金融资产坚持公允价值计量原则，鼓励使用市值计量。同时，允许部分资产以摊余成本计量。未来，净值化管理将是资管产品发展的重要方向，多数资管产品将实行净值化管理。

一是建立与净值型产品相匹配的中后台管理体系。从目前的预期收益型向净值型转变是一个系统工程，不仅要有相关估值能力和技术的提升，还需要机构前中后台各方面的协调和配合。对于商业银行来说，建立与净值型理财产品相匹配的中后台体系是指做好与净值型理财产品相匹配的投前、投中、投后多维管理，投前主要指加强银行的投研能力，做好大类资产配置，提升产品整体收益率和竞争力；投中主要指做好资产监控，提升交易能力，防范金融风险；投后主要指设立风险处理机制。

二是建立适当的估值体系，把伪净值变成真净值，解决估值体系不合理的问题，可以根据银行持有资产的目的以及产品的特性选择合适的估值。例如对于以持有到期为目的的债券类资产可以采用成本法，对于以交易为目的的资产可以采用市价法。对于非上市公司的股权资产，可先通过公司的市净率进行估值，并根据每季度标的公司的财务变化情况进行调整。对于投资期限较长、很难透明化、公允价值很难确定的非标资产，银行可以把这种类信贷的非标资产进行资产证券化，转化为标准资产。

三是夯实产品净值化转型的客户基础。要加强投资者教育，进一步普及理财不等于存款的基本理念，提高投资者风险意识，逐步打破客户对银行理财"预期收益率""刚性兑付"等原有特点的依赖。建立以资金期限为标准的客户分层模式，提高负债端对市场化投资的适应能力。当前理财资金期限普遍偏短，难以适应多元化资产配置策略需要，不利于提升净值化产品的竞争力，当务之急是要拓展理财中长期资金来源。为此，可以效仿保险资金的拓展模式，积极探索理财产品的长期储蓄与保障功能，逐步扩大长期资金占比。

第六章
资管投资策略的调整与优化

资管产品以其独特的产品灵活性,为实体经济发展提供了资金支持,也满足了群众对不同层次的财富管理的需要。但是,在资产管理行业快速发展的同时,也必须清醒地认识到,与成熟市场相比,中国资管行业仍处于发展的初级阶段;与国际一流资产管理机构相比,我国资管机构的投资理念、投资收益、资产管理模式和风险控制能力等还存在不小的差距,投资者短期化、散户化问题还相当严重,资管机构的资产池、刚性兑付等潜规则还普遍存在,"卖者有责,买者自负"的行业基础文化还未形成;资管机构的产品创新能力、风控能力和市场竞争力等都亟待提升。

第一节 我国资产管理行业投资现状

资产管理的主要任务是连接投融资双方。作为投融资中介,资管机构把社会上的闲置资金配置于最需要的资金的地方,支持实体经济的发展和经济结构的转型升级,同时给投资者带来丰厚的回报。资管机构的投资策略决定了资源的配置规模和方向,也影响着行业的持续健康发展,其投资的策略可以较为理性地反映其内在价值和风险偏好,两者协同发挥作用,才能够共筑资管市场良性生态圈。现阶段,我国的一些资管机构并没有树立正确的价值投资理念,喜欢投机炒作,喜欢挣快钱,造成了大量资金在金融体系内空转,给资管行业的健康发展蒙上了一层阴影,增加了资管行业的系统性风险。主要表现为以下四个方面。

一、脱实向虚问题严重

随着我国经济进入新常态,投资实体经济的收益率逐年下降,资管机构将资金投向实体经济将面临低回报率、高风险,而投资于虚拟经济,追逐更高、更快的收益,被认为是"明智"之举。为获取暴利,许多资管资金进入了二级市场和房地产市场；为了掩盖不良资产，一些资管计划为僵尸企业输血。在资产配置荒的背景下，借助委外模式，为理财资金寻求优质资产和稳健回报，通过精心包装的资管计划，流入影子银行体系，变相投入房地产、大宗商品、证券投资、企业股权等领域进行套利操作。一些信托公司也乐于搞金融同业间的资金融通，甚至充当银行间调剂资金缺口的"资金掮客"，借助信托通道，在同业市场上腾挪；通道类、嵌套型产品层出不穷，交易结构层层包装。

新兴的众筹、P2P、"首付贷"等互联网资管机构也趋于选择在虚拟经济领域进行投资。为争夺客户、吸引资金，新兴互联网理财机构需要给投资者更高的回报，而要在短时间内获得高回报，就必须投资虚拟经济。在房地产市场上，普通居民唯恐房价暴涨，四处筹钱购房。频繁上演的"抢房潮"表明货币发行可能过于宽松，且流动并不顺畅，实体经济正受到挤压，"脱实向虚"倾向凸显。在虚拟经济领域巨大回报的诱惑下，一些上市公司、大型国企利用闲置资金和所获得的廉价资金（IPO和增配股等）开展非主营投机性业务，甚至通过进行民间借贷、购买高收益理财产品等赚取额外收益，再申请贷款来弥补生产经营的缺口。一些上市公司还频频跨界并购重组，涉及VR、互联网金融等虚拟产业，偏离原先实业。这实际上也在把资金投向一些概念和金融产品，目的是博取短期的高收益。

二、资金在金融体系内空转

一些资管机构为了躲避监管开展了所谓的业务创新，导致资金在体系内空转严重，主要包括理财空转、票据空转、同业空转、信贷空转等形式。部分资管机构出于规避监管或满足内部考核要求之目的，通过票据、理财、同业等业务创新，实现资产的表内外腾挪。如为规避房地产信贷、地方融资平台等有关监管要求，银行以理财产品对接信托计划、券商资管等非标资产；为逃避央行MPA宏观审慎监管或"守住"上行下达的贷款规模，银行大量开展票据资产业务，通过卖出回购、买入返售等方式，将票据在资产负债表内外进行转移腾挪。银行信贷资金的这种空转大大拉长了资金流入实体企业的周期。

资管资金空转主要有以下几种模式。一是银行超比例运用理财资金投资于信贷资产、票据资产等非标资产。二是将理财资金投放于同业理财或者委外理财。三是理财资金过度投资于二级市场，主要是债券，推高资产价格。非标资产、债券资产以及投向实体经济的数据大致反映了这两类空转的情况。从目前来看，以非标债券类投资为主的增加链条型的空转模式近几年有所减少。债券及货币市场的投资方向大致可以反映第二种空转模式。债券及货币市场的投资很大一部分是正常项目，但如果过量资金留存于二级市场，而没有流向实体经济，这实际上也属于资金空转。

三、资金池模式规避监管

我国资产管理业务普遍采取资金池模式。资金池模式，即把募集到的资金聚集于一个"池子"，然后再用这个"池子"中的资金购买资产，投资者的资金和资产无法做到一一对应。资金池模式理财的运作特点为"滚动发行、集合运作、期限错配、分离定价"。比较典型的就是商业银行的理财。商业银行先把大众的资金募集于一个资金池，再用这个资金池的资金投资于各类产品。它在促进银行经营转型的同时也为投资者带来资产增值保值的益处。随着银行理财业务的发展，理财产品的投资范围从简单的信用高、流动性好的债券、贷款及票据发展到股票、外汇及各种衍生品和黄金、石油等多种市场的产品，其发行模式也由银行自发到银行代发，再到与第三方合作发行（如银信、银证、银基合作）。

作为金融创新的产物，理财产品尤其是"资金池"模式理财产品的蓬勃发展丰富并完善了我国金融理财市场，然而其信息披露不充分、风险提示不到位及违规开展资金池理财业务等带来的兑付风险和高息揽储、变相放贷等监管套利行为也备受关注。虽然监管部门对各类合作模式的理财产品和超短期理财产品实行较为严格的约束和限制，但"资金池"模式理财产品组合投资、期限错配的设计很巧妙地避开了监管视线，并成为当前银行理财产品普遍的发行和运作模式。"资金池"理财模式下资产与负债不匹配、收益与风险错配等使其不断被诟病为"庞氏融资"。虽然监管部门已经屡次发文禁止资金池模式，但是这种模式还是屡禁不止，很多理财机构依然采用资金池模式。

四、投资周期普遍较短

区分投资和投机的一个重要标准就是投资期限的长短。一般而言，投资主要是基于价值发现理念，投资时间较长；而投机主要基于对趋势的预测，投资的期限较短。早在1973年，本杰明·格雷厄姆（沃伦·巴菲特的老师）的著作《聪明的投资者》中已经尝试对投资和投机的最主要区别进行概括。他在书中指出：投资就是以低于价值的价格买入的过程，投机则是在预测趋势。的确如此，当人们先判断大盘的涨跌，再去买入相应的股票时，就是在投机，我们常常听到的"抄底""逃顶"实际上绝大多数也是在进行投机型的交易，因为经济面向好、资金面向好而买入股票，同样带有了投机型交易的特征。简单来讲，大部分投机型交易就是我们常常听到的趋势策略，其核心是预测趋势、预测未来。

在挣快钱、急功近利的指导思想下，我国资管机构的投资期限一般都比较短，不愿意从事长时间的价值投资。多数资管机构在投资之初，对于其投资周期和投资收益或损失没有预先设定，当市场上发生较大幅度的指数波动时，较难根据其购买股票时的设想执行增减持交易的计划，致使市场的投资周期普遍偏短。这是由投资理念和投资策略上存在错位造成的，即尽管认同其为长期价值投资者的定位，而不是短期的趋势性投机，但实际上其投资的期限大多在一年以下，换手频率远高于多数真正的价值投资者，投资策略呈明显的短期化的特征。由于属于短期的投资，资管机构往往不再关心上市公司的质量、财务数据和可持续发展能力，市场预期成为买卖的主要标准。

五、风险管理水平偏低

风险管理是资管机构保障其管理资产安全性的有效手段。资管业务的风险管理主要包括两个层面：一是在公司经营管理层面，包括公司战略规划、健全的组织架构、有效的内部控制、完善的风险偏好体系等。二是在具体业务操作层面，包括业务准入标准、风险控制措施、风险处置预案等。资管业务面临的风险主要包括信用风险、市场风险、流动性风险、操作风险、国别风险、声誉风险、战略风险、信息科技风险等。这些风险无处不在，无时不在，特别是市场风险、流动性风险和道德风险等是资管机构必须重视的风险。

现阶段我国资管机构在风险管理方面认知不足或者缺乏必要的机构设置，致使其风险管理水平整体偏低。以理财产品为主导的资产管理业务属于表外业务，因此投资品种较为丰富，受市场风险的影响也较大。资管机构要特别关注市场风险。长期以来，资产端与负债端久期不匹配是资管机构面临的主要困扰之一，理财业务也存在久期不匹配问题。目前市场上多数理财产品的期限较短，即平均久期较小；而理财资产投资的标的资产期限较长，即平均久期较大。这种久期错配很容易引起银行理财产品的流动性风险。除此之外，声誉风险、操作风险等其他风险也是该业务面临的风险，它们同样应该受到重视。

第二节　坚持价值投资回归资管本源

当前我国资产管理行业普遍存在"名不副实"的乱象，脱实向虚、刚性兑付、多层嵌套、期限错配、监管套利等业务不规范问题也非常普遍。资管新规的落地标志着大资管行业统一监管框架与监管标准的建立，将推动资产管理行业回归"受人之托，代客理财"的本源。然而，如何妥善化解存量业务存在的问题、避免在过渡期爆发系统性风险，对于监管层和业界而言都非易事。大资管行业仍处于不确定性较强的转型发展期，中长期发展前景和市场格局尚未明朗，仍需要监管者和业界共同探索。

一、服务实体经济发展需求

实体经济是金融的根基，金融是实体经济的血脉。金融以价值交换为内容，但交易本身却并不直接创造价值。金融常常在经济活动中扮演"转换器"的角色，通过实现货币资金使用权转移等方式，实现金融资源的有效配置。金融具有的这种交换媒介的特殊性质，与直接创造社会财富的实体经济形成了鲜明的对比。资管机构通过金融市场发行金融工具产品，通过储蓄动员、资本形成、资本运作等途径，以促进实体经济的资本积累和技术创新，从而促进经济的增长与发展。为实体经济服务是金融的天职和宗旨，是金融业发展的内在本质要求，也是防范金融风险、确保金融自身持续健康发展的根本举措。

资管机构坚持把服务实体经济放在核心的位置，满足实体经济投融资需求。一是努力满足新兴产业投融资需要，善于发现新兴领域的投融资机会，在中高端消费、创新引领、绿色低碳、共享经济、现代供应链等领域培育新增长点、形成新动能。二是继续推进基础设施建设投融资业务，转变传统政府平台融资业务模式，积极推进PPP、基础设施投资信托、基建资产证券化等业务。三是按照"房子是用来住的，不是用来炒的"的定位，积极支持房地产租赁市场，从传统的房地产开发投融资业务逐步转向REITs、租赁资产证券化等存量房地产业务。通过更加紧密地贴近实体经济需求开展业务，优化资产规模结构，提升资产管理水平，带动行业规模和利润持续增长，增强行业发展的质效。

二、优化金融资源供给结构

当前，我国经济运行面临突出矛盾和问题，根源是重大结构性失衡，必须从供给侧结构性改革上想办法，不断优化金融结构。资管机构的改革和发展要坚持以提高发展质量和效益为中心，坚持以推进供给侧结构性改革为主线，坚持新的发展理念，把更多金融资源配置到经济社会发展的重点领域和薄弱环节，大力发展普惠金融、绿色金融，推进金融精准扶贫。经过多年的发展，资管机构已经成为我国金融领域的重要力量。资管机构要从服务供给侧结构改革需求出发，减少无效、低效金融供给，促进去产能、去库存、去杠杆；增加有效、高效金融供给，支持"降成本、补短板"，推进经济结构转型升级。

资管机构要落实国家金融经济政策，坚持有保有压、区别对待的原则，在资金的供给上，对产能严重过剩、边亏损边生产的传统落后产业，长期亏损、失去清偿能力的"僵尸企业"，环保、安全生产不达标且整改无望的企业等，坚决压缩退出相关贷款，减少"无效、低效"供给，促进破产重组，支持化解过剩产能。资管机构要关注新兴产业和行业，针对高新技术企业、重大技术装备、工业强基工程等项目，要创新金融工具，加大融资服务和支持的力度，促进培育发展新动能。确立金融支持制造强国建设理念，针对先进制造业，要创新发展能效贷款、排污权抵押贷款等绿色金融。

三、提升居民财富管理水平

近年来，随着中国经济的持续快速发展，非公经济和小微企业呈现出跨越式发展，民间财富迅猛增长，财富人士的数量快速增加，财富积累也体现出集中趋势，人民群众的理财需求日益强烈，通过理财获取资本性收益的需求越来越多，国内财富管理业务的巨大发展潜力日益彰显。随着金融市场复杂程度不断提升，居民的投资理念正在由以前的亲力亲为，转变为委托专业财富管理机构进行投资，加之居民消费观念在年轻一代的带动下正以前所未有的广度和深度迅速与国际接轨，信用卡分期付款、透支消费等金融消费行为日趋活跃，这都为财富管理市场带来更多的机会。与一般的资产管理相比，财富管理更能满足客户的个性化需求及跨市场资产配置需求，也更能适应机构与个人客户需求细分的要求。

资管机构应适应这一形势的变化，加大创新和服务的力度，推进财富管理水平持续提升。一是进一步提升客户服务能力，坚持以客户为中心，满足不同财产规模、不同风险偏好客户的财富管理需求。二是继续大力推进资产管理业务，拓宽资产配置领域，不断丰富信托公司产品线，满足客户多样化、特色化、个性化的需求。三是从资金端和消费端入手，创新模式搭建渠道，在财富管理的基础上促进消费信托等特色业务发展，形成财富管理和其他业务之间的良性互动。通过财富管理业务水平的持续提升，信托业一方面将持续促进客户资金投向实体经济，提高储蓄直接转化为投资的金融效率；另一方面，还将持续为客户创造较高收益，增加人民群众的财富收入，有利于满足人民对美好生活的实际需要。

第三节　完善资管机构的风险管理

中国资管行业仍处于发展的初级阶段，与国际一流资产管理机构相比，仍存在不小的差距，投资理念、产品创新能力与风险控制能力亟待提升。资管新规指出了我国资管行业存在的主要问题，并对加强资管业务风险管理提出了明确要求。资管机构需要按照资管新规的要求尽快完善风险管理体系，加强业务和产品创新，守住不发生系统性金融风险的底线，为投资者提供更加安全的产品，同时也支持中国实体经济的发展。

一、中国资管业务的风险状况

（一）资金的期限和市场错配

我国资管业务的资金主要来源是银行理财。与其他资管产品相比，银行理财在筹集资金方面有着独到优势，很容易被居民理解和接受。目前投向股票、债券或期货的资管产品中，更多是结构化产品，其中的优先级资金一般来自银行理财资金。目前股票质押融资、二级市场结构化配资业务、上市公司定增配资还有创新类资本市场项目都可以参与融资活动，杠杆比例也比较高，最高可以达到1:3。杠杆资金会放大投资标的上涨或降低的幅度，如果单纯简单地划定预警线或平仓线，不仅无法起到降低风险的作用，反而会加大资管产品平仓时共振的可能性。由于目前很多机构的资产管理理财产品只是作为银行理财资金的"通道"，如果大量的银行资金涉及股票质押贷款、销售股票，一旦股市持续低迷，那么作为金融市场核心的银行资产质量和盈利能力都会面临不小的压力。

（二）非正式资管机构缺乏监管

目前我国资管市场上还存在很多非正式的理财金融机构，以P2P和担保公司等为代表的非正式金融机构的业务实质是为个人或者企业提供信用支持。客户违约时会造成这些机构的损失，但在理论上，它们主要是依靠自有资金运作，与其他机构或者个人发生联系的方式非常有限，风险本应由机构内化承担。然而现实中，这些非正式金融机构的经营却远超于此。融资性担保公司、小额贷款公司等频繁地向公众吸纳资金用以放贷或者担保赚取利差，而参与其中的投资者多数为当地中低收入投资者。一旦资金链断裂，便会造成严重的区域性金融风险。P2P融资平台最初进入中国市场时，将其业务模式解释成自然人放贷，在当时的金融监管框架下不被视作金融机构或者准金融机构,并不需要受到任何监管,结果造成其野蛮生长。2018年国内P2P监管风暴之后,很多机构跑路,投资者损失惨重。

(三) 保险资金进入资管市场后异化

随着保险行业的不断发展,保险资金运用的渠道越来越广,包括以卖方的身份进入资管市场。由于保险公司开展资管业务起步较晚,因此在业务操作上也比较激进,其中最大的问题是在保险资金运用上涉及关联交易,比如,在一些保险资金投资的信托计划背后,保险机构与融资人为同一控股股东控制的关联方,甚至与信托公司、信用增级方都有主体关联关系,安邦保险等机构违规乱投资的教训值得深思。这种投资方式使信托计划俨然成为作为股东的保险公司与其关联方之间的融资通道,这种资产配置方式违背了险资多元化以应对风险的策略,一旦经济下行,行业形势下滑,风险就可能集中爆发。

(四) 资管机构之间风险交叉传染

我国资管产品层层嵌套,资管机构之间存在着大量的融资、担保关系,也使得资管机构之间资金交叉流转越发频繁,从而提高了金融主体间的风险相关性和传染性。以银行理财产品为例:目前银行理财产品期限多在六个月以内,而其投资的项目很多都是周期较长的生产性项目,期限错配现象十分明显。一般银行会通过滚动发行的方式保证理财产品的预期收益,这种运作模式中包含了较大的流动性风险。一旦后续募集资金不足,银行将需要从其他渠道获得流动性资金,然而由于我国监管条例的限制,银行无法为本行发行的理财产品提供融资,只能求助于银行同业或者其他资管机构。

融资供给方在为受助银行提供流动性支持后,自身会面临一个资金缺口,若这时该机构的自有业务也产生了融资需求,而短时间内又缺乏合适的资金来源,那么该机构就可能爆发流动性危机。如此一来,流动性风险便从受助银行传递到了资金供给方。担保关系亦是如此,若某一资管机构为另一机构的影子银行项目提供了担保,那么当项目出现兑付困难,项目发起方又无法全额支付时，担保方就要担负起偿付责任，并且承受可能出现的经济、声誉损失，这样资管风险就会在市场上传播开来。

二、美国资管机构的风控借鉴

美国的资产管理工具基本上可以分成三种类型：第一种类型是长期合约型储蓄工具，主要包括养老基金和投资型保险产品；第二种类型是面向公众销售的理财产品，主要包括共同基金；第三种类型是针对高净资产客户的个性化理财产品，如银行管理的信托、对冲基金和独立理财账户。美国投资银行完整的资产管理工具，较好地覆盖了个人和机构投资者长短期资金的理财需求。自有资金不参与资产管理业务。美国投资银行不以自有资金参与资产管理业务，资产管理业务资金全部来源于投资者，且投资收益归投资者所有，投资银行只收取管理费和业绩提成费用，这种运作模式较好地规避了投资银行直接进行证券投资的风险，保证了业务收入的稳定性。

美国资管机构非常注重全市场投资参与、全谱系产品开发和全方位服务提供，拥有完整的产品设计、开发、管理和服务流程。就产品分类而言，根据投资方向的不同，分为结构性产品和非结构性产品。非结构性产品又包括权益类产品、固定收益类产品、另类投资品、单一（多）经理人对冲基金、全球房地产投资、基础设施、私募股权及多资产解决方案等。以摩根大通为例，作为世界上首屈一指的另类投资品供应商，该机构绝大部分的增长源于另类投资品的创新，拥有一批包括 Smart Retirement 在内的新产品。摩根大通还推出 GIM 多资产解决方案，旨在为客户提供以高流动性和绝对回报为重点的服务，过去五年，该业务实现了 31% 的复合年均增长，远超 13% 的行业平均值。2014 年，摩根大通又在全球范围内推出了 30 多个新战略，重点关注新兴市场投资热点，其中包括新兴市场成长型股权、特种保险及信用产品、高流动性另类投资品及基础设施建设。

美国的资产管理机构投资策略为长期价值投资,其投资收益相对稳定。美国公募基金中被动型投资基金越来越受青睐。越来越多的美国投资者发现,战胜指数是那么困难,这也直接导致指数型基金成为金融危机后增长最快的金融产品。养老金是美国资产管理机构主要的资金来源。美国的"401k计划"始于20世纪80年代初,而美国公募基金的大发展也始于20世纪80年代。1945年,美国共同基金持有股票市值占美股总市值的比例仅为1.4%,到了1980年,这个比例增长到了3%。从1980年到2000年,美国共同基金持有股票市值占总市值的比例则从3%一路上升到22.4%。截至2017年底,美国的3亿人口已拥有超过30万亿美元的养老金总储备,其中,私人养老金储备超过28万亿美元,这部分资金已成为美国资产管理市场最重要的根基与支撑。

相比较,我国资产管理行业发展尚处于初级阶段,我国资产管理机构的资金主要来源于散户和短期机构投资者。鉴于理财产品诞生的特殊环境,长期以来理财产品一直被视为存款的替代品,产品形态也以保本型产品为主。近年来,各商业银行加快产品转型步伐,逐步以净值型产品取代预期收益率型产品。然而实际中,由于期限错配、信息披露不完整、监管机制不到位等原因,资产端的风险特别是非标资产的风险难以真实有效反映,净值的计算也仅限于形式,这导致理财产品的定价机制存在严重缺陷。当资产端风险暴露、兑付危机出现时,银行基于声誉风险的考量,往往承担起融资方的责任,充当了理财产品的兑付方,这就形成了刚性兑付,导致资管产品畸形发展。

三、完善资管机构的风控架构

与传统金融业务不同,资产管理业务具有独特的风险特征及管理模式。因此,应围绕资产管理业务特有的风险特征和监管要求,建立涵盖资管业务条线的全面风险管理体系。资管机构通过金融市场进行的交易可以分为交易前、交易中、交易后三个阶段，资管机构的部门设置也可以分为前台部门、中台部门、后台部门。风险管理部门在部门划分上属于中台部门，但在交易流程上，则贯穿于交易前、交易中、交易后三个阶段。资管机构的上述交易流程及其监控涉及各种部门，比如金融市场部、风险管理部、计划财务部、审计部和信息技术部等，根据交易处理所处的环节，各个部门可以划分为前台部门、中台部门和后台部门。风险管理的职能处于资管机构的中台部门，其主要发挥对前台资金交易业务风险的识别、计量、监测和控制的作用。市场上领先的资管机构除了风险管理部门这一大中台部门的风险管控，通常还会在前台资金交易部门成立小中台，以支持资金实时交易中的风险识别、计量和披露。

（一）前台

1. 提升交易管理能力

在目前开展资产管理业务的机构中，多数很难实现交易前的限额控制。可以在如下方面改进：集中管理来自不同渠道的交易订单；实现对资产交易订单从发起到执行的全生命周期管理；与外部接口实现连通，提高交易的内外直通处理；资产交易管理领域实时将交易结果发送至中后台，提高交易的一体化处理效率；等等。由于我国金融市场的市场化程度还不够高，资管机构很难进行支持交易的合理定价，对于类似证券、基金、期货、信托等非银行资管机构，大部分尚不具备比较完整的支持交易管理的基本系统和管理工具，因此，其首要工作是尽快建立支持交易管理的基本系统设施和管理框架。

2. 提升报价和定价能力

资产管理业务和其他金融市场业务的报价有许多不同之处：资产管理行业的管理人员很难通过内部模型系统进行产品基准价格发布，以及关于价格发布频率配置、异常价格监控、特殊报价审批等报价管理工作。在改进方面，可以对资产管理产品（或计划）的基准价格报价实现集中监控，提高报价过程中的风险控制。建立资产管理业务的定价模型，能够为金融市场业务提供标准统一的定价服务打下基础。随着利率市场化的脚步不断加快，如何提高报价和定价能力已成为资产管理业务的核心议题，尤其是定价能力的提升考验资产管理机构基础架构，特别是定价系统和工具的建设水平。相对来讲，公募基金机构、券商目前需要尽快培养和壮大人才队伍，加快定价系统和工具建设。

（二）中台

1. 提高组合管理能力

资产管理业务的跨资产组合管理，应该实现头寸的集中资产管理与分析、跨资产投资交易的组合管理、本外币组合的一体化管理等。目前，非市场化的因素在许多时候还起到主导作用，就连风险管理比较领先的银行业资管机构也很难将市场风险、信用风险及其他风险通过内部模型进行有机整合。因此，资产管理机构基本上很难进行资产的组合管理，特别是基于信用风险的综合组合管理。要提升资产管理能力，除了系统支持，人员的培养亦是重中之重。

2. 提高风险计量能力

与资产管理业务相关的各类风险的计量与管理，是指风险管理人员进行市场风险计量、压力测试、返回检验、交易对手信用风险计量与管理等风险管理活动，旨在实现资产管理风险计量完全本地化、资产管理风险信息的跨系统共享、资产管理风险的集中监控等。风险管理信息系统的建设是提升风险计量能力的基础，由于《巴塞尔资本协议》的实施，银行机构在风险计量系统的建设投入方面，目前处于金融业界的前列，但是基金子公司、券商等非银行资产管理机构中台系统建设相对粗放，没有基本的对应风险计量系统和管理工具。

3. 提高额度限制能力

提高额度限制能力是指统一资产管理业务相关的额度、限额及合规信息，即实现资产管理交易对于金融市场业务授信额度的实时集中管理、业务限额的集中统一管理，并且提供多样化的额度与限额服务等。通过额度限制能力的提升，风险管理人员可以进行资产管理业务的多维与多层级额度设置、调整及监控；进行交易对手金融市场业务的初始额度设置、额度调整、串用规则设置、额度冻结及额度释放等额度管理活动。《巴塞尔资本协议》的实施使得银行资管机构在风险计量系统的额度限额管理和建设方面相对领先但是基金子公司、券商等非银行资产管理机构中台系统建设相对粗放，没有基本的风险计量系统和管理工具。因此，在额度的管理和建设方面，它们基本没有或者处于初级建设阶段。这就导致了前台市场投资部门很难检查限额和资产管理交易对手授信额度的使用情况；中台风险管理部门也很难设置限额和交易对手授信额度，并进行实时有效监控。

（三）后台

1. 提高后台支持前台业务的处理能力

后台处理功能的定位是：为资产管理业务所有产品的交易后续管理提供支撑的核心功能，包括清算、结算、核算和对账等功能。处理能力提升后，资产管理行业可以从资产管理交易平台自动获取交易，前后台无缝直通处理，也可以与外部清算结算系统直通，高效地结算清算，更好地控制资金清算风险。特别是支持中后台一体化交易和实时管理，是目前我国所有资管机构都需要面对的问题。

2. 提高报表管理能力

资产的报表管理是指，根据资产的金融市场系统群数据生成内部日常管理报表，并提供灵活的商务智能（BI）查询。该能力要求处理基于资产管理金融市场业务的数据，整合支持日常业务管理和决策所需的报表，既需要提供资产管理固定报表，又希望满足灵活的联机分析处理（OLAP），提升数据的使用度和使用效率。目前，我国所有资管机构都面临如何提升其核心系统的报表管理功能问题，特别是在实现前台、中台、后台一体化管理的同时，如何进行资产的实时披露，这是我国所有资管机构都需要面对的问题。

3. 提高业务基础服务能力

基础服务是指为资产管理相关的业务处理和业务管理提供基础服务，包括市场数据服务、静态数据服务、用户及授权服务、系统运行监控服务、文档管理基础服务等。数据管理人员通过基础服务进行公共数据的创建、维护及数据质量监控等数据管理活动。建议在基础服务方面能够实现资产管理和对应金融市场业务静态数据的统一管理，消除跨系统数据的不一致性，避免数据延迟，提高数据对业务的支持力度；集中管理非结构化数据，统一提供非结构化数据服务；建立集中的服务共享平台，满足实时服务共享需求。

四、提升业务和产品创新能力

（一）应用FOF等新资产管理模式

随着资产管理规模的不断扩大，FOF（Fund of Funds，基金中的基金）和MOM（Manager of Managers，管理人的管理人基金）受到越来越多资管机构的关注。银行传统的信贷规模在下滑，但是大类资产配置的需求却在提高，通过MOM或FOF形式进行资产管理可以提高管理的专业性。FOF模式的投资组合往往比较分散，这可以让母基金的收益更加稳定和持久。而且目前FOF和MOM的配资渠道越来越宽，配资公司可通过资金通道加入母基金，申请私募基金牌照或发行阳光私募产品，这样就可以低利息拆借资金，优先资金年化最低至4%。总之，相对传统资产管理方式而言，FOF和MOM这两种资产管理新模式可使投资资金更加分散，降低了投资管理的风险。

（二）在二级市场进行结构化投资

目前资产管理行业的交易结构并没有发生显著变化，因此，资金投资的机会可能仍然在二级市场，但这种投资不能简单地转移到股市或债市，而是要注重结构化投资。资产管理机构需要分析各个产业的发展状况，按照价值投资的眼光通过股权投资将资金注入优秀的企业。打开投资视野，通过创设非标资产的模式，通过股权合作介入一家企业运营发展的生命周期，比如：一家刚起步的企业可通过风险投资的方式注入资金，并获得相对应的回报，处于转型期的企业也可参与它的并购重组。总之，这样的结构化投资必须建立在对企业以及市场充分理解的基础上，在收获一定回报的同时也能为资本市场带来流动性。

（三）拓宽差异化的投资品种选择空间

不把鸡蛋放在一个篮子里，这是防范资产配置风险的不二选择。资管机构要积极拓展投资渠道和工具，深入挖掘信贷资产证券化、重组并购、国企改革、优先股等领域的优质项目。稳步推进资产管理产品由预期收益型向净值型转变，真正实现"买者自负，卖者尽责"，在此基础上，逐步构建以管理费用和业绩报酬为主要收入来源的盈利模式。要探索推动业务组织体系改革。依据监管部门提出的"独立核算、风险隔离、行为规范、归口管理"要求，进一步理顺资管业务在产品设计、发行、投资、风险管理等各环节的运作机制，严格落实监管要求，推动业务可持续健康发展。研究在资产管理相关业务条线推行团队化建设等新型组织管理模式，探索推动提高集团运行效率的新路径。

第七章
刚性兑付对资管行业的影响与突破

刚性兑付是在我国相关法律法规不完善、信用体系不健全的背景下，发行人或金融机构出于自身发展和利益需要，而采取的一种不得已而为之的办法。在我国市场和信用体系不健全的大环境下，刚性兑付对我国资管行业的快速发展起到了保驾护航的作用，但是随着我国经济社会的发展和金融市场的不断成熟，打破刚性兑付已经是大势所趋。然而，打破刚性兑付不可一概而论，亦不能一蹴而就，必须要在一定条件下循序渐进，要防止违约事件进一步扩散蔓延，守住不发生系统性金融风险的底线。

第一节　刚性兑付产生的背景

"刚性兑付"是我国资管行业内一直存在的问题。虽然刚性兑付在资管行业发展之初有其存在的理由，且起到一定的积极作用，但随着我国资管行业的不断成熟、金融市场的不断规范，刚性兑付已经越来越成为阻碍资管行业发展的顽疾。随着中国经济社会的发展，以及相关政策法规的完善，破除刚性兑付已经是大势所趋。

一、何谓刚性兑付

"刚性兑付"这个词最早出现在信托领域，是指当信托计划出现不能如期兑付时，信托公司拿自己的资金给投资者兑付本金及收益的行为。后来，刚性兑付扩展到所有金融领域和资产管理行业，即当金融理财产品出现风险，可能违约或达不到预期收益时，发行人或金融机构为维护自身声誉，通过寻求第三方机构接盘或用固有资金先行垫款，给予投资者价值补偿等方式，保证金融理财产品按时兑付的行为。刚性兑付的本质就是投资者无须承担投资的损失，可以如期收回投资本金以及预期收益，投资只赚不赔。

基于金融机构是否必须兑付、信托产品是否承诺保本、信托公司和代销银行是否存在不当行为等因素，"刚性兑付"可以分为以下三种情形：一是"卖者尽责"的情形，金融资管机构自始至终没有承诺过保本和收益，而且在受托过程中信托公司和代销银行均做到尽职尽责，没有销售误导等不当行为；二是金融资管机构在投资合同中承诺保本和收益的情形；三是"卖者未尽责"的情形，金融资管机构虽然自始至终没有承诺保本和收益，但是其和代销机构没有尽到受托人的合理职责，或者存在误导等不当行为。我们在这里主要讨论第一种情形，至于第二种和第三种情形，金融资管机构理应按照合同约定给投资者兑付。

刚性兑付并不是我国独有的现象，在金融市场不成熟和资管行业发展初期，各国都不同程度地出现过刚性兑付。即使是在发达市场经济国家，为防止发生系统性金融风险，有时也会为一些金融机构或企业进行刚性兑付，甚至是由央行或财政直接买单。虽然货币市场基金在理论上是一种完全由投资者自担风险的投资品种，但来自发起人或母公司的支持一直都存在。提供支持的方式主要有购买基金持有的资产和直接注入资金。统计表明，1980～2009年，欧美市场至少发生过200次发起人支持的事件，这也使得在金融危机之前，货币市场基金跌破1美元面值的情形极少出现。在2008年金融危机爆发后，欧美等发达国家和地区都实施过央行或政府购买债券等刚性兑付，以阻止金融风险的蔓延和扩散。

二、刚性兑付产生的原因

我国的刚性兑付最早起源于信托行业。信托起源于中世纪的英国，它在产生之初就具有挑战既存法律和规避法律的特点，信托制度被引入我国之后长期存在的问题也是"合法守规"不足。因此，虽然2001年《信托法》就已经出台，但是信托业务在经营中仍存在相对严重的规避法律限制、逃避金融监管等问题。虽然在经过五次清理整顿之后，合法性的现代信托文化正在形成，但是社会对于中国信托业的认可还需经历一个过程。在这个过程中，为了塑造信托行业和企业的良好形象，信托公司便采取各种手段保证兑付，因此也就出现了刚性兑付。刚性兑付是信托业发展初期的产物，它有利于树立投资者对信托业的信心，在信托制度尚不完善的情况下，刚性兑付也是保护委托人和受益人的一种方式。

我国金融市场不发达，投资者对于"买者自负"这一理念没有深入的理解。一些散户投资者把资管产品当作银行存款，只看到了资管产品的收益，而对资管产品损失的容忍度很低。一旦资管产品发生兑付危机，往往采取群体上访甚至挡路堵门等方式要求政府协调给予兑付。当前，政府非常注重金融稳定，"稳定压倒一切"成为惯性思维，这体现在金融信托领域便是稳定的兑付，为了避免投资者因得不到预期收益等而采取过激维权措施，给社会带来不稳定因素，政府往往会介入金融机构和信托机构对于该类危机的处置之中，集中和动员包括国有企业、信托公司等在内的可用的国家资源来化解这些矛盾和危机。因此，为了追求政策引导的社会治理的"刚性稳定"，政府强行确保本不该兑付的金融产品"刚性兑付"。在地方政府的招商引资中，"刚性兑付"是降低违约行为对地方信用和声誉产生负面影响的重要措施。

我国的刚性兑付是在相关法律法规不完善、信用体系不健全的背景下，发行人或金融机构出于自身发展和利益需要，而采取的一种不得已而为之的办法。一方面，在发展市场经济的初期，我国的社会信用体系不健全，企业存在融资和发债的冲动，发行人和投资者信息不对称，发行人和金融机构欺诈发行屡屡发生。一些企业只考虑圈钱，根本不考虑偿还。刚性兑付倒逼发行人在发行的时候就要考虑偿还的问题，同时也倒逼金融机构要尽职尽责，做好资信核实和评估工作。实际上，某个企业或机构一旦敢于打破刚性兑付，此后它发行的产品可能将无人购买。另一方面，长期以来，我国的国有金融机构以国家信用为担保，而金融市场上又以存款类金融产品为主，投资者习惯于存款类产品保本付息式的刚性兑付，已经形成了对所有金融产品都存在国家信用提供隐性担保的兑付预期。

三、刚性兑付的利弊分析

刚性兑付提升了投资者购买非存款类金融产品的积极性，有利于相关金融理财产品的发行和资产管理行业的发展。我国信托行业在发展初期，由于法律法规还不健全，投资者对信托产品还不了解。在这个过程中，为了树立信托行业和信托公司的信誉，信托公司便采取各种手段保证刚性兑付。有人甚至认为，刚性兑付是资产管理行业发展初期的必然产物，它有利于树立投资者对资管机构的信心，在相关法律制度和信用体系不完善的情况下，也是保护投资者利益的一种途径。在利率管制的情形下，刚性兑付给高收益的理财产品发展提供了一个良好的信用环境。从我国资产管理行业的发展历程看，信托业务、银行理财、保险理财及互联网金融等在开展初期，都得益于刚性兑付而获得了快速的发展。

虽然，在短期内刚性兑付赢得了投资者的信任，有利于信托等资产管理行业快速发展；但长期而言，由于它扭曲了金融市场机制，并不利于资管行业的长期健康发展。首先，由于刚性兑付违背了风险和收益匹配的原则，使资金无法实现有效的配置。大量资金在金融体系内空转，风险在金融系统中不断累积。其次，刚性兑付使投资者混淆了理财产品收益率和无风险收益率，导致了市场无风险收益率的提高。实体经济融资成本居高不下，中小企业融资难、融资贵的状况进一步恶化，也不利于实体经济的发展。最后，刚性兑付让发行人或金融机构承担了大量本应由投资者承担的风险。长此以往，投资者会只关注投资收益而忽略风险，不利于培养投资者的风险意识和良好的投资习惯。为防范和化解系统性金融风险，促进我国资管行业长期健康发展，资管新规明确提出要打破刚性兑付。

资产管理本质上属于直接融资，投资方的收益取决于其最终投向，但投资者对最终投向的了解取决于资产管理机构的信息披露程度以及投资者对所披露信息的理解程度。在信息披露不清晰的情况下，资管机构把资产管理做成间接融资，投资者把资管产品当作银行存款，资金具体被投到哪里，风险多大，投资者都不关心，他们只关心产品的收益有多少。这是导致我国当前刚性兑付盛行的主要原因。即使在信息披露较为清晰的情况下，如客户购买公募基金，由于是组合投资，客户也未必了解、关注最终投向。客户在选择委托资产管理机构理财时，不只会选择最终资产投向（资产大类或具体项目），更会选择资产管理机构。资产管理机构的品牌对投资或多或少起到了隐性信用增级的作用。有人说"财富管理首先就是信任"。客户信任资产管理机构的专业能力、职业操守，才会将自己的财产委托其投资。因此，打破刚兑有利于培育中国资管机构的能力和品牌，真正做大我国的资管行业。

第二节 打破刚性兑付的条件

打破刚性兑付需要一定的条件，不会是一蹴而就的。此外，刚性兑付也不能简单地一破了之。要在兼顾各方金融市场参与者利益的前提下，逐步建立起"卖者尽责，买者自负"的市场规则，守住不发生系统性金融风险的底线。由此可见，刚性兑付作为投资者软预算约束的本质，决定了"有序""渐进"应该成为中国金融市场打破刚性兑付的关键词。只有洞察明晰刚性兑付本质，从理论上厘清刚性兑付的成因和利弊，破解刚性兑付的对策才具备稳固的逻辑支撑，并且产生行之有效的作用。

一、刚性兑付为何难破除

近年来，我国资管行业的风险不断上升，但是刚性兑付却一直很难破除，投资者的风险意识没有被培育起来，资管机构则是哑巴吃黄连——有苦说不出。2008年金融危机之后，随着业务量的增多及市场风险的释放，2013年开始，信托兑付危机开始频繁见诸报道。据不完全统计，2013年媒体公开报道的集合资金信托风险事件高达13起，共涉及11家信托公司，项目数量较此前有明显上升。进入2014年，这种情况不但没有改观，而且愈演愈烈。一些看似应该由投资者承担的损失，最后还是刚兑了。

第一个案例是"诚至金开1号"集合信托计划。"诚至金开1号"集合信托计划于2011年2月1日正式成立，通过股权投资方式将信托资金用于振富能源公司的煤炭整合。2013年12月20日，中诚信托发布公告称，"诚至金开1号"无法按照预期值兑付当期收益。在这期间，投资者多次堵门式维权，媒体也做了大量跟踪报道。最终经过40多天的协商，投资者获得了本金的刚性兑付。这个案例涉及的当事主体是对于中国乃至全球都很重要的金融机构，堪称中国第一刚兑事件。该案例不仅是对高净值客户的刚兑，而且是私募性质的刚兑，其引发系统性金融风险的可能性很低；即便如此，其最终还是被刚性兑付了。

第二个案例是"11超日债"的兑付。2014年3月4日晚，发行规模为10亿元的"11超日债"宣布无法按期兑付，成为国内公募债市场首例违约案。2014年12月，"11超日债"获得全额本息兑付。在这期间也发生过多次投资者维权事件，媒体也做了大量报道。这是在交易所公募发行债券的公开刚性兑付。与贷款相比，之所以发展债券直接融资市场，不仅仅是由于对于融资企业来说融资成本更低，更为重要的是公募债券的标准化程度高、信息透明、相关主体权利义务关系简单清楚，有利于按照市场原则对风险进行分担。然而，"11超日债"最终还是由长城资产注入资金进行重组，最后的结果仍然也是刚性兑付。

刚性兑付带来的潜在风险不言而喻，刚性兑付需要发行人或金融机构付出自己的固有资金，但在金融资管机构看来，率先打破刚性兑付无疑是在砸自己的饭碗。实际上，要让资管机构自己打破刚兑几乎是不可能的。

虽然资管机构会为刚性兑付付出一定的资金成本，但这样能保住品牌信誉，保住客户，可以继续发行新产品，且融资的成本仍然不用包含信托产品违约的风险溢价。假如出现兑付危机，信托公司可以通过发新还旧，如果融资主体无法满足发新还旧的条件，就用风险准备金垫资，然后信托公司慢慢处置资产。因此，资管机构最终都是打落门牙往肚里吞，因为对于资管机构而言，声誉重于产品的赔偿额，一旦失去了投资者的信任，以后所有业务都将无法开展。

二、打破刚兑应具备的条件

冰冻三尺非一日之寒，打破刚性兑付也不可能毕其功于一役。从资管行业发展的角度看，在我国法律法规不完善、信用体系还不健全的情况下，贸然打破刚性兑付，一方面，不利于约束发行人和金融机构，为一些发行人赖账和金融机构不作为提供了借口，容易滋生信用道德风险。另一方面，也会挫伤投资者的积极性，不利于债券的发行和资管资金的募集，从而影响资产管理业务的发展。从防控金融风险的角度看，我国金融产品层层嵌套已十分普遍，任何一个环节发生问题，都有可能成为示范效应，引发连锁反应，从而使在刚性兑付下隐藏的风险暴露出来，导致更大金融风险的爆发。因此，打破刚性兑付必须要坚持守住不发生系统性金融风险这条底线，统筹各方面的承受能力，缓慢释放已经累积的风险。正因为如此，资管新规也设立了过渡期，给金融机构留出充足的整改和转型时间。

首先，要完善相关的法律法规。资管业务的本质是一种信托业务，资管机构只是受托管理投资人的财富。为此，我们可以通过适当扩大《信托法》的调整对象范围，从而使得更多的信托关系均受《信托法》的统一调整，使得资管业务有法可依。这样有助于减少各类资产管理机构之间因所依据的规则不一致而带来的风险，严格规范行业间为躲避法律规制所出现的恶性联合现象，加强对发行人和金融机构的监管，遏制一些国企和地方政府违规举债的行为,让他们切实做到"卖者尽责"。同时要规范发行人的信息披露行为,理财产品要逐步实行净值化管理。那些重大信息披露不清晰及不尽责的机构,必须承担连带责任。

其次,要培养投资者的风险意识,树立"买者自负"的理念。目前我国的投资者仍然怀有快速生财的普遍心理,再加上当前国家政策、相关立法以及信托基础理念等方面宣传不足,资管机构对投资者讲解宣传时存在误导,使得大众投资者普遍认为资管产品不仅可以保本,而且可以获得高额回报。投资者在风险意识和信托认识等方面的不足使其将信托与银行储蓄混为一谈,对资产管理行业的认识和投资理念严重滞后和理想化。所以,要让投资者逐步摒弃过去依赖刚性兑付、无视项目风险、盲目投机的投资方式;预防一旦出现不按期兑付,一些投资者就上街、堵门等群体性事件的发生。

最后,要建立和完善投资者保护机制和风险准备金制度,做到未雨绸缪,防患于未然。对于有些可能引发系统性金融风险的违约事件和金融理财产品,应考虑继续给予刚性兑付。2014年10月,我国建立了信托保障基金制度,由信托业市场参与者共同筹集用于化解和处置信托业风险的非政府性行业互助资金。下一步要尽快建立以法律为核心的透明的违约处置机制,包括建立相应的机构和程序、指导和协助投资者明确界定此阶段各自的权利义务与责任、明晰风险的承担方式等,使投资者在寻求救济时能够顺利进入相应的程序,以有效控制投资者的恐慌情绪并且减少挤兑事件发生,该风险处置机构应当是常设机构,所遵循的程序也应当以法律文件的形式予以确认并受到强制保护。

三、资管机构的应对策略

资管新规明确提出要打破刚性兑付,并在文件中明确了刚性兑付的含义和表现形式,即(一)资产管理产品的发行人或者管理人违反真实公允确定净值原则,对产品进行保本保收益。(二)采取滚动发行等方式,使得资产管理产品的本金、收益、风险在不同投资者之间发生转移,实现产品保本保收益。(三)资产管理产品不能如期兑付或者兑付困难时,发行或者管理该产品的金融机构自行筹集资金偿付或者委托其他机构代为偿付。(四)金融管理部门认定的其他情形。同时规定,任何单位和个人发现金融机构存在刚性兑付行为的,可以向金融管理部门举报。

打破刚性兑付对于不同类型的资产管理机构影响程度和形式各有不同,其中对信托行业的影响比较大,但是发展趋势是一致的,即回归各自擅长和专业的领域,尽职尽责,做好主营业务,为实体经济服务,为委托人创造更稳定和更大的价值。打破刚性兑付是一个复杂的系统工程,不可能一蹴而就。为此,资管新规给相关机构和业务转型留出了两年的过渡时期,即到2020年之前完成整改。在过渡期内,相关金融资管机构应加快业务转型,培育新的业务,以适应资管新规的要求,提高市场竞争力。

(一)加强项目风险的管控

刚性兑付的根源是投资项目出现风险,无法按时兑付。而投资项目出现风险,主要原因是机构对风险把控不严、投后管理不到位、信息披露不充分。相关资管机构要以资管新规的颁布为契机,进一步加强和完善风险管控机构设置,强化各部门之间的监督制约机制。加强项目的甄别能力,切实做好尽职调查。在投后管理方面要更加审慎,对项目应深入考察,及时跟踪反馈,严禁调查流于形式。要做好事前、事中的信息披露,对投资项目密切跟踪,监督资金使用,及时披露已有和或有风险事项,尽职尽责,保护投资者利益。资管机构作为受托人尽职管理,也是打破刚性兑付的免责条件之一。

(二)做好对投资者的教育

要做好产品的宣传和投资者教育工作,让投资者树立自负盈亏的理念,强化其风险意识,摒弃过去依赖刚性兑付、无视项目风险、盲目投机的投资方式,以防发生风险就上门或上街引发群体性事件。要通过多种渠道普及金融及投资知识，加强投资者甄别能力，使其能够根据自己的风险承受能力和流动性偏好，选择符合自己投资习惯的理财产品。要严格执行规定，把适当的产品通过适当的渠道销售给适当的投资者。在销售产品的过程中要做好录音录像，防止误导投资者买入不适当的产品。

（三）增强产品的创新能力

资管产品同质化严重也是金融机构选择刚性兑付以提高产品竞争能力的原因之一。资管新规提出，金融机构对资产管理产品应当实行净值化管理，净值生成应当符合公允价值原则，及时反映基础资产的收益和风险。目前除公募基金之外，其他资管机构对实行净值化管理还不是很熟悉。在过渡期内，资管机构应积极学习借鉴国际先进经验，引进专业化人才，加强对从业人员的培训，逐步建立衍生品平台，构造复杂的结构性理财产品，只有这样才能突破瓶颈，在资管产品竞争上占得先机。

第三节　国外打破刚兑的借鉴与启示

刚性兑付是经济社会发展到一定阶段的必然产物。多年的快速发展，使得我国资产管理机构的各项投资收益较高、整体风险较小。但随着我国经济进入新常态，下行压力不断增大，投资风险不断增加，已无力承担刚性兑付所带来的压力。未来，随着中国经济社会的发展和市场的成熟，打破刚兑已经是大势所趋。我们可以借鉴国外在解决刚兑过程中的有效做法，创造条件减轻刚兑打破产生的不良影响，引导参与主体在法制框架下规范运行，保障市场各方合法权益，促进资产管理业务良性发展。

一、金融危机后欧美打破刚兑

在 2008 年金融危机爆发之后，欧美等国家和地区给很多资管产品实施了救助或刚性兑付。美国的货币市场基金本来并不交纳存款保险、不纳入国家的担保体系。2008年9月15日雷曼兄弟破产后，货币市场基金遭到恐慌性抛售，9月19日美国财政部宣布对货币市场基金提供担保，9月22日美联储也为货币市场基金提供流动性支持，缓解了货币市场基金的赎回风潮，2009年和2010年美国财政部和美联储先后退出了这两项救助。

由于货币市场基金被公认为风险较低的投资，若因为投资品发生违约、降级、利率突变等而跌破1元面值，可能会引发客户大量赎回，进一步造成基金的流动性风险和投资亏损，甚至导致基金清盘，造成基金公司的声誉受损乃至其他旗下基金受拖累。这种情况确实发生过，如2008年9月Reserve Management基金公司规模650亿美元的Primary基金跌破面值，而后清盘，引发其旗下25只基金遭遇巨额赎回。因此发行人或母公司不得不在出现问题时给予支持，寄希望于未来投资市值能够回升。

金融危机中，由于货币市场基金的巨额赎回造成了金融市场恐慌性抛售和资产价格进一步下跌恶性循环的系统性风险，雷曼兄弟的破产使得人们不再信任任何曾经信誉卓著、人们有信心其"大而不能倒"的机构，这时要救市只能靠政府了，国家信用是刚兑的终极信用支撑。美国财政部和美联储向货币市场基金提供救助也是史无前例的。这反映出即使是严格的资产隔离机制也难以抵御系统性风险所带来的刚兑压力。发起人支持这种做法也存在很大争议。基金的母公司如果是银行，会被认为将存款保险安全网延伸到非存款保险机构，这种隐性担保导致基金存在应纳入发起人或母公司资产负债表、提取风险资本的问题。

在金融危机后，美国和欧盟对货币市场基金的监管都进行了改革，逐步打破刚性兑付。美国证券交易委员会在2014年7月通过新的监管规定：自2016年起，主要投资于政府债券的货基和销售给零售投资者的货基可以继续采用固定净值方式，向机构投资者销售、主要投资于公司债券和免税市政债的货币基金必须采用可变净值的定价方式。欧盟则规定继续采用固定净值方式的货基必须保留基金规模3%的资本缓冲。可见，产品会计核算方式、收益表现形式对资产管理人是否容易形成刚兑义务有很大影响，固定净值和中国预期收益率型产品类似，容易被客户接受（固定净值的基金在一定程度上类似保本浮动收益产品，虽然"保本"不是承诺，却是市场惯例），但也容易使客户形成刚兑预期。由此看来，我国监管部门提倡银行理财产品净值化转型、以形式带动实质转变的思路是有依据的。

二、韩国亚洲金融危机之后打破刚兑

从理论上讲，刚性兑付刺激了债务融资需求，推高了市场无风险利率，而只有高增长才可覆盖高利率。经济发展的早期高增长还能维持，但当人均GDP达到1万美元后，劳动力等各种要素成本会增加，高增长难以持续，此时降低企业融资成本、提高资金配置效率是关键。而打破刚兑能够降低市场资金的整体需求，使得无风险利率下行，同时银行和债券投资者等债权人对企业的风险识别能力也能得到提高，减少企业软预算约束，资金从原先的刚兑企业流向更有效率的企业，从而有利于提高资金配置效率。

20世纪60年代初期，韩国实施"出口导向政策"战略，创造了举世瞩目的"汉江奇迹"。为了促进该战略的实施，政府把商业银行国有化，以国家信用服务于出口战略，实施利率管制，提高利率，把私人资金吸引至银行。1965年，韩国政府实施单一浮动汇率制，用压低韩元汇率的办法来促进国内出口。为了吸引外资和鼓励企业出口，政府以国家信用为私营企业提供信用担保。正是政府的信用背书，使得企业大举借债、投资，而银行过度借贷，制造部门的杠杆率从1965年的92.7%增加到1970年的328.4%。在相当长一段时期，财阀企业享受政府的信用背书，债务实施刚性兑付，维持了韩国经济的高增长。

1973年后，韩国将经济增长模式调整为"出口导向和进口替代相结合"的模式，重点培育重化学工业。但由于第二次石油危机，原油进口价格飙升，加之外部需求萎靡和贸易条件恶化，侵蚀了重化学工业出口企业的利润，进而导致银行呆账、坏账递增，国家信用再次为企业兜底，政府采取了担保、展期出口部门银行贷款并下调贷款利率等办法，帮助企业走出困境。这次危机使得韩国商业银行坏账率从1970年初的3%增加到1980年初的7%以上，银行资产负债表显著衰退。韩国实体经济脆弱性显现，政府信用担保能否持续受到考验。

1997年1月23日，韩国第二大钢铁集团韩宝钢铁工业公司因无力偿还借款宣布破产倒闭，成为第一个因债务危机而倒闭的大型企业。企业破产拖累银行，商业银行呆账、坏账增加，银行信贷收缩，反过来又促使企业经营环境再度恶化。尽管政府采取了提供流动性、对问题贷款展期以及担保等措施，但救助已难以解决问题，打破刚兑已经成为必然选择。实际上，这种刚兑打破只是被动的结果，金融危机促使企业破产倒闭，而政府无力兜底倒逼打破刚兑。在亚洲金融危机中，韩元对美元贬值高达106%。汇率贬值导致流动性危机和信用风险爆发，也迫使政府不得不打破刚兑。

打破刚兑使得韩国经济在1999年快速恢复，无风险利率和企业借款利率大幅降低，企业的杠杆率和银行不良贷款率也有所下降，资本市场尤其是债市和股市得到了长足发展。韩国经济实现了中速增长，跨越中等收入陷阱，完成经济转型，在2008年全球金融危机时尽管有所下滑，但快速复苏。打破刚兑使原来被政府信用背书掩盖的企业风险显性化，也改变了投资者的风险偏好，信用利差真正反映了企业的信用风险。韩国打破刚兑时，多次实施利率市场化。第二轮利率市场化从1991年开启，到1997年放开活期存款利率，完全实现利率市场化，市场利率逐步走低。渐进式利率自由化改革是成功的，它使利率反映资金供求状况，也为韩国打破刚兑提供了外在环境，加快了金融自由化步伐。

韩国通过金融部门改革和企业破产重整等综合改革，解决了打破刚兑导致的失业、金融风险等问题。韩国融资方式以间接融资的银行信贷为主，而资本市场尤其是债市发展严重滞后，由于风险识别能力不足，银行信贷为经营不佳的企业提供融资，导致银行不良贷款增加。韩国政府采取的措施是恢复银行融资功能、推动金融制度建设、发展资本市场、加强金融监管等。对难以持续经营的金融机构，采取收归国有、合并以及终止营业等三种方式清理，通过引入外资，引进了先进的管理经验，提升了韩国银行业的经营水平。治理整顿除银行外的证券、保险、信托、投资、租赁等其他金融机构，建立健全金融机构运行机制，实施新的信贷分类与备抵放款损失提列标准，改善流动性风险管理制度等。

目前中国经济与韩国20世纪90年代末期的经济情况非常类似。中国企业融资也主要是以银行信贷为主的间接融资，股权和债务融资次之。亚洲金融危机之前，韩国已经实现了30多年的高增长，这与中国改革开放以来40年的高增长有相似之处。但在刚性兑付方面，中国与韩国既有相似之处也有差异之处。中国刚兑的对象主要是大型国有企业，而韩国则是大企业、大财阀。中国地方政府介入企业的借贷行为中，并干预银行信贷行为。除了银行信贷外，中国地方政府对地方国企和部分大型非国有企业的债券融资、信托贷款等也提供隐性担保。因此，中国要打破刚性兑付，首先要从破除政府隐性担保开始，通过深化国有金融企业改革，让金融资管机构自主经营，自负盈亏，让投资者真正理解"买者自负"的理念。其次，要建立和完善法律和市场体系，为打破刚性兑付创造良好的环境。

第八章
资产管理机构的竞争与突变

2018年12月2日，备受资本市场关注的《商业银行理财子公司管理办法》正式出台（以下简称"管理办法"），意味着目前已超20万亿元规模的银行理财市场正式进入独立子公司运作时代。即日起，银行理财子公司将拥有一张"超级牌照"，相当于"公募+私募+部分信托"，整个大资管业将受到强震影响，竞争格局发生新变化。

第一节　大资管的竞争格局

之前就已提到，我国资管行业存在银行理财一家独大的现象。在这种模式下，其他各类资管行业的规模基本上取决于其作为银行理财的通道规模。

一、银行理财是资管行业老大

在我国百万亿元级的资管市场中，银行体系资管规模第一。截至2017年末，银行理财、信托、券商资管、保险资管、基金及基金子专户、公募基金的规模分别为29.54万亿元、26.25万亿元、16.88万亿元、15.29万亿元、13.74万亿元、11.6万亿元，银行理财在我国资管行业占据重要地位，是资管机构第一大参与主体（见图1）。

二、各类资管主体可投资的产品范围

我国不同资管机构的业务区别在于能否投资非标、股票以及衍生品。具体来看，理财子公司不能投资于不动产、实物、未上市股权，能否投资衍生品目前尚未明确；信托公司投资商品期货、指数期货、融资融券均有严格的限制规定，其他资产则较为灵活。总体上看，信托资产运作方式比较自由，可以采取投资、出售、存放同业、买入返售等方式（见表1）。

| 资管新时代 |

图1 2017年主要资管机构管理资产规模

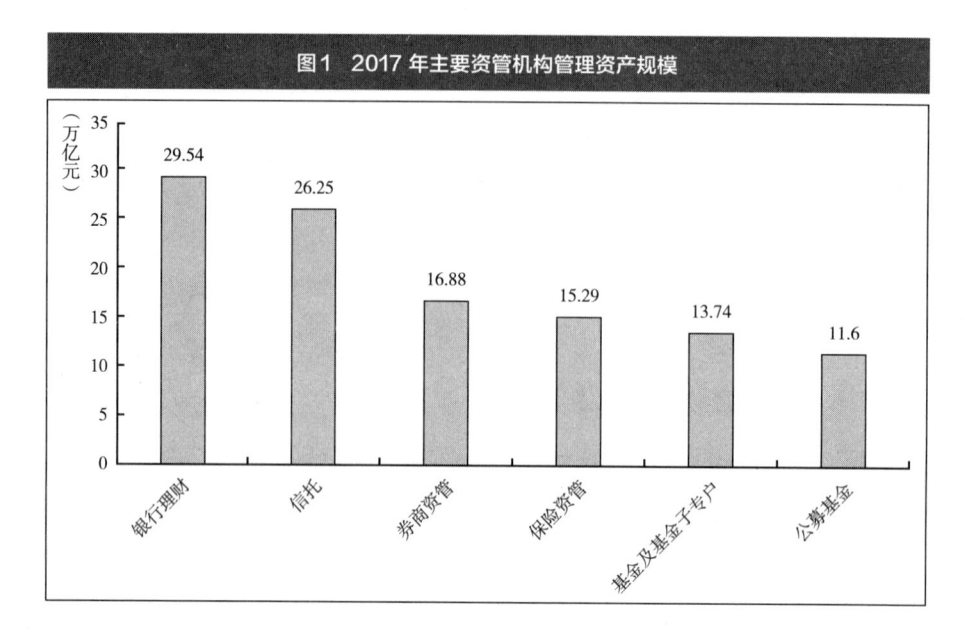

(万亿元)
- 银行理财：29.54
- 信托：26.25
- 券商资管：16.88
- 保险资管：15.29
- 基金及基金子专户：13.74
- 公募基金：11.6

表1 各类资管主体可投资的产品范围

	理财子公司	信托公司	保险公司	证券公司		
	基础理财	信托计划		集合资管	定向资管	专项资管
货币市场	√	√	√	√	√	√
股票	√	√	√	√	√	√
债券	√	√	√	√	√	√
衍生品	尚未明确	×	√	√	√	√
非标	√	√	√	×	√	√
不动产、实物、未上市股权	×	√	√	×	×	具体与客户约定

	基金			私募	期货公司
	公募基金	基金专户	基金子公司	阳光私募	期货资管
货币市场	√	√	√	√	√
股票	√	√	√	√	√
债券	√	√	√	√	√
衍生品	×	√	√	√	√
非标	×	√	√	√	×
不动产、实物、未上市股权	×	×	√	√	×

资料来源：建投研究院。

其中，银行理财、券商集合、公募基金和基金专户的相关产品偏主动管理。投资的标的资产主要是债券，其次分别为股票和非标。对于信托、券商定向、专项资管以及基金子公司等产品则更偏向通道业务，主要投向非标，其次为债券和股票。

三、大资管监管格局初定

"管理办法"正式稿的落地，意味着银行理财业务初步形成了由《关于规范金融机构资产管理业务的指导意见》《商业银行理财业务监督管理办法》《商业银行理财子公司管理办法》搭建的管理框架。同时，在大资管层面，自2017年11月《关于规范金融机构资产管理业务的指导意见（征求意见稿）》颁布以来，围绕银行理财、理财子公司、保险资管及券商资管、私募资管等细分行业的配套细则相继出台，结合仍然适用的公募基金管理办法，共同搭建了大资管行业的监管体系。至此，大资管行业的主要监管文件基本发布完毕，为各类资管机构的发展奠定了较好的政策基础（见表2）。

表2 大资管相关监管办法

时间	监管办法
2017年11月17日	《关于规范金融机构资产管理业务的指导意见（征求意见稿）》
2018年1月24日	《保险资金运用管理办法》
2018年4月27日	《关于规范金融机构资产管理业务的指导意见》
2018年7月20日	《商业银行理财业务监督管理办法（征求意见稿）》
2018年9月28日	《商业银行理财业务监督管理办法》
2018年10月19日	《商业银行理财子公司管理办法（征求意见稿）》
2018年10月22日	《证券期货经营机构私募资产管理业务管理办法》及《证券期货经营机构私募资产管理计划运作管理规定》
2018年11月28日	《证券公司大集合资产管理业务适用〈关于规范金融机构资产管理业务的指导意见〉操作指引》
2018年12月2日	《商业银行理财子公司管理办法》

资料来源：建投研究院。

第二节　各资管机构禀赋特色

资管新规开启了对资管行业的重塑,各类资管机构开始回归本源,追求资产管理能力。各资管机构天资禀赋差异导致其特色领域不同,各自有主攻的优势领域。

一、银行擅长配置债权类、低风险资产

银行客户基础广泛,擅长配置债权类、低风险资产。在资金来源方面,与其他金融机构相比,银行掌握了最广泛的个人和对公客户资源,遍布全国的分支机构为资管业务提供了强有力的支撑。而在资产配置方面,银行拥有成熟的信用风险管理系统,对于债权类资产的投资管理有绝对优势,尤其经历过去对于非标资产的创新,银行也积攒了足够配置非标资产的经验。根据2017年中国银行业理财市场报告,银行理财投向债券、银行存款、拆放同业及买入返售等标准化资产共占理财投资余额的67.6%,其次是非标债权类资产,占比16.2%。然而在偏债权的优势禀赋下,相关人员配置和激励机制高度注重风险管控,主动管理能力有所欠缺。

可以预见的是,理财子公司的资金来源成本最低,募集能力也最强,投资范围极广。但在短时间内,理财的投资能力主要是在固定收益领域,权益投资能力的积累还有很长的路要走。

二、信托曾是通道载体,正在培育主动管理能力

信托与银行最相像,有一定的客户资源,但客户关系不如银行紧密,财富管理能力不能与银行相提并论,但信托对于高净值客户具有较高吸引力,

可以实现破产隔离、财产独立，将高净值客户的私有财产与公司财产分割，也可预防因家族纷争造成财富流失；而且还有他益性，可做代际传承。

信托长期以来主要从事类信贷业务、通道业务。在牌照红利下，信托投向几乎不存在任何限制，是银行首选的合作机构，信托担当通道输出银行无法释放的资金，以债权及股权的方式投向工商企业、基础产业和房地产业。从资金来源的角度看，单一资金信托大多是银行的通道业务，其占信托总资产规模的46%；从功能分类来看，事务管理类信托大多是通道业务，而事务管理类信托的占比已高达60%。信托机构以通道业务为主，参与资本市场程度不高，主动管理业务不突出。2017年资管新规颁布以来，信托公司通道业务受限，亟待提升主动管理能力。

三、公募基金擅长主动管理，基金子公司专户以通道、非标为主

截至2017年底，基金公司公募基金管理规模为11.6万亿元，基金专户规模为6.4万亿元。从机构投资者内部结构来看，2016年末公募基金持股市值占比达33%，是市场上最大的机构投资者。基金专户中主动管理的产品占比高达66%，通道产品仅占34%，风格明显偏主动管理。但基金公司缺乏网点优势，主要依赖银行、券商和第三方平台代销。

公募基金的核心能力就是传统的权益投资和固收投资，组织体系、投研体系、合规体系和运营体系都很完善，擅长主动管理，投研体系最为完备，法律地位明确，继续保持投资管理能力即可在资管领域占有一席之地。

基金子公司业务以通道、非标为主。早期"万能牌照"奠定了基金子公司通道、非标业务的基础，在2013～2016年的快速发展期，基金子公司专户规模从0.97万亿元激增至10.5万亿元。自2016年起监管趋严，"万能牌照"沦为"私募牌照"，业务迅速萎缩至2017年底的7.31万亿元。截至2017年底，通道产品管理资产规模为5.49万亿元，而主动管理仅为1.82万亿元；从投向上来看，6.11万亿元投向了非标资产，仅1.29万亿

元投向标准化资产。

基金子公司在目前去通道的大势下处境比较尴尬。虽然有 ABS 业务可以做，但比起券商，无论是承揽、承做还是承销，都不具有核心竞争力，未来的核心竞争力在哪，目前还不明朗。

四、券商资管与投行、财富管理部门有协同优势

券商资管有良好的投资管理基因，与券商的投行、财富管理业务具有协同优势。（1）从资产端来看，券商资管可通过投行产业链获取项目资源，连接资管产品与投行项目，打通资金到资产的链条。（2）从资金端来看，券商同样拥有较为广阔的网点渠道，个人和对公客户资源仅次于银行，通过财富管理条线向资管业务导流，增强了客户黏性。

券商资管在标准化资产投资方面有多年的经验，但通道业务带动了其规模快速飙升。在 2001 年拿到资管牌照后，初期以做标准化资产的投资为主，2012 年"一法两则"打开金融自由化闸门后，定向资管投资范围扩展到非标债权，通道业务全面铺开。通道业务费率较低，但易于冲规模，因此带动了券商资管的发展。截至 2017 年底，券商资管主动管理的规模为 4.6 万亿元，通道业务规模高达 12 万亿元。从投资标的来看，投向交易所、银行间市场的标准化资产规模约 6.4 万亿元，其他投向非标资产的规模约为 11.12 万亿元。

券商资管的人才储备充足、销售渠道较强，一、二级市场联动也不错，从理论上来说券商资管应该打造出核心的传统投资能力和另类资产投资能力，但实际上这些年来券商资管主要在做通道业务，以股票质押和非标通道为主。没有发挥研究部门和投行部门的联动优势，二级市场传统权益投资能力集中在券商自营，资管的权益投资做得并不好。如果没有资产证券化的历史机遇，券商资管的处境会比较尴尬。

目前来看，除了要继续强化在 ABS 方面的专业优势，传统的权益投资

也要下决心深耕,并朝着公募化发展,甚至可以内部组建研究团队,这是券商资管最传统的投资能力。另外,与投行部门协同开发差异化的一级半市场资产,也是券商的独有竞争力。

五、保险资管可投资可持续的、稳健回报的投资项目

由于保险资金具有规模大、期限长、来源稳定的特点,故保险资管更加注重长期投资、价值投资、稳健投资和责任投资,这也决定了保险资金进行产业投资时具有显著不同于其他金融行业的特征,在选择重点产业时表现出特定偏好。

2017年保险资金规模约15万亿元,大部分投向银行存款、债券等标准化资产,投资于非标的比例小于30%。保险投资属于表内业务,按照"偿二代"的要求,保险资金运用情况通过信用风险和市场风险等量化指标计量认可资产,与最低资本挂钩,其风险覆盖与控制情况直接影响偿付能力充足率。在流动性管理和久期匹配上,保险资金存在一定的优势。目前,在负债端大部分保险资金来自传统保障型保险产品,吸收的是客户的长期资金;而在投资端主要配置中短期项目,但是也有不少优质的长期项目,是实体经济中长期贷款重要资金来源。

特别是在直接投资方面,保险企业布局的一个重要领域是养老产业,保险业已经成为我国养老金管理和养老产业投资的主力军,形成了养老保险产品、养老保险金管理和养老产业投资的良性互动循环。

保险资管的核心竞争力在于对保险资金需求的深刻理解,母公司资金来源的稳定,在固定收益投资方面也不弱,整体来看自成体系,与其他主体竞争不大。

总的来说,不同的资管机构在资金端来源的客户渠道、资产端的配置类别各有禀赋,已经形成较为固定的差异化竞争格局。资金来源方面,银行客户资源>保险>券商>其他资管机构。资产配置方面,银行理财以配

置债券、非标等债权类资产为主；公募基金、券商资管主动管理能力强，且公募基金＞券商资管；信托、基金等子资管机构在金融严监管下逐步失去通道业务红利，亟待转型。

第三节　各领域的优势机构

资管新规与系列配套细则对资产管理行业的指引和约束，使得各机构的禀赋特点在不同的领域能形成不同的优势。总体来说，资管新规能够适用于所有资管业务。不过，由于信托的特殊性，其中公益信托、家族信托明确不适用资管新规，另外财产权信托尚未被纳入资管新规规范的范畴。

一、贷款发放资格

"管理办法"明确禁止子公司从事贷款发放业务，这一条给信托留有空间。信托依据《信托公司管理办法》（银监会令2007年第2号）："第十九条　信托公司管理运用或处分信托财产时，可以依照信托文件的约定，采取投资、出售、存放同业、买入返售、租赁、贷款等方式进行。中国银行业监督管理委员会另有规定的，从其规定。"

其他机构类型比如券商资管、基金子公司都不具备贷款发放资质。当然券商可以做场内股票质押，从业务实质上看，有点接近于特殊类型的贷款。保险资管开展的不动产和基础设施债权融资计划也接近于贷款。

信托作为唯一的例外，在这个领域优势突出。

二、ABS业务

企业ABS发展初期，选择了券商专项资管计划作为SPV载体，后来在审核制向备案制改革过程中,将专项资管计划替换为"资产支持专项计划",挂牌场所包括场内的上交所、深交所和场外的报价系统、新三板、柜台市场等,明确券商资管和公募基金子公司可以作为计划管理人。目前,券商和基金子公司牢牢把握住这个市场。而且主战场是企业 ABS,部分券商可以作为 ABN 的联席承销商。

目前信托参与四大类 ABS(信贷、企业、ABN 和保险)。当前主流是信托作为信贷 ABS 和 ABN 的发行机构,设立特殊目的的信托计划(财产权信托)并以此发行分层证券,信托计划天然的破产隔离效果使信托在这两类 ABS 中具有无可争议的优势。在企业 ABS 和保险 ABS 中,信托的主要角色是作为通道构造合格的基础资产"信托受益权",将一些难以特定化的底层资产转化为信托受益权,通常模式是设立一个过桥的资金信托,也有少量是财产权信托,最终的效果都是作为双 SPV 之一构造合格底层资产。

银行理财子公司方面,从"管理办法"看,目前银行理财子公司尚不能设立任何 SPV 作为参与 ABS 或信贷资产流转的载体。

总的来说,目前券商和信托在 ABS 业务中占据优势。

三、非标业务

理财子公司、基金子公司、券商资管的非标业务占比不能超过子公司理财业务的 35%,而信托目前的非标业务限制尚不明确。

在相互投资层面,券商资管、基金子公司都不能发行产品投资信托贷款,但可以作为财产权信托受益人(即作为资产证券化的 SPV),也可以投资底层为收(受)益权类的信托计划[因为证监会禁止券商资管和基金子公司投资法律法规规定外的收(受)益权,所以通过信托间接投是否穿透仍然有待确定];信托和理财子公司目前尚没有这个限制,理财子公司只是禁止同一家管理人不同产品之间的嵌套。

在单一集中度控制层面,证监会设置了"双 25%"的要求,尤其是同一个证券期货业管理人发行的所有集合类资管计划产品投资于同一笔资产不超过该资产的25%；对于非标资产而言，同一笔资产认定标准是同一个融资人及其关联方的所有非标融资。

目前，理财子公司和信托尚无这种类似单一集中度的要求。信托目前两个指标分别为：银信合作类业务中，融资类信托不超过总的银信合作余额的30%；集合类信托的信托贷款不超过信托业务的30%；但这两项指标的局限性更高一些，银信合作余额的30%有特殊应用场景，尽管融资类信托口径非常接近"非标债权的概念"；集合类信托的信托贷款不超过信托业务的30%这一指标不适用于单一信托，而且不适用于除信托贷款以外的其他类型非标业务［比如底层资产为收（受）益权的以及买入返售业务、明股实债业务等］。

四、税收方面

在税收方面，公募基金拥有其他资管机构无法超越的税收优惠，这是10年来整个税收体系为了调整机构投资者证券市场占比、优化投资者结构采取的一项重要措施。该政策仅仅针对证券投资基金（实际上仅仅指公募的证券投资基金），其他资管计划（即便是具有公募性质的银行理财）无法享受同等的税收优惠。这类差异化政策短期无法改变。

增值税部分公募基金免税优势凸显，主要优惠政策如下：

（1）《关于全面推开营业税改征增值税试点的通知》（财税〔2016〕36号）规定下列金融商品转让收入免征增值税：证券投资基金（封闭式证券投资基金、开放式证券投资基金）管理人运用基金买卖股票、债券。

（2）《财政部国家税务总局关于企业所得税若干优惠政策的通知》（财税〔2008〕1号）鼓励证券投资基金发展的优惠政策：对证券投资基金从证券市场中取得的收入，包括买卖股票、债券的差价收入，股权的股息、红利收入，债券的利息收入及其他收入，暂不征收企业所得税；对投资者从证券投资基金分配中取得的收入，暂不征收企业所得税；对证券投资基金管理人运用基金买卖股票、债券的差价收入，暂不征收企业所得税。

第四节　理财子公司落地大资管

"管理办法"的出台意味着银行理财子公司将拥有一张"超级牌照"，整个大资管业将受到强震影响。这一正式稿的出台距离10月19日的征求意见稿的发布仅相隔6周，显示了监管层鼓励各家有条件的商业银行积极筹备和转型的决心。

一、"管理办法"出台背景

理财子公司不是横空出世，而是由商业银行的资产管理部转化而来，经营银行理财业务。自2004年光大银行发行第一只产品以来，银行理财经过了十五年的迅猛发展，截至2017年末，理财资金余额已达29.54万亿元，2009年后复合增长率超过50%。但在发展过程中，理财业务逐渐偏离资管本源，银行出于信誉和高息揽储考虑形成了资金池和刚性兑付，将本应投资者承担的流动性风险、信用风险留在了银行系统内。而在资产端方面，银行受监管套利驱动投向非标、将信贷业务表外化形成影子银行，而且为绕过监管设计的多层嵌套产品隐匿了资金真实流向。一旦风险暴露，表外风险向表内传导，可能引发整个金融系统的系统性风险。

国际上，商业银行以下设子公司开展资管业务是较为通行的做法。因此，理财子公司应运而生，对于银行而言，一方面可以在表外业务和表内业务间建立一道"防火墙"，防止表外产生的风险影响到表内其他业务，实现真正的风险隔离；另一方面可以缩短业务链条，减少"通道成本"，以子公司的名义参与股权类投资。

二、理财子公司"超级牌照"

业界认为，理财子公司拥有超级"超级牌照"，通俗来讲，就是理财子公司集"公募＋私募＋部分信托"牌照于一身，发行的公募产品允许直接投资股票、不再设理财产品的销售起点、投资者首次购买理财产品不强制在线下网点面签、允许发行分级理财产品等等。再加上商业银行强大的资金实力、网点销售能力和广泛的客群，理财子公司一出生就有最强大的后台支持。同时，理财子公司在流动性管理等方面因为受到母行支持将更有优势，在现金管理类产品的运作方面有较大的竞争力，而银行的传统优势固定收益领域，未来理财子公司将对其他资管机构的固收业务形成替代效应，主打固收投资的公司面临较大挑战。而且可以预见，通道需求将会大幅下降，银证合作、银基合作、银保合作都将弱化，或对部分依赖于通道业务的资管机构形成较大冲击。

"管理办法"规定理财子公司的经营范围：

（1）面向不特定社会公众公开发行理财产品，对受托的投资者财产进行投资和管理；

（2）面向合格投资者非公开发行理财产品，对受托的投资者财产进行投资和管理；

（3）理财顾问和咨询服务；

（4）经国务院银行业监督管理机构批准的其他业务。

具体来看，相对于理财新规（即《商业银行理财业务监督管理办法》），"管理办法"对于理财产品投资非标资产、投资股票、销售门槛和私募合作等都有进一步的放松。

1. 理财子公司投非标限额有所放松

首先是放松非标审批要求，理财子公司投资非标无须纳入全行的信用风险管理体系。此前，理财新规规定银行理财投资非标资产必须"比照自营贷款管理要求实施投前尽职调查、风险审查和投后风险管理，并纳入全行统一的信用风险管理体系"，这与表内贷款无异，失去了投资非标的意义。而管理办法中则明确理财子公司投资非标无须纳入母行信用风险管理体系，理财子公司投资非标的监管要求有所放松。

其次是放松非标总量及集中度监管要求。在总量方面，"管理办法"中将理财新规中非标不得超过本行上年审计报告披露总资产的4%的要求删去，仅留下"全部理财产品投资于非标资产余额在任何时点均不得超过理财产品净资产的35%"，实际上放松了大部分商业银行都是理财子公司投资非标的限额。在集中度方面，理财新规要求"商业银行全部理财产品投资于单一债务人及其关联企业的非标准化债权类资产余额，不得超过本行资本净额的10%"，而"管理办法"明确，理财业务和贷款业务分离后，无须再用类似贷款的大额风险管理。

2. 公募理财产品可直接投资股票

"管理办法"明确"理财子公司发行的公募理财应主要投资于标准化债权类资产以及上市交易的股票"，对比理财新规允许银行公募理财产品通过公募基金间接投资股票，理财子公司的公募理财产品可以直接投资股票。

此前，公募理财不允许直接进入股市，私募理财虽然被允许，但由于产品主体地位导致私募理财必须通过资管产品嵌套进入股市。过去，银监会允许私募理财投资股票，而中国证券登记结算有限责任公司（以下简称"中证登"）规定银行理财可以开立账户但不能交易股票，因此，银行理财一般通过SPV或以委外等形式投资，至少存在一层嵌套。为配合"管理办法"出台，2018年9月中证登修订《特殊机构及产品证券账户业务指南》，统一券商定向资管、银行理财等六大类资管产品的投资范围。在各新规的相互配合下，银行理财资金直接进入股市的制度障碍得以消除。

3. 放松销售管理要求

管理办法不设置公募理财产品的销售起点，但对于私募理财仍有合格投资者的要求。营销方面，对于宣传管理有所放松，公募理财可以通过公开渠道宣传。而且非机构投资者首次购买理财产品不强制临柜，可通过理财子公司的营业场所和电子渠道进行风险承受能力评估。

4. 允许自有资金跟投

这一规定是向国际资管机构看齐，明确了理财子可以将自有资金跟投列为吸引投资者的手段。"管理办法"要求50%以上的自有资金投资于高流动性资产，同时自有资金可投资于自身发行的理财产品，但有额度限制，"不得超过其自有资金的20%，不得超过单只理财产品的10%，不得投资于分级理财产品"。

5. 允许发行分级理财

这一条打破理财新规限制，"管理办法"中明确"子公司发行分级理财产品的，应当遵守资管新规中第二十一条相关规定"，即封闭式私募产品可以进行份额分级。

6. 合作机构范围扩大至私募

公募理财产品所投资资产管理产品的受托机构应当为金融机构，其他理财投资合作机构应当是具有专业资质、依法依规受金融监督管理部门监管的机构，表明理财子公司私募资产管理产品的受托机构可以为私募基金管理人。

三、设立理财子公司的商业银行

根据理财新规要求，未来商业银行可自愿选择是否设立理财子公司开展资管业务，(1)若选择新设理财子公司，商业银行内部只能继续处置存量理财产品，新业务须由理财子公司开展。(2)有两种情况商业银行可选择不新设，一是其暂不具备设置条件，可通过内部资管部门展业；二是选择直接将理财业务整合到已开展资管业务的其他附属机构展业。同时，理财子公司应自主经营、自负盈亏，有效防止经营风险向母行传导。

截至 2018 年 12 月 12 日，已有 23 家银行公告设立理财子公司，包括 6 家国有银行，9 家股份制银行，7 家城商行和 1 家农商行。国有大行"工农中建交邮"全部就位，工商银行注册资本为理财子公司中最高，达到 160 亿元。股份银行注册资本在数十亿元至百亿元不等，城商行、农商行也参与其中，布局理财子公司，设立资本多为 10 亿~20 亿元，略高于理财子公司管理办法规定的注册资本下限（10 亿元）。具体情况见表 3。

表3 公告设立理财子公司的银行

银行	注册资本（元）	注册地	属性
招商银行	50 亿	立足深圳	股份制银行
华夏银行	50 亿	未披露	股份制银行
北京银行	暂未披露	未披露	城商行
宁波银行	10 亿	未披露	城商行
交通银行	80 亿	上海	国有银行
光大银行	50 亿	未披露	股份制银行
平安银行	50 亿	未披露	股份制银行
南京银行	20 亿	未披露	城商行
民生银行	50 亿	未披露	股份制银行
广发银行	50 亿	未披露	股份制银行
兴业银行	50 亿	未披露	股份制银行
浦发银行	100 亿	上海	股份制银行
杭州银行	10 亿	未披露	城商行
徽商银行	20 亿	北上深、合肥或海南自贸区	城商行
中国银行	100 亿	北京	国有银行
建设银行	150 亿	深圳	国有银行
农业银行	120 亿	深圳	国有银行
工商银行	160 亿	未披露	国有银行
中信银行	暂未披露	未披露	股份制银行
江苏银行	暂未披露	未披露	城商行
邮储银行	80 亿	北京	国有银行
青岛银行	10 亿	未披露	城商行
顺德农商银行	暂未披露	未披露	农商行

资料来源：建投研究院。

四、理财子公司需面对的市场化压力

从市场化选择看,未来理财子公司必须要面对四个方面的压力。

一是渠道市场化压力。渠道市场化包括母行内部市场化定价,分支行渠道端市场化进行拓展维护;行外市场化主要是拓展母行以外其他商业银行以及第三方代销机构的渠道。这是转变以往理财事业部渠道的思维,需要更加积极从事渠道转变的过程。

二是资产市场化压力。非标资产很难市场化,仍将高度依赖母行提供资产;但其他资产类别未来将面临更多市场化筛选,包括筛选基础资产和筛选管理人两个维度。

三是人员和激励制度市场化压力。激励机制需要变化,从薪酬设计角度进行利益绑定,关键管理岗位和基金经理可能还需设计股权激励机制。目前各家银行多数希望自建投研团队,因此按照公募基金人员比例,银行理财子公司在现有规模情况下从业人员数量需要扩大 2~3 倍。

四是业绩排名市场化压力。净值化转型的产品相互之间业绩可比性非常强,在信息披露充分、估值体系整体差异不大的情况下,理财子公司的公募或私募理财业务面临业绩排名市场化比拼的压力。

第五节　非银资管机构的突围方式

目前来看,受理财子公司影响最大的是公募基金,其次是信托。其余资管机构我们将在后续的章节中详细介绍。

一、公募基金突围对策

目前来看,受理财子公司影响最大的是公募基金。理财子公司设立的公募理财和公募基金在销售门槛、投资范围、净值化计价等方面趋于一致，未来两者将正面竞争。

首先，基金销售渠道中银行代销量将进一步下降。以前，公募基金产品的资金来源和销售渠道较为依赖商业银行（表内自营、表外理财、代销渠道等）；而理财子公司成立后，销售起点由公司自行把握，取消首次现场临柜要求，销售门槛大幅下降；公募理财产品可以公开宣传，不再局限于本行渠道。因此，基金公司需要加强销售能力，拓展销售渠道。

其次，公募基金固收产品的市场份额将遭受挤压。目前，我国公募基金管理资产中约有68%的份额为货币基金，主要投向银行定存、大额存单、央票等短期资产，无论是在收益率（集中于2%~3%）还是投资风格上，与银行理财产品有着较强的相似性，而银行本身长期作为此类投资的参与者，银行理财子公司一旦发挥固收投资的资源优势，并依托母公司在流动性管理上的支持，将直接替代公募基金同类产品的市场份额。特别是银行系基金公司可能受冲击更大，因为从目前来看二者业务基本完全重合，而且银行理财子公司的投资范围似乎还更大一些。

最后，理财子公司现金管理类产品主要受到购买起点取消以及以"摊余成本法"进行估值、投资非标等诸多利好政策的影响，相较于公募货币基金，竞争力大大提升。商业银行设立理财子公司后，原本1万元的购买起点被取消，并在过渡期内允许使用"摊余成本法"进行估值，从面向客户群到产品特征属性都对公募基金货币基金产生正面冲击。加之银行现金类理财产品原生的无组合期限方面的要求，使其自由度大大提升。不过，"摊余成本法"估值只是过渡期内政策妥协的结果，从长远来看，无论是银行理财现金类产品还是公募货币基金，都要实现向市值法估值和净值化运营转型。整体看，个人客户很可能将从公募货币基金向理财货币类产品迁徙。

尽管受到的影响很大，但公募基金仍有缓冲区。理财子公司正式成立可能要在2019年底，而克服市场化障碍，正式展业可能还需要一段时间。

这正是公募基金提升主动管理能力、找到自身相对优势的窗口期。

目前公募基金仍有两大优势。一是免税方面。对于发行机构来说，买卖债券的差价可以免征增值税；对于机构投资者来说，投资收益还能免征所得税。而银行现金类理财产品则无法豁免，这是公募基金的竞争优势。二是权益投资方面。货币基金的量大，但管理费远比不上权益基金。短期内理财不会对做权益投资的资管机构构成大的威胁，理财子公司大规模涌入权益市场可能还需要一定的积累期，而公募基金围绕权益投资领域的投研优势，未来将侧重于打造其在权益市场的差异化竞争能力。理财子公司在发展初期还可能在自身不擅长的权益投资领域继续与基金公司保持合作，银基合作模式将由原来的通道业务向投资顾问类转变。此外，公募基金围绕净值化产品的估值体系和风控平台建设经验丰富，也可以为理财子公司提供帮助。

二、信托公司突围对策

理财子公司对信托公司冲击也较大，特别是信托公司的通道业务将受到大幅影响，盈利空间将变小。近年来，信托的万能通道性质导致组织架构和核心资产管理能力都还未形成，除了可以作为放款通道外，政信类、证券类、房地产类等业务做的还是信贷业务，缺乏核心竞争力。尽管信托的放贷款优势仍存，但在去通道、去嵌套背景下，以后银信合作和证信合作可能会收缩并趋于平稳，整体利润空间会大幅压缩。

因此，若想生存，必须回归信托本源，发展主动管理能力。特别是信托公司在实业投资中具有较强的灵活性，可以通过多种途径以多种方式参与到投资当中，既可以是偏债类的借贷，也可以是偏股类的入股，甚至可以是股债结合。信托公司可以拓展多种投资模式，以及更多产业领域，在大资管时代的竞争格局中找到自己的独特优势。

随着对主动管理能力要求的提升，信托公司首先要提升风控能力。在资产荒背景下，资产风险频发，信托的风控能力是稳定和拓展资金来源的核心竞争力。其次要拓展资金来源，增强销售能力。理财子公司同时对信托的银行代销产生影响，因此信托公司要加强自身营销能力，从个人客户和机构客户两方面入手，开拓渠道。最后要开展多类型资产管理。目前家族信托和慈善信托不受资管新规规范，可以考虑介入，信用债投资、供应链金融、消费金融和资产证券化等也是较好的转型方向。特别是资产证券化，信托的参与度不断提升，应当尽早开展，形成自身的竞争力。信托未来的核心竞争力在于差异化发展，在某个领域深耕，才能避免与理财子公司正面竞争。

与此同时，在理财子公司的发展初期，信托和理财子公司仍存在大量合作机会，可以抓住时间窗口期，提升主动管理能力，与银行理财子公司形成合作而非竞争关系。

第九章
私募基金行业的挑战与重构

我国私募基金起步较晚，随着改革开放从无到有。近年来，我国私募基金呈快速发展态势，目前我国私募基金规模已超过 10 万亿元人民币。我国私募基金在推动经济结构调整、提高企业自主创新能力、缓解中小企业融资难等方面作用日益重要，也成为居民财富管理的重要工具。但私募基金粗放式发展也蕴含着较大的金融风险和社会风险。从法规层面看，尽管《基金法》已把私募基金纳入法律调整范围，但条款规定主要是原则性的。资管新规规范的重点不是私募基金，且为私募基金立法预留了空间。我国私募基金行业面临新的挑战与机遇，私募基金行业亟待调整转型，开启新的发展空间。

第一节 我国私募基金行业现状及存在的问题

一、我国私募基金行业的现状

2015~2017 年，我国私募基金数量、基金规模年复合增长率分别为 61.8%、63.3%，保持较高的增长速度。截至 2017 年底，我国私募基金行业已登记备案私募基金管理人 22446 家，从业人员 23.83 万人，管理基金数量 66418 只，管理基金规模 11.10 万亿元（见表1）。

表1 2015~2017 年我国私募基金管理人、从业人员、基金数量及规模情况

年份	管理人（家）	从业人员（万人）	基金数量（只）	基金规模（万亿元）
2015	25005	37.9	25369	4.16
2016	17433	27.2	46505	7.89
2017	22446	23.83	66418	11.10

资料来源：中国证券基金业协会，建投研究院。

1. 从私募基金类型看，截至2017年底，我国已登记的机构类型为私募证券投资基金管理人的有8467家，管理运作基金32216只，管理基金规模2.29万亿元，分别占全部机构、基金数量和规模的37.72%、48.50%、20.59%；私募股权、创业投资管理人13200家，管理运作基金28465只，管理基金规模7.09万亿元，分别占全部机构、基金数量和规模的58.81%、42.86%、63.89%；其他私募投资管理人779家，管理运作基金5737只，管理基金规模1.72万亿元，分别占全部机构、基金数量和规模的3.47%、8.64%、15.52%（见图1）。可见，私募股权、创业投资管理人无论是数量还是管理基金只数、规模占比都较大，占全部私募基金的一半左右。

图1 2017年末我国私募基金管理人类型情况

资料来源：中国证券基金业协会，建投研究院。

2. 从地域分布看，我国私募基金管理人主要集中在上海、深圳、北京、浙江（不含宁波）、广东（不含深圳），上述五个地区总计占比达72.42%，集中度较高。其中，上海4581家、深圳4377家、北京4108家、浙江（不含宁波）1807家、广东（不含深圳）1382家，数量占比分别为20.41%、19.50%、18.30%、8.05%、6.16%。从区域私募基金机构管理基金规模看，北京、上海、深圳三地私募机构管理基金规模占比较大，其次是浙江（不含宁波）、天津、江苏、广东（不含深圳）、安徽和宁波，这与当地政府对创业投资基金、产业投资基金的政策支持有关（见表2）。

表2　2017年我国私募投资基金管理人地区分布情况

序号	地区	私募基金机构（家）	占比（%）	基金数量（只）	占比（%）	基金规模（亿元）	占比（%）
1	上海	4581	20.41	19100	28.76	24860	22.40
2	深圳	4377	19.50	12143	18.28	16687	15.03
3	北京	4108	18.30	12482	18.79	26011	23.43
4	浙江（不含宁波）	1807	8.05	5127	7.72	6112	5.51
5	广东（不含深圳）	1382	6.16	3279	4.94	4274	3.85
6	江苏	1024	4.56	2601	3.92	4771	4.30
7	宁波	653	2.91	1652	2.49	2605	2.35
8	天津	452	2.01	1544	2.32	5792	5.22
9	四川	367	1.64	669	1.01	1747	1.57
10	厦门	327	1.46	613	0.92	603	0.54
11	湖北	318	1.42	563	0.85	911	0.82
12	山东（不含青岛）	252	1.12	442	0.67	1079	0.97
13	西藏	227	1.01	1013	1.53	2242	2.02
14	湖南	224	1.00	440	0.66	482	0.43
15	江西	219	0.98	412	0.62	1067	0.96
16	福建（不含厦门）	213	0.95	648	0.98	1301	1.17
17	重庆	211	0.94	477	0.72	1237	1.11
18	青岛	191	0.85	315	0.47	489	0.44
19	安徽	189	0.84	704	1.06	2797	2.52
20	陕西	188	0.84	262	0.39	736	0.66
21	新疆	147	0.65	303	0.46	1288	1.16
22	河北	128	0.57	242	0.36	365	0.33

续表

序号	地区	私募基金机构（家）	占比（%）	基金数量（只）	占比（%）	基金规模（亿元）	占比（%）
23	河南	107	0.48	164	0.25	434	0.39
24	云南	100	0.45	150	0.23	624	0.56
25	大连	97	0.43	259	0.39	157	0.14
26	广西	71	0.32	102	0.15	271	0.24
27	贵州	71	0.32	160	0.24	975	0.88
28	吉林	70	0.31	100	0.15	293	0.26
29	辽宁（不含大连）	61	0.27	73	0.11	61	0.05
30	黑龙江	59	0.26	94	0.14	51	0.05
31	宁夏	55	0.25	71	0.11	206	0.19
32	山西	50	0.22	59	0.09	36	0.03
33	内蒙古	42	0.19	58	0.09	189	0.17
34	海南	36	0.16	39	0.06	22	0.02
35	甘肃	26	0.12	34	0.05	111	0.10
36	青海	16	0.07	24	0.04	115	0.10
	合计	22446	100.00	66418	100.00	111001	100.00

资料来源：中国证券基金业协会，建投研究院。

3. 从规模看，我国私募基金规模呈现小而散的情况，大规模或超大规模私募基金管理人数量较少，大部分私募投资基金管理人都处于成立时间不长、管理基金数量及规模小的状况。具体情况为，截至2017年底，我国已登记的私募投资基金有管理规模的有19049家，占全部管理人数量的85%，有15%的私募基金管理人没有实际开展基金运作。在有管理规模的机构中，管理基金规模在100亿元以上的有187家，管理基金规模在50亿~100亿元的有238家，管理基金规模在20亿~50亿元的有599家，管理基金规模在10亿~20亿元的有734家，管理基金规模在5亿~10亿元的有1025家，管理基金规模在1亿~5亿元的有3920家，管理基金规模在0.5亿~1亿元的有2135家，管理基金规模在0.5亿元以下的有10211家（见图2）。

图2 2017年末我国私募投资基金管理人管理规模情况

规模区间	数量（家）
100亿元以上	187
50亿~100亿元	238
20亿~50亿元	599
10亿~20亿元	734
5亿~10亿元	1025
1亿~5亿元	3920
0.5亿~1亿元	2135
0.5亿元以下	10211

资料来源：中国证券基金业协会，建投研究院。

近年来，我国私募基金行业快速发展的同时，存在的问题备受诟病。私募基金管理人数量众多，鱼龙混杂，从业人员良莠不齐。有的基金管理人滥用登记备案信息非法自我增信，有的基金管理人合规运作和信息报告意识淡薄，甚至有的基金管理人从事公开募集、内幕交易、以私募基金为名的非法集资等违法违规活动，这些问题备受诟病，已严重阻碍我国私募基金行业高质量发展。

二、美国私募基金行业概况

美国是最早开展私募投资基金的国家，20世纪40年代中后期就已经出现了私募股权投资和全世界第一只对冲基金，伴随着资本主义市场经济的发展，美国私募股权基金经历了萌芽、成长、快速发展、繁荣及成熟五个发展阶段，经过近一个世纪的发展，美国私募股权投资成为仅次于银行贷款和IPO的重要手段，并业已形成一套比较规范、科学的运作机制，对美国经济的发展起到了关键作用。

根据美国证券交易委员会（以下简称 SEC）发布的报告，2014~2017 年，美国私募基金数量、基金规模复合增长率分别为 6.67%、7.98%，处于一个稳定的中低速增长状态。截至 2017 年末，美国注册登记私募基金管理人①达 2997 家，私募基金产品 30031 只，资产管理规模共计 12.54 万亿美元（约合人民币 86 万亿元）（见表 3）。

表3　2014~2017 年美国私募基金管理人、基金数量及规模情况

年份	管理人（家）	基金数量（只）	基金规模（万亿美元）
2014	2695	24728	9.956
2015	2814	26605	10.244
2016	2878	28290	11.008
2017	2997	30031	12.537

资料来源：SEC，建投研究院。

1. 在类型上，美国私募基金管理人除传统的私募股权基金（Private Equity Fund）、创业基金（Venture Capital Fund）外，还有对冲基金（Hedge Fund）、房地产基金（Real Estate Fund）、资产证券化基金（Securitized Asset Fund）、流动性基金（Liquidity Fund）等。其中，对冲基金资产规模占全部私募投资基金的近 30%（见表 4）。

表4　2017 年末美国私募投资基金管理人情况

类型	管理人数量（家）	占比（%）	基金数量（只）	占比（%）	基金规模（万亿美元）	占比（%）
Private Equity Fund	1132	22.96	11460	32.41	7.274	35.19
Hedge Fund	1722	34.93	9007	25.47	5.903	28.56
Other Private Fund	579	11.74	4512	12.76	2.722	13.17

---

① 注：在 2008 年次贷危机之前，美国私募投资基金不需要在美国证监会进行登记备案。次贷危机爆发后，奥巴马政府正式公布全面金融监管改革方案，《多德－弗兰克法案》（*Dodd-Frank Act*）应运而生，2010 年 7 月 21 日美国时任总统奥巴马签署了该法案。根据该法案，资产管理规模高于 1.5 亿美元的私募基金需在证监会进行注册登记，而符合一定条件的 VC 基金和管理规模在 1.5 亿美元以下的私募基金则可以豁免登记。

续表

类型	管理人数量（家）	占比（%）	基金数量（只）	占比（%）	基金规模（万亿美元）	占比（%）
Section 4 Private Fund	292	5.92	3480	9.84	1.941	9.39
Real Estate Fund	322	6.53	2632	7.44	1.186	5.74
Qualifying Hedge Fund	551	11.18	1803	5.10	0.499	2.41
Securitized Asset Fund	155	3.14	1504	4.25	0.485	2.35
Venture Capital Fund	113	2.29	846	2.39	0.291	1.41
Liquidity Fund	39	0.79	70	0.20	0.289	1.40
Section 3 Liquidity Fund	25	0.51	48	0.14	0.08	0.39

注：由于美国私募投资基金管理人业务呈现多元化，SEC在统计时可能将同一管理人分入两种或更多，本表计算占比时未剔除该因素。

资料来源：SEC，建投研究院。

2. 美国私募基金管理人的业务呈现多元化，可以同时管理不同类型的私募基金。如，黑石集团（The Blackstone Group）不但管理PE基金，还管理房地产基金、对冲基金、优先债务基金和封闭式共同基金等，并提供各种金融咨询服务，包括并购咨询、重建和重组咨询以及基金募集服务等。

3. 在合格投资者上，美国的私募基金主要投资者为机构投资者，私人投资占比不足一成。截至2017年末，美国私人投资者私募投资基金的权益占比仅为9.82%，其他主要投资者包括私募基金（17.95%）、政府养老金（13.88%）、企业养老金（12.48%）、主权财富基金（6.19%）、保险公司（4.19%）、银行（1.91%），合格投资者种类众多（见表5）。

表5 2017年末美国私募基金投资者权益情况表

投资者类型	投资权益（亿美元）	占比（%）
Private Funds	14910	17.95
Other	11880	14.30
State/Muni. Govt. Pension Plans	11530	13.88
Pension Plans	10370	12.48
Non-Profits	8480	10.21
U.S. Individuals	8160	9.82
Sov. Wealth Funds and For. Offical Inst.	5140	6.19

续表

投资者类型	投资权益（亿美元）	占比（%）
Insurance Companis	3480	4.19
Unknown Non-U.S. Investors	1940	2.34
Non-U.S. Individuals	1870	2.25
Banking/Thrift Inst.	1590	1.91
SEC Registered Investment Companies	1380	1.66
State/Muni. Govt. Entitics	1220	1.47
Broker-Dealers	1120	1.35
合计	83070	100

资料来源：SEC，建投研究院。

4. 在投资策略上，美国证监会要求美国私募基金管理人在进行私募基金备案时应填写相应的策略分类。私募基金管理人要以即将采用的策略为依据，根据美国证监会给出的相关标准填报备案私募基金的信息。美国私募基金的投资策略种类多达近30种，包括：低风险策略、市场中立套利型投资策略、市场中立证券对冲型投资策略、可转换套利型投资策略、分跨期权型投资策略、交叉持有型投资策略、抵押背景证券型投资策略、温和风险策略、组合策略型投资策略、基金和基金型投资策略、10%限额型投资策略、攻击成长型投资策略、定价型投资策略、中度风险策略、数量分析型投资策略、特殊形式型投资策略、合并套利型投资策略、高风险策略、加倍对冲型投资策略、新兴市场型投资策略、宏观型投资策略、国际型投资策略、不景气证券型投资策略、垃圾证券型投资策略、极高风险策略、财务杠杆型投资策略、卖空型投资策略、波动型投资策略等，其投资策略向投资者清晰地明示了该私募基金的偏好和风险程度。

5. 在销售上，美国私募基金在1980年之前采用的是销售提成模式，目前已经进化到独立投资顾问收取投资咨询费的模式，有超过80%的基金组合由独立投资顾问提供，这里的独立投资顾问不隶属于任何基金公司、商业银行、第三方销售。为规范投资顾问行为，美国早在1940年就颁布了《投资顾问法》，1969年成立了国际金融理财协会（International Associated

for Financial Planning，IAFP）；1970 年成立了理财师资格鉴定委员会；1972 年成立了注册理财师协会。投资顾问已成为当今美国资产管理中的重要力量。

三、我国私募基金行业存在的问题

我国私募基金行业尚处于发展初期，与美国私募基金行业相比，还存在较大差距，存在的主要问题如下。

1. 私募基金的法律定位认定不明确

2012 年全国人大在修改《中华人民共和国证券投资基金法》时，尽管已经将私募基金包括在基金范围内，但配套的法律制度并没有修订完善，仍面临种种法律制度上的障碍。首先，此次出台的资管新规明确"私募投资基金适用私募投资基金专门法律、行政法规，私募投资基金专门法律、行政法规中没有明确规定的适用本意见"，给私募基金立法预留了空间。但同时把本属于私募投资基金的创业投资基金和产业投资基金明确剔除在外，"创业投资基金、政府出资产业投资基金的相关规定另行制定"，监管部门对私募基金的法律定位似乎没有统一的认识。其次，资管新规明确规定了金融机构在开展资管业务时必须遵守的各项条例，私募基金在投资者适当性、产品明示、从业人员资质要求等方面，只是被默认为金融机构，需要遵守执行，但并没有明确私募基金的机构性质，给私募基金行业造成困扰。再次，同属基金范围的私募基金与公募基金，目前在税收征管上适用的规章制度不同，目前的税收征管制度明显不利于私募基金的发展。促进私募基金行业的发展，尚需进一步为私募基金扫清法律制度上的各种障碍。

2. 私募基金类型少、资金渠道单一

我国私募基金主要包括私募证券投资基金、股权投资基金、创业投资基金，类型较少，诸如对冲基金、ABS 基金、流动性基金等私募基金形式在中国尚未开展。私募基金资金渠道过于单一且不稳定，合格投资者主要以个人投资者为主，机构投资者占比较小，结构不合理，资金来源也不稳定。

3. 私募基金管理人主动管理能力弱

当前我国私募基金管理人普遍存在重募资、轻投资的情况，投资策略少且以大类粗线条为主，投资策略不细致，缺乏量化分析的技术支持。部分私募基金管理人为了募资，向非合格投资者募集资金，变相降低投资者门槛或投资者人数超过法定人数限制，向不特定对象公开募集，夸大或虚假宣传；有的还存在非法自我增信，从事非法集资等违法违规的行为，兼营 P2P、民间借贷、担保等非私募业务，对投资者利益造成重大侵害，直接影响了私募基金行业在投资者心中的形象。

4. 私募基金行业同质化竞争严重

尽管近几年我国私募基金行业发展较快，但同质化竞争严重。从全民 PE，到全民 VC，再到全民新三板，大多数私募基金管理人都是在跟风操作，导致市场不是过冷就是过热，供求严重失衡，野蛮生长，投资全靠运气，无法满足不同层次市场的需求，这也严重制约了我国私募基金行业的健康长远发展。

第二节　资管新规对私募行业的影响

我国私募基金行业的发展，遵循的是先发展后规范的路径，从无序发展到逐渐规范。尤其是 2012 年 12 月修订后的《中华人民共和国证券投资基金法》（以下简称《基金法》）对规范我国私募基金的发展提供了广阔的制度空间和法律保障。2013 年以来，我国私募基金行业保持较高的增长速度，已成为居民财富管理的重要工具。新出台的资管新规是对现有私募基金行业法规体系的有机补充，将进一步规范私募基金与其他资管产品的联动关系。

一、私募基金行业适用的法律法规

从行政立法看，2003年10月28日制定颁布的《基金法》法律适用范围仅为"通过公开发售基金份额募集的证券投资基金"，没有涵盖私募基金；2012年12月修订后的《基金法》首次借鉴现行非公开募集基金实践和国外立法情况，将非公开募集基金纳入法律调整范围。2012年修订的《基金法》第二条规定，"在中华人民共和国境内，公开或者非公开募集资金设立证券投资基金（以下简称基金），由基金管理人管理，基金托管人托管，为基金份额持有人的利益，进行证券投资活动，适用本法"。并设立专章对非公开募集基金做了原则规定。包括基金管理人的注册和登记制度。要求基金管理人按照规定向基金行业协会履行登记手续，报送基本情况。未经登记，任何单位或个人不得使用"基金"或者"基金管理"字样或者近似名称进行证券投资活动。同时，确立了合格投资者制度。新法规定非公开募集基金只能向合格投资者募集，合格投资者应达到规定的收入水平或者资产规模，具备相关的风险识别能力和承担能力，合格投资者累计不得超过二百人。修订后的《基金法》还规范了非公开募集基金的托管和基金合同必备条款。同时要求非公开募集基金，不得向合格投资者之外的单位和个人募集资金，不得通过报刊、电台、电视台、互联网等公众传播媒体或者讲座、报告会、分析会等方式向不特定对象宣传推介。修订后的《基金法》对私募基金的规定对规范为我国私募基金的发展提供了广阔的制度空间和法律保障。

从行业监管看，2014年6月30日，为了规范私募基金活动，保护投资者及相关当事人的合法权益，促进私募基金行业健康发展，中国证监会制定下发了《私募投资基金监督管理暂行办法》，对私募基金的概念、投资方向、适用范围、登记与备案、合格投资者认定、募资规则、投资运作行为规范、行业自律，以及法律责任等都做了明确界定，该办法的制定和发布，是我国私募基金业发展历程中的一个重要里程碑。

从行业自律要求看，2014年11月24日，为支持私募基金管理人特色化、差异化发展，降低运营成本，提高核心竞争力，中国证券投资基金业协会发布了《基金业务外包服务指引（试行）》（以下简称《外包指引》）。以行业自律的形式明确了私募基金服务业务范围，对私募基金业务服务活动主要采取备案管理。2017年3月，为促进私募基金行业健康发展，规范私募基金服务业务，保护基金投资者正当权益，根据有关规定，中国证券投资基金业协会制定下发了《私募投资基金服务业务管理办法（试行）》，同时废止了《基金业务外包服务指引（试行）》。2016年2月以来，中国证券投资基金业协会陆续发布《关于进一步规范私募基金管理人登记若干事项的公告》《私募投资基金管理人内部控制指引》《私募投资基金信息披露管理办法》《私募投资基金募集行为管理办法》，对私募基金管理人内部控制、信息披露和登记等进行了规定。

二、资管新规对私募基金行业的影响

资管新规第二条开宗明义指出："私募投资基金适用私募投资基金专门法律、行政法规，私募投资基金专门法律、行政法规中没有明确规定的适用本意见，创业投资基金、政府出资产业投资基金的相关规定另行制定。"这种表述体现了立法者对私募基金立法预留了空间，只规定私募基金专门法律、行政法规没明确规定的适用资管新规。可见，资管新规是对现有私募投资基金法规体系的有机补充。从对私募基金的监管看，目前我国政府对私募投资基金，特别是对创业投资基金采取了相对宽容和宽松的态度，体现了创业投资基金、产业投资基金作为专业机构投资者的一员，其对实体经济、创新创业、新旧动能转换的作用总体上得到了普遍认可。但由于私募投资基金涉及面较广，情况复杂，尤其是创业投资基金、产业投资基金还涉及发改委、财政部等多个部门，私募基金专法出台可能需要一个过程。此次颁布的资管新规,关注的重点虽然不是私募基金,但对私募基金行业仍存在以下影响。

1. 资管新规对合格投资者的规定适用于私募基金行业

根据 2012 年修订的《基金法》,合格投资者的具体标准由国务院证券监督管理机构规定,2014 年 8 月,中国证监会制定的《私募投资基金监督管理暂行办法》,其中对合格投资者进行具体规定:(合格投资者)是指具备相应风险识别能力和风险承担能力,投资于单只私募基金的金额不低于 100 万元且符合下列相关标准的单位和个人:(一)净资产不低于 1000 万元的单位;(二)金融资产不低于 300 万元或者最近三年个人年均收入不低于 50 万元的个人(金融资产包括银行存款、股票、债券、基金份额、资产管理计划、银行理财产品、信托计划、保险产品、期货权益等);(三)其他当然合格投资者情形。而此次颁布的资管新规对合格投资者的规定,明显比上述要求门槛要高。考虑到证监会是资管新规的联合制定部门,资管新规关于合格投资者标准或将在未来的立法中适用于私募投资基金,以便相互协同与统一。

资管新规对合格投资者门槛的提高可能会直接减少私募行业合格投资者的数量,对产品规模也会产生连带影响。从实际情况看,当前中小私募投资基金的管理人在市场募集资金,出现募集难的情况,投资者的结构也正在发生变化。但由于私募股权投资的风险本来就比一般理财产品高出很多,因此这样做也有利于"通过分类让合适的投资者买进合适的产品,从而达到保护投资者、规范私募机构募集行为的目的"。

2. 资管新规强调的监管的统一性和穿透性原则适用于私募基金行业

资管新规规定同一类型的资产管理产品适用同一监管标准,以及实行穿透式监管,对于多层嵌套资产管理产品,向上识别产品的最终投资者,向下识别产品的底层资产(公募证券投资基金除外),这些原则适用于私募产品,并明确了私募产品的具体要求。主要有:(1)按照资管新规规定,虽然私募产品的信息披露方式、内容、频率可由产品合同约定,但至少每季度向投资者披露产品净值和其他重要信息。（2）开放式私募产品与公募产品一样，不得进行份额分级。同时规定了分级私募产品的总资产不得超过该产品净资产的140%，并对具体要求做出规定，如固定收益类产品的分级比例不得超过3∶1，权益类产品的分级比例不得超过1∶1，商品及金融衍生品类产品、混合类产品的分级比例不得超过2∶1。（3）禁止为其他金融机构的资产管理产品提供规避投资范围、杠杆约束等监管要求的通道服务，并限制了资本市场的多层嵌套行为，明确了资产管理产品可以再投资一层资产管理产品，但所投资的资产管理产品不得再投资公募证券投资基金以外的资产管理产品。这些要求进一步规范了私募产品的业务模式，也为私募产品未来与其他资管产品的联动指明了方向。

第三节　新时代私募基金行业的挑战

近几年我国私募基金行业快速发展的同时，也暴露了不少问题。尤其是私募基金管理不规范运作对私募基金行业发展带来负面影响。资管新规的出台使资管行业进入统一监管时代，私募基金行业规范发展的压力增大。同时，国际局势错综复杂，不稳定、不确定因素明显增加。受此影响，我国经济下行压力增大，资本市场处于长期低迷态势，私募基金行业面临严峻的挑战。

一、私募基金行业面临的挑战

1. 私募基金行业规范管理压力增大

随着资管新规及其配套政策的出台，私募基金行业原有的管理方式将受到较大冲击。第一，按照资管新规的要求，私募基金管理人至少每季度要向投资者披露私募产品净值和其他重要信息，管理进一步规范。第二，受资管新规去通道和消除多层嵌套规定的影响,私募基金行业原有的增长方式将受到挤压。第三,资管新规对合格投资者个人资产认定和投资规模认定门槛的提高也会间接影响私募基金的销售范围。第四,对私募基金管理人规范管理的力度进一步加强。在过去全民私募时代,进入私募行业的机构鱼龙混杂、良莠不齐,在规范管理的要求下,一批失联私募纷纷被拉入了黑名单,甚至被强行注销。截至2018年8月10日,中国证券投资基金业协会共对外公告23批失联机构和7批公示期满3个月且未主动联系协会的失联机构,失联私募数量增至482家,其中157家私募基金管理人的登记已被注销。新时代,在强金融监管下,私募基金行业如何合规发展,已成为一个重要的课题。

2. 私募基金行业如何突破以往的业务模式

过去由于供给端的IPO牌照稀缺和需求端的散户化羊群效应,中国的二级市场特别是创业板市场长期被高估,造成长期以来国内私募基金主要通过一、二级市场流动性带来的估值差套利。随着2017年以来的IPO加速,A股牌照稀缺性价值降低。同时,上市公司扩容,二级市场信息不对称程度增加,机构相对于散户的专业优势更加突出,投资端去散户化,这两端的压缩使得二级市场估值有所下降。2018年以来,我国受国际局势错综复杂以及中美贸易摩擦的影响,资本市场处于长期低迷态势,造成资本市场一、二级市场估值差缩小甚至倒挂,股票流动性下降,私募基金行业投资回报出现下降。私募基金行业正面临着如何深耕行业,与企业一起成长,实现向发现企业并深耕企业提升价值回归的挑战。同时,受资管新规消除多层嵌套规定的影响,以往私募基金通过券商或信托的渠道与银行私募资管产品对接模式将难以为继。尽管私募基金管理人可以成为私募资产管理产品的受托机构,但对私募基金管理人主动管理能力提出新的要求,将加速私募基金行业的优胜劣汰,业绩相对平庸、品牌效应偏弱的机构或将遭遇较大压力,机构分化将加剧。

3. 如何应对金融扩大对外开放带来的挑战

2018年是改革开放40周年，十九大报告指出"推动形成全面开放新格局"的新要求，并明确了新时代的开放理念、开放战略、开放目标、开放布局、开放动力、开放方式等。2018年4月份国家主席习近平在出席博鳌亚洲论坛上宣布了四个方面扩大开放的重大措施，并强调"中国开放的大门不会关闭，只会越开越大"，中国金融对外开放再次迈向新征程。2018年6月29日，世界头号对冲基金桥水基金在中国基金业协会完成私募基金管理人登记，正式启动在华私募业务。同日，另一家外资资产管理机构元胜也获批私募基金管理人；全球最大的资管公司贝莱德（BlackRock）旗下的"贝莱德中国A股机遇私募基金1期"开始发行。截至目前，包括这只产品在内，今年以来已备案并发行的外资私募基金数量达到15只，分别来自10家外资私募机构。外资私募机构进入中国市场的步伐正在加快。外资私募机构拥有投资经验丰富的管理团队，同时在研发量化模型分析技术、运用大数据分析和机器学习技术等方面具有较大优势，外资私募进入中国，将为本土私募基金行业带来较大挑战。

二、未来我国私募行业发展趋势分析

我国私募基金行业发展尚不成熟，还处于起步阶段。依据国际成熟市场发展经验，结合资管新规对私募基金行业的影响，以及发展存在的问题，综合判断分析，未来我国私募基金行业发展趋势主要是：

1. 加快回归主动管理的本源

资管新规明确禁止提供规避投资范围、杠杆约束等监管要求的通道服务，并规定，多层嵌套规定为一级，且私募基金能够接受所有私募形式的资管产品委托。这意味着，以后私募基金不再需要通过券商或信托的渠道与银行私募资管产品对接，而是可以直接与银行对接。私募基金管理人要想把这种直接对接的机会抓到手，须向金融机构充分展示自己主动管理资产的能力，否则，没有金融机构愿意合作。资管新规的出台将促进私募基金行业加快回归主动管理的本源。所谓主动管理是指投资者力求通过对市场变化总趋势的预测与分析，选择恰当的市场时机开展投资或调整投资组合，以达到风险最小而收益极大化。未来主动管理能力将是私募基金的核心。私募基金行业的主动管理能力包括以下三点：一是具有为客户带来稳定正收益的能力；二是强大的资金管理能力，能做到不因资金管理规模的扩大而影响业绩的收益与稳定性；三是在风险可控的情况下提供各种不同类型的产品，以满足不同客户群体的需求。

2. 差异化竞争将是私募基金管理人生存之道

资管新规明确了资管产品监管标准的统一，实行穿透式监管将挤压或终结监管套利。资管业务规范运行、不同资管机构同台竞争，势必带来资管市场竞争加剧。同时，私募基金行业内部竞争也将更加激烈。私募基金管理人要在激烈的市场竞争中立于不败，就应结合自身资源禀赋，在自己最擅长的领域深耕细作、精益求精，不断打造并形成自己的特色优势。差异化竞争将是私募基金管理人的生存之道。当前私募基金行业差异化竞争的重点是拓宽或变革资金募集和资产获取渠道，以渠道差异化抵御私募业务的同质化竞争。同时，要提升私募基金产品的设计能力，在风险可控的情况下提供各种不同类型的产品，以满足不同客户群体的需求。从长远看，差异化的投资能力是私募基金管理人的核心，只有为投资者带来具有可信度的投资收益，才能获得投资者的忠诚度，从而赢得更多投资者的信任。

3. 多元化策略和全球化策略是必然的趋势

2008年美国金融危机以来，美国私募基金管理人纷纷开展多元化的业务策略，不断丰富私募产品。一些大的PE机构纷纷开展对冲、债券、资产证券化、FOF等私募业务，而对冲基金也在VC、PE方面积极拓展，协同发展。同时，提供综合的另类资产解决方案成为私募基金管理人做大做强的核心策略。中国资本市场经过20多年发展，已成为全球第二大股票市场、第三大债券市场、第一大期货市场。随着中国对外开放的扩大，全球知名私募基金管理人纷纷登陆中国。外资私募机构加速进入中国，除看好国内居民对财富管理的巨大需求外，中国金融业的进一步开放也为外资进入国内市场扫清了障碍。尤其是2018年6月1日，A股纳入MSCI指数，促进了A股估值国际化，且与国际资金联动性增强。目前我国私募基金行业正处于发展关键时期，私募基金管理人应在多元化投资策略和全球化策略方面有所行动，以应对外资机构的竞争，否则将处于十分被动的局面。我国私募行业要积极学习和借鉴国外先进资管机构的经验、技术，加快走出去的步伐，加速布局境外业务，提升全球化竞争能力，才能不断发展壮大。

第四节　新时代私募基金行业的机遇与重构

资管新规主要规范的是私募基金与其资管产品的联动关系，也为私募投资基金立法预留了空间，私募基金的立法将对私募基金行业的发展带来长期利好。当前，我国正处于全面建成小康社会决胜期，中产阶层的崛起、居民财富积累为私募基金行业带来新的发展空间。同时，我国正处于转变发展方式、优化经济结构和转换增长动力的关键期，我国经济转型给私募基金行业带来了新的发展机遇，私募基金行业发展态势将面临调整与重构。

一、私募基金行业面临的机遇

1. 私募基金立法将对私募基金行业发展带来长期利好

在现有行政法规层面，尽管2012年12月修订《基金法》时专门增加了"非公开募集基金"一章，但规定过于笼统，对于市场上大量存在的私募股权、创投基金及其他类私募基金并没有直接对应的法律规范。因此，私募投资基金的立法尚处于缺失状态。2016年9月，国务院印发了《关于促进创业投资持续健康发展的若干意见》明确提出："完善创业投资相关管理制度，推动私募投资基金管理暂行条例尽快出台，对创业投资企业和创业投资管理企业实行差异化监管和行业自律。"对此，中国证监会正在牵头推动制定《私募投资基金管理暂行条例》。2017年8月31日，国务院法制办发布了《私募投资基金管理暂行条例（征求意见稿）》。同时，此次新颁布的资管新规也为私募投资基金立法预留了空间。因此，私募行业应密切关注私募投资基金的立法动态，以及对私募行业的影响。从长远看，私募投资基金立法的早日出台将对私募行业规范发展带来长期利好。

2. 居民财富增长将给私募基金行业带来新的增长空间

我国经过40年的改革开放，目前已基本解决温饱问题，达到小康水平。根据西南财经大学中国家庭金融调查（以下简称CHFS）的调查数据，当前中国中产阶层成年人口占成年人口比例为20.1%，约为2.04亿人，这是近年来推动我国资产管理业务快速发展的主要内因。中国发展进入新时代，正处于全面建成小康社会决胜期，到2020年将全面建成小康社会。预计，到2020年，中国中产阶层人口将超过4.7亿人。我国中产阶层迅速崛起，将激发中产阶层对家庭财富管理的巨大需求。尤其是以中产阶层为主的家庭财富管理，受众更为广泛、个性化需求更为强烈，为我国私募基金行业发展带来新的增长空间。

3. 我国经济转型给私募基金行业带来了新的机遇

我国经过改革开放40年，目前进入新的历史方位。十九大报告指出，我国经济已由高速增长阶段转向高质量发展阶段。推动发展的关键是转变发展方式、优化经济结构和转换增长动力。并强调，要深化金融体制改革，增强金融服务实体经济能力，提高直接融资比重，促进多层次资本市场健康发展。发展直接融资，离不开私募投机基金的参与。私募基金能够有效将社会闲散资金转为直接投资，拓展投资渠道，为企业解决资金融通困难；私募基金作为一种重要的市场约束力量，能够很好地推动公司治理优化，促进企业不断规范运营。私募股权基金中的并购融资对中国产业的整合和发展具有极为重要的战略意义。此次出台的资管新规明确规定，鼓励金融机构在依法合规、商业可持续的前提下，通过发行资产管理产品募集资金投向符合国家战略和产业政策要求、符合国家供给侧结构性改革政策要求的领域。鼓励金融机构通过发行资产管理产品募集资金支持经济结构转型，支持市场化、法治化债转股，降低企业杠杆率。

促进多层次资本市场健康发展，也为私募投资退出并获得合理回报提供有效渠道，进而推动私募行业进一步发展。随着我国资本市场的发展，围绕上市公司开展的资本运作将增加，将给私募基金行业带来新的机会；围绕着产业调整，私募基金行业在再融资和并购重组业务方面的机会也将增多。

二、私募基金行业的突破与重构

资管新规的出台，宣示我国资管业务迈入统一监管新时代。对资管产品统一监管，穿透性监管，让所有资管机构赢得公平发展的空间。过去我国私募基金的投资主要在一级市场和一级半市场上，投资范围小，退出通道狭窄；资管新规的出台，从政策层面放开了私募基金投资范围。未来私募基金行业除继续发展传统的私募股权投资外，在新的业务领域将迎来更多发展空间，我国私募基金行业面临较大的突破与重构。

1. 放开了私募基金参与债转股的投资范围

按照资管新规的明确规定，私募产品的投资范围由合同约定，可以投资债权类资产、上市或挂牌交易的股票、未上市企业股权（含债转股）和受（收）益权以及符合法律法规规定的其他资产，并严格遵守投资者适当性管理要求。鼓励充分运用私募产品支持市场化、法治化债转股。可见，资管新规对债转股的资管产品进行了豁免。事实上，在2018年初，国家发展和改革委员会曾发出公告，允许实施机构发起设立私募股权投资基金开展市场化债转股。私募基金行业通过参与债转股业务，不仅可以选择合适的资产开展股权投资业务，同时可以谋求与债转股实施机构进行深度合作，通过共同发起专项私募股权投资基金、与对象企业共同设立子基金等形式，参与到各类所有制企业市场化债转股业务的项目获取、股权运作与后续管理中，进而为私募基金行业发展寻找新的业务机会。

2. 打开了私募基金管理人在银行理财子公司业务合作新空间

资管新规中明确资产管理产品可以再投资一层资产管理产品，且"私募资产管理产品的受托机构可以为私募基金管理人"，这表明政策允许私募基金以合格受托机构和投资顾问的身份与其他资管产品开展业务合作这一业务模式存在。过去私募基金大多只能用通道模式跟银行合作，此次资管新规的出台，为双方未来直接合作打开一扇窗。放开银行理财子公司与私募基金行业的合作，未来优质私募投资基金管理人可承接银行理财子公司权益投资业务，既为私募基金行业平稳过渡提供了渠道，也打开了私募基金管理人与银行理财子公司业务合作新空间。

3. 扩大了私募基金参与对二级市场投资的新领域

2018年10月19日，中国证监会负责人对外表示，鼓励私募股权基金通过参与非公开发行、协议转让、大宗交易等方式，购买已上市公司股票，参与上市公司并购重组。中国证券投资基金业协会指出，私募股权投资基金特别是并购基金，是资本市场重要的直接融资工具。鼓励私募基金进入二级市场，成立并购基金参与上市公司的并购重组。这一举措既肯定了私募股权基金作为专业的市场化投资者，在改善企业治理结构、提升资源整合和重组重建效率、优化产业结构和经济转型升级，以及在资源配置中的重要作用，也为私募股权基金创造了更多的优质投资机会，扩大了私募基金的业务领域。目前我国二级市场的上市企业超过3500家，都是行业细分龙头企业，且有较好的退出渠道和流动性，私募基金参与二级市场的政策放开，将给私募基金创造大量投资机会，帮助优质企业走出质押困局，为投资人带来合理的投资回报，实现优质企业、优秀私募管理、投资人的共赢。同时，私募基金进入二级市场，将促进资本市场回归长期价值投资的主线上，推动我国股票市场健康发展。

4. 拓展了房地产信托投资基金（REITs）业务新品种

2018年初，中国证券投资基金业协会在北京召开"类REITs业务专题研讨会"，深入讨论目前我国类REITs业务的重要作用、业务模式、运作架构。并明确了私募投资基金是参与类REITs业务的可行投资工具，提出参与类REITs业务的私募基金备案与交易所资产证券化产品备案和挂牌的流程优化与衔接安排。2018年1月末，证监会系统2018年工作会议召开，会上提出研究出台公募REITs相关业务细则。2月上旬，深交所发布《发展战略规划纲要（2018~2020年）》，提出全力开展REITs产品创新。4月下旬，中国证监会、住房和城乡建设部联合印发《关于推进住房租赁资产证券化相关工作的通知》，明确提出，将重点支持住房租赁企业发行以其持有不动产物业作为底层资产的权益类资产证券化产品，推动多类型具有债权性质的资产证券化产品，试点发行REITs产品。未来私募基金行业将拓展REITs业务新品种，并将为我国REITs市场的健康发展贡献自己的力量。

第十章
公募基金面临的机遇与转型

我国公募基金经过 20 多年的发展，各项法律法规、自律制度不断完善，已形成以《基金法》为核心，涵盖不同环节的规则体系，从法规层面落实了基金管理人的忠诚义务与专业义务，保证了公募基金行业的规范发展。截至 2017 年末，公募基金资产规模超过 10 万亿元人民币，形成了良好的行业格局。

第一节　我国公募基金行业的现状

一、我国公募基金行业的现状

截至 2017 年底，我国境内共有基金管理公司 113 家，注册资本 343 亿元，其中中外合资公司 45 家，内资公司 68 家。按照控股类型划分，券商控股的有 51 家，占比 45.13%；信托公司控股的有 24 家，占比 21.24%；银行控股的有 14 家，占比 12.39%。券商、信托公司及银行控股的基金公司占比近八成（见表 1）。

113 家基金管理公司注册地主要在上海（49 家）、深圳（27 家）和北京（20 家），上述三地注册的基金管理公司数量约占全部的 85%。

表1　2017 年末我国基金管理公司的控股类型情况

序号	基金公司类型	注册资本（亿元）	数量（家）	占比（%）
1	券商控股	126.4	51	45.13
2	信托公司控股	64.6	24	21.24
3	银行控股	107.4	14	12.39
4	投资机构控股	17.3	11	9.73
5	个人控股	5.1	5	4.42
6	保险控股	14.6	5	4.42
7	期货公司控股	1.5	1	0.88
8	互联网金融控股	5.1	1	0.88
9	地产公司控股	1.0	1	0.88
	合计	343	113	100

资料来源：中国证券投资基金业协会，建投研究院。

除此之外，取得公募基金管理资格的证券公司或证券公司资管子公司共12家，保险资管公司2家。

1. 截至2017年底，以上机构管理的公募基金数量4841只，净值11.60万亿元。其中，封闭式基金480只，净值0.61万亿元，开放式基金数量4361只，净值10.99万亿元，占比94.74%，与2016年相比有所提高。按照投资类型，股票基金净值0.76万亿元，在开放式基金中占比6.92%；混合基金净值1.94万亿元，占比17.65%；货币基金净值6.74万亿元，占比61.33%；债券基金净值1.46万亿元，占比13.28%；QDII基金净值0.09万亿元，占比0.82%。与上年相比，货币基金净值占比提高11.11个百分点，提高幅度较大，其余基金净值占比均呈下降态势，显示投资人为规避风险，对货币基金的投资有所偏爱（见表2）。

表2 2017年末公募基金数量及净值情况

类型	基金数量（只）	份额（亿份）	净值（亿元）
封闭式基金	480	5863.27	6097.99
开放式基金	4361	104326.82	109898.87
其中：股票基金	791	5847.66	7602.4
混合基金	2096	16315.05	19378.46
货币基金	348	67253.81	67357.02
债券基金	989	14091.62	14647.4
QDII基金	137	818.68	913.59
合计	4841	110190.09	115996.86

资料来源：中国证券投资基金业协会，建投研究院。

2017年合计成立975只新基金，首募规模达到7865.43亿元，相比2016年，发行数量和募集规模均有所下滑，分别下滑了15.36%和27.46%，新基金平均成立规模为8.07亿元，处于历史最低水平，继续呈下滑趋势。

2. 从管理资产净值看，截至2017年底，管理资产净值排名前十的基金公司分别是天弘基金（互联网）、易方达基金（券商）、工银瑞信基金、建信基金、博时基金（券商）、南方基金（券商）、招商基金、华夏基金（券商）、中银基金、嘉实基金（信托）。其中，排名第一的是互联网金融控股的基金公司，此外有银行系4家，券商系4家，信托系1家（见表3）。

表3 2017年末总资产净值排名前十五的基金管理公司

序号	公司名称	基金数量（只）	全部	开放式	封闭式	股票型	混合型	债券型	货币市场型	另类投资	QDII
1	天弘基金	55	17893.0	17889.3	3.7	45.1	112.0	86.4	17649.4		
2	易方达基金	129	5976.3	5943.1	33.2	456.7	1490.9	551.1	3368.0	11.9	97.6
3	工银瑞信基金	113	5455.9	5449.6	6.3	283.9	273.4	650.6	4232.3	2.3	13.4
4	建信基金	95	4876.8	4873.0	3.8	115.1	344.3	729.0	3687.1		1.5
5	博时基金	189	4412.3	4410.9	1.4	115.0	572.2	1463.9	2158.5	73.2	29.4
6	南方基金	153	4334.8	4327.2	7.5	362.6	1285.8	152.0	2427.6	4.3	102.5
7	招商基金	137	3919.1	3764.8	154.4	200.2	865.3	677.9	2174.1		1.7
8	华夏基金	116	3845.3	3845.3		701.4	1200.0	222.2	1620.3		101.4
9	中银基金	92	3624.9	3624.9		49.5	304.5	1526.5	1738.0		6.5
10	嘉实基金	138	3614.2	3500.3	114.0	669.9	1220.5	222.7	1396.8	2.2	102.1
11	汇添富基金	97	3208.5	3196.0	12.5	381.7	769.9	251.1	1780.5	3.2	22.2
12	广发基金	157	2750.7	2749.5	1.2	141.5	659.4	411.4	1508.1	1.8	28.5
13	鹏华基金	151	2650.7	2588.0	62.7	272.5	360.7	287.9	1676.6	30.8	22.3
14	银华基金	90	2059.6	2005.4	54.2	81.6	412.2	90.2	1440.5		35.1
15	富国基金	98	1884.8	1698.8	186.0	513.8	464.0	301.8	581.0	1.3	22.9
	合计	1810	70507.1	69866.0	641.0	4390.4	10335.2	7624.6	47438.8	131.1	587.0

资料来源：Wind，建投研究院。

3. 2013~2017年，我国公募基金净值规模年复合增长率为41.21%，2014年、2015年增速较快，2016年以后，增速有所放缓（见图1）。

图1　2013~2017年基金净值规模增长趋势

资料来源：中国证券投资基金业协会，建投研究院。

其中，封闭式基金年复合增长率为28.56%，开放式基金年复合增长率为42.12%，开放式基金增速远远高于封闭式基金。

4. 从基金净值增长情况看，2016~2017年，股票型基金净值增长率较高，达到14.14%；但从2014~2017年的情况看，混合型基金净值增长最快，平均年增长率为14.92%；货币型基金净值增长相对稳定（见表4）。

表4　2017年末各类型基金净值增长情况

基金类型	净值增长率（%）		
	2016~2017年	2015~2017年	2014~2017年
股票型	14.14	0.98	28.72
混合型	10.61	2.22	44.75
债券型	1.92	1.89	12.79
货币型	3.81	6.48	10.35
QDII股混型	21.27	26.29	20.59
QDII债券型	2.55	14.62	26.42

资料来源：Wind，建投研究院。

5. 此外，截至2017年底，78家基金子公司专户管理资产规模为7.31万亿元[①]，比上年同期下降30.4%，下降幅度较大，基金子公司管理资产规模呈现连续下降趋势。从规模看，基金子公司专户管理规模在1000亿元以上的仅21家，占比26.9%，在100亿~1000亿元的有45家，占总数的近六成，基金子公司专户管理规模主要集中在100亿~1000亿元（见图2）。

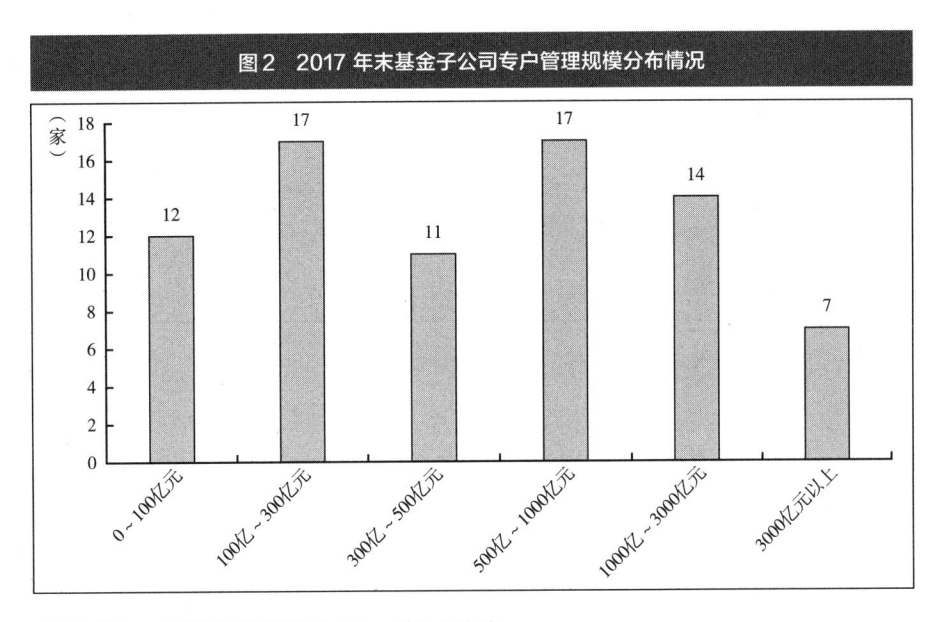

图2 2017年末基金子公司专户管理规模分布情况

规模区间	家数
0~100亿元	12
100亿~300亿元	17
300亿~500亿元	11
500亿~1000亿元	17
1000亿~3000亿元	14
3000亿元以上	7

资料来源：中国证券投资基金业协会，建投研究院。

二、美国公募基金的概况

美国公募基金的组织结构是公司型，即以投资公司的形式存在的基金。美国投资公司的设立、投资、信息披露和监管要求受到《1940年投资公司法》的约束。美国投资公司的投资顾问即为基金管理人。截至2017年，美国投资公司数量共16818家，数量比上年略有下降。按照基金类型

---

① 基金子公司专户管理资管规模不包括在公募基金管理的规模内，是单独统计的。

划分，共同基金有 9356 家，占比 55.63%；封闭基金有 530 家，占比 3.15%；ETF 有 1897 家，占比 11.28%；单位投资信托有 5035 家，占比 29.94%。近年来，单位投资信托基金公司数量均呈现下降趋势，而 ETF 公司数量呈逐年上升趋势（见表5）。

表5　2013~2017 年美国各类型投资公司数量情况

单位：家

年份	共同基金	封闭基金	ETF	单位投资信托	合计
2013	8972	599	1332	5552	16455
2014	9258	568	1451	5381	16658
2015	9517	559	1644	5188	16908
2016	9507	532	1774	5100	16913
2017	9356	530	1897	5035	16818

资料来源：*2018 Investment Company Fact Book*，建投研究院。

1. 截至 2017 年，美国基金从业人员 17.8 万人，其中，从事基金投资管理工作，包括投资研究、交易、IT 等的占比 39%，从事客户服务工作，包括客服中心、投资者账户、养老金计划相关服务等的占比 28%，从事市场和销售工作，包括销售、市场营销、产品设计等的占比 24%，从事基金运营工作，包括基金会计、清算、监察稽核、风险管理等的占比 10%。

2. 截至 2017 年，美国投资公司（基金）管理规模达到 22.5 万亿美元（约合人民币 155 万亿元），较上年增长 17.13%。2013~2017 年，美国公募基金管理规模年复合增长率为 7.1%，增速呈现 V 形反转趋势（见图 3）。其中，股票型基金规模 13.28 万亿美元（美国国内股票基金 9.68 万亿美元，全球股票基金规模 3.6 万亿美元），占比 59%；债券型基金规模 4.72 万亿美元，占比 21%；货币市场基金规模 2.92 万亿美元，占比 13%；混合型基金及其他基金资产规模 1.58 万亿美元，占比 7%。

3. 按照基金类型，2017 年，美国共同基金规模为 18.746 万美亿元，占比 83.29%，共同基金规模占比较大，是目前美国公募基金的主流；ETF

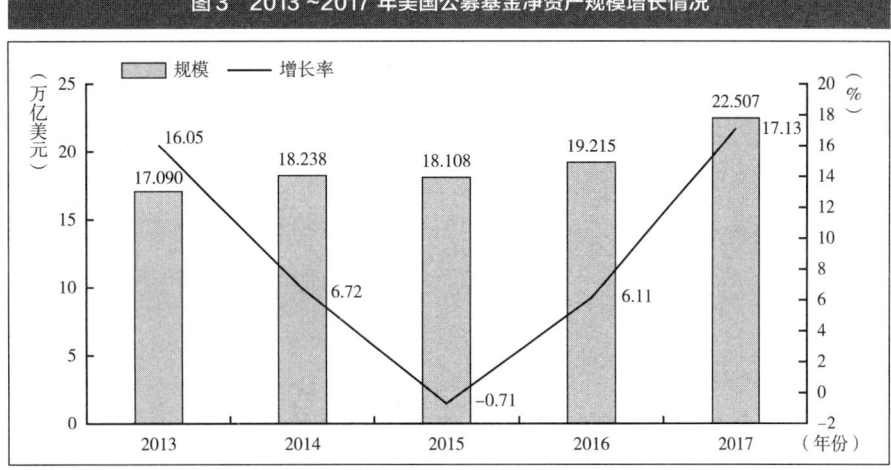

第十章 公募基金面临的机遇与转型

图3 2013~2017年美国公募基金净资产规模增长情况

资料来源：2018 Investment Company Fact Book，建投研究院。

规模为3.4万亿美元，占比15.11%（见图4）。从近几年的情况看，共同基金占比较大，但呈现下降趋势，而ETF占比呈逐年上升趋势，美国是全球最大的ETF市场；封闭式基金规模为0.275万亿美元，占比1.22%；单位投资信托0.085万亿美元，占比0.38%。

图4 2012~2017年共同基金、ETF占比变化情况

资料来源：2018 Investment Company Fact Book，建投研究院。

209

其中，主动管理共同基金占比为65%，主动管理共同基金仍是美国基金最大的组成部分，但占比呈现下降趋势，与2007年相比，下降了20个百分点。而指数基金，包括指数共同基金及指数ETF占比上升了20个百分点。其中，指数共同基金上升了9个百分点，指数ETF上升了11个百分点，数据显示，指数ETF近年来发展较快。

4. 在美国，家庭是公募基金最大的投资群体，截至2017年底，投资公司管理着美国家庭24%的财富，比1990年提高了17个百分点（见图5）。这主要是由于过去30年中，个人退休年金（IRA）和固定缴费计划（DC）的增长，特别是"401k计划"，使得越来越多的美国家庭在开展投资时更依赖于投资公司。

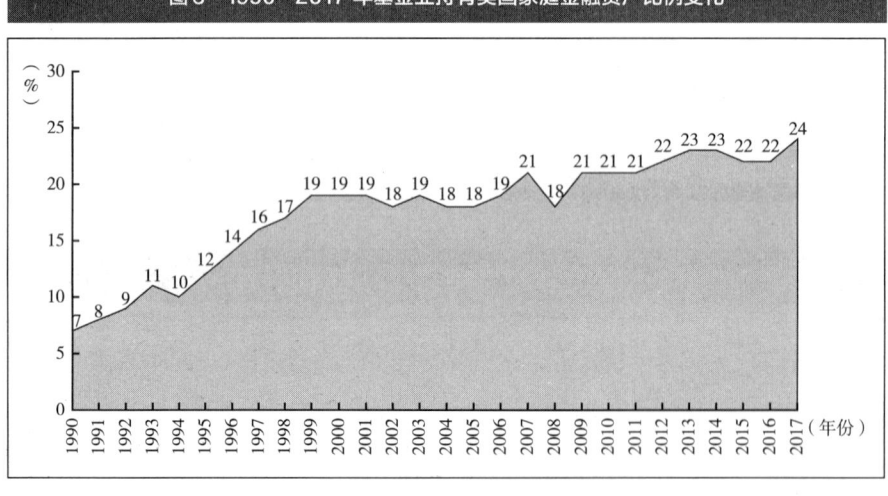

图5　1990~2017年基金业持有美国家庭金融资产比例变化

资料来源：*2018 Investment Company Fact Book*，建投研究院。

5. 在美国，投资者购买共同基金需承担两方面的费用，一个是间接承担的运营费用，包括管理费、托管费、运营费用等，另一个是直接支付的销售费用，主要是申赎费用，近年来，规模加权呈现持续下降趋势，已从2012年的0.77%，下降到2017年的0.59%（见图6）。

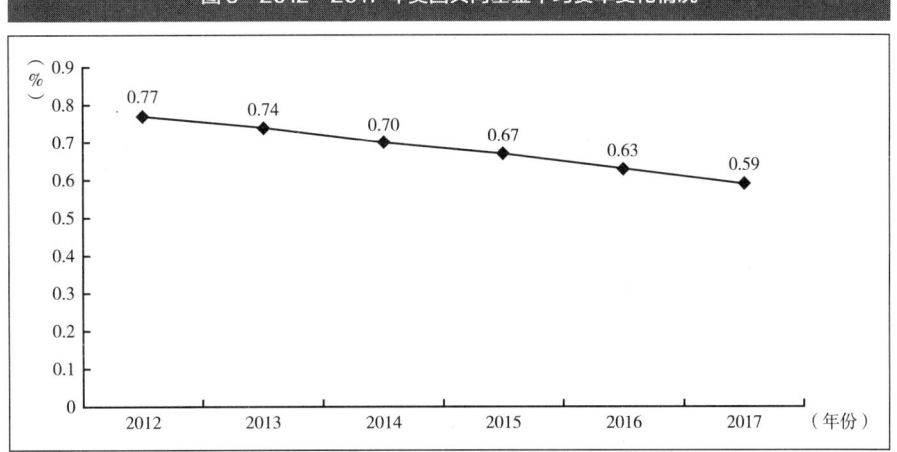

图6 2012~2017年美国共同基金平均费率变化情况

年份	2012	2013	2014	2015	2016	2017
费率(%)	0.77	0.74	0.70	0.67	0.63	0.59

资料来源：*2018 Investment Company Fact Book*，建投研究院。

三、我国私募基金行业存在的主要问题

1. 资金来源单一，缺乏长期稳定资金来源

目前，我国公募基金的资金主要由银行储蓄存款资金转化而来，基金的投资者以个人为主，来源单一，且存在短期化和散户化的特征。而美国的公募基金中虽然超过80%是由个人投资者持有，但大多以雇主发起的个人退休年金（IRAs）和固定缴费计划（DC）的形式间接持有，资金来源稳定且期限较长。与国外相比，我国公募基金缺乏像养老金、保险资金、教育基金、慈善基金等机构投资者的长期资金。我国公募基金资金来源问题，不仅直接影响公募基金投资策略的选择，还在一定程度上制约我国基金公司做大规模。

2. 投资业绩不稳定，仍未摆脱"靠天吃饭"的局面

我国公募基金投资策略仍然较为单一，避险工具不足，投资业绩不稳定，股票市场好的时候，基金公司都大量发行股票型基金；股票市场不好的时候，基金公司就大量发行低风险的货币市场基金。公募基金同类产品扎堆

发行的"羊群效应"非常明显，呈现出明显的同质化特征，在一定程度上对市场起到了助涨助跌的效果，规模波动较大。如何持续稳健地为投资者创造价值，摆脱"靠天吃饭"的局面，成为我国基金行业不得不面对的一个问题。

3. 基金子公司现有业务存在较大风险隐患

2012年下半年，监管部门为支持公募基金开展多元化资产管理业务、提升与券商资管和信托的竞争力，陆续出台一系列允许基金成立子公司的政策法规，在政策支持下，基金子公司资产管理业务从无到有，实现了爆发式增长，其规模一度超过公募基金行业的规模，2016年达到10.5万亿元。但基金子公司的快速发展，主要依赖于基金子公司与商业银行的合作，成为商业银行资产出表的主要通道，且通道类业务以房地产项目和地方政府融资平台项目为主。在银信合作受限后，尽管规模有所下降，但规模仍很大，截至2018年第三季度，仍有5.63万亿元。其中，很多有瑕疵的资产项目是从商业银行出表转过来的，而基金子公司缺乏相应信用风险管控的人才、流程和系统，也没有净资本和风险监管指标的约束，基金子公司开展的资产管理业务存在较大信用风险隐患。

第二节　资管新规对公募行业的影响

一、资管新规对公募基金规范的主要内容

我国公募基金从一开始就是实行净值化管理，与此次出台的资管新规的要求是一致的。资管新规是对现有公募基金管理法律法规的进一步补充和完善，其主要内容包括以下几方面。

1. 关于信息披露

资管新规再次强调了公募产品的信息披露要求，明确提出，对于公募

产品，金融机构应当建立严格的信息披露管理制度，明确定期报告、临时报告、重大事项公告、投资风险披露要求以及具体内容、格式。在本机构官方网站或者通过投资者便于获取的方式披露产品净值或者投资收益情况，并定期披露其他重要信息；开放式产品按照开放频率披露，封闭式产品至少每周披露一次。

2. 关于投资范围

资管新规明确，公募基金主要投资标准化债权类资产以及上市交易的股票，除法律法规和金融管理部门另有规定外，不得投资未上市企业股权。公募产品可以投资商品及金融衍生品，但应当符合法律法规以及金融管理部门的相关规定。

3. 关于产品分类

资管新规明确，单只公募资产管理产品投资单只证券或者单只证券投资基金的市值不得超过该资产管理产品净资产的10%；同一金融机构发行的全部公募资产管理产品投资单只证券或者单只证券投资基金的市值不得超过该证券市值或者证券投资基金市值的30%。其中，同一金融机构全部开放式公募资产管理产品投资单一上市公司发行的股票不得超过该上市公司可流通股票的15%；同一金融机构全部资产管理产品投资单一上市公司发行的股票不得超过该上市公司可流通股票的30%。

4. 关于产品分级

资管新规明确，公募产品不得进行份额分级，并确定了负债比例上限要求。每只开放式公募产品的总资产不得超过该产品净资产的140%，每只封闭式公募产品、每只私募产品的总资产不得超过该产品净资产的200%。

二、资管新规对公募基金的影响

我国公募基金从起步开始就是实行净值化管理，与资管新规的要求是一致的,可以说公募基金行业赢在了起跑线上。不仅如此,公募基金行业在文化、制度等多个方面都是领先的。此次出台的资管新规对公募基金的影响相对较小,分析其影响,主要分为以下两个方面。

1. 对公募基金行业整体的影响

过去,在资产管理行业公募即指公募基金,而此次资管新规中没有按以往的说法来表述,出现了"公募产品"这一新名词,这意味着公募基金以外的资管行业也可以推出公募产品,未来银行资管牌照或将允许银行资管公司从事公募、私募类业务,其中银行资管公募类业务基本上可以覆盖公募基金所有主营业务,这将打破目前公募基金市场独大的局面。从目前的情况看,资管新规出台后,银行也加快了设立资产管理子公司的步伐。截至2018年11月底,中行、建行、农行、工行四大行都发起设立理财子公司,合计出资达530亿元。加上已经宣布设立理财子公司的招商银行、北京银行、交通银行、广发银行、浦发银行等15家商业银行,合计最高出资资本金已达1140亿元。

2018年9月26日,银保监会发布了《商业银行理财业务监督管理办法》,并起草了《商业银行理财子公司管理办法(征求意见稿)》,于2018年12月2日对外征求意见。该办法明确理财子公司是主要从事理财业务的非银行金融机构。其主营业务包括:面向不特定社会公众公开发行、面向合格投资者非公开发行理财产品,对受托的投资者财产进行投资和管理。银行理财子公司将对公募基金形成较大的冲击,未来银行资管业务有可能与公募基金公司形成竞争态势,这就改变了目前公募基金一家独大的发展局面,对公募基金行业的整体影响较大,应引起公募基金行业的高度关注。

2. 对公募基金具体产品的影响

资管新规对公募基金产品的影响主要体现在投资范围、投资比例、产品分类、产品分级、质押融资等方面。

(1) 对公募基金产品层次的影响

资管新规对公募基金的影响首先体现在产品层面,其在投资范围、投资比例、产品分级等方面的规定均对公募基金有不同程度的影响。主要包括：

a. FOF 投资单只公募基金的比例由 20% 降低到 10%；

b. 公募基金不得分级，过渡期后分级不能存续；

c. 基金需经审批才能投资未上市股权，直接投资于未上市公司股权（pre-ipo 企业）的封闭式基金将会终结。

（2）公募基金投资组合的流动性管理

流动性控制作为调配市场信心与信用风险的最有效手段，主要作用是防止挤兑造成的金融市场风险。作为对投资组合集中度的控制要求，资管新规进一步更新了《公开募集证券投资基金运作管理办法》《公开募集开放式证券投资基金流动性风险管理规定》《公开募集证券投资基金运作指引第 2 号——基金中基金指引》等现行法律和政策下的资产组合要求。资管新规强调的是"证券市值"，而运作管理办法强调"证券"，这里应该是包含"证券数量"和"证券市值"两个维度进行控制，鉴于此处运作管理办法明显严于资管新规，所以对基金公司而言并无变化。但是由于近期市场下跌严重，造成挤提风险，引起了监管部门对基金公司产品的关注。

3. 对基金子公司业务的影响

过去，基金子公司承接了大量的通道业务，业务规模迅速壮大，一度超过公募基金管理规模。但资管新规明确规定，金融机构不得为其他金融机构的资产管理产品提供规避投资范围、杠杆约束等监管要求的通道服务，最直接的影响是基金子公司以往的业务将无法继续开展，挤压基金子公司专户管理规模，基金子公司专户管理规模或将呈现断崖式下降。

第三节　公募基金行业面临的挑战

公募基金行业经过 20 年的发展，发展相对成熟，在投资运作、风险管理、法律法规体系等方面已相对成熟健全，资管新规的实施，对公募基金行业的影响相对较小，公募基金行业在资管新时代具有先发优势，仍有较大的发展空间。但资管新规的出台也改变了公募基金行业独占公募产品市场的格局。受资管新规的影响，基金子公司面临着业务转型的巨大压力，基金公司内部如何整合也是必须直面的问题。同时，随着我国金融业对外开放步伐加快，公募基金行业将面临更加激烈的市场竞争。

一、公募基金行业面临的挑战

1. 公募基金整体发展环境发生变化带来巨大挑战

资管新规出台后，资管市场进入统一大监管时代，资管行业将在统一监管标准下同台竞争，竞争将加剧。尤其是资管新规对商业银行理财业务的规范，新设的商业银行理财子公司将直接对公募基金的所有主营业务带来影响，将打破目前公募基金在公募产品市场上独大的局面，未来将形成商业银行理财子公司与公募基金行业同台竞争的格局，在一定程度上，彻底改变了当前公募基金行业整体发展环境，将给公募基金行业发展带来巨大挑战。

2. 基金子公司面临业务转型的挑战

基金子公司在资管领域对标的是券商、信托等资管机构，随着监管加强，基金子公司与上述资管机构，尤其是与资本雄厚的信托公司相比，优势并不明显，人员经验也比较薄弱，同时受制于关于净资本的约束，基金子公司的业务正面临巨大挑战。根据中国证券投资基金业协会公布的数据，受资管新规的影响，基金子公司规模呈现快速下降态势，目前已从2016年的10.50万亿元，下降到了5.63万亿元，下降近50%，规模连续缩水，基金子公司再也无法通过通道业务获得规模的快速递增。在新的环境形势下，基金子公司正在开始转型之路。依据自身的资源禀赋，寻找自己的发展方向。

3. 金融业加快对外开放给公募基金行业带来新挑战

2018年4月，中国对外宣布了金融开放的12大具体举措，其中包括：将证券公司、基金管理公司、期货公司、人身保险公司的外资持股比例上限放宽至51%，三年以后不再设限，公募基金行业对外开放步伐显著提速。公募基金行业对外开放有助于中资基金公司吸收外资的先进经验，完善公司治理，不断提高风险管理能力，提升产品创新能力和客户服务水平，拓展国际视野，为未来开拓国际市场打下坚实基础。但外资进入公募基金行业，也对中资基金公司构成严峻挑战。与外资金融机构相比，中资基金公司在风险意识和风控机制等方面还存在一定差距，尤其是对风险及合规的重视程度远不如外资金融机构。在加强金融监管的大环境下，外资金融机构的进入将对中资基金公司的风险管理能力构成较大挑战。同时，中资基金公司的海外资产配置能力相对较弱，大部分中资基金公司跨境投资尚处于起步阶段。未来，外资基金公司借助其股东的跨境投资经验和资源，必然对中资基金公司的跨境资产管理业务构成挑战。

二、公募基金行业未来发展趋势

我国公募基金行业已发展20年，对比美国过去公募基金发展历史并结合中国国情，未来我国公募基金行业的发展趋势主要体现在以下几方面。

1. 互联网金融正在改变我国传统的公募基金行业

从公募基金公司的排名变化看，天弘基金管理有限公司是成立于2004年的一家小基金公司，无论是资产规模、团队实力还是基金业绩都无法与易方达、华夏、嘉实、富国、汇添富等大型或超大型基金公司相比，甚至和中型基金公司都有一定差距。但自2013年阿里巴巴控股天弘基金以来，天弘基金借助与阿里巴巴旗下支付宝合作，开通余额宝（增利宝货币型基金）服务，到2014年底，天弘基金资产管理规模跃升至5898亿元，排名行业第一，以后一直保持行业排名第一的位置。截至2017年底，管理资产规模17893亿元，是排名第二的近3倍。互联网金融正在改变传统的公募基金行业。未来在互联网下，将集聚很大一批年轻的或者新生的投资人，并深深地影响到整个基金管理的全产业链。基金公司会逐渐摆脱单纯对线下渠道的依赖，会把基金投资的理念更快地推向社会公众。互联网与公募基金行业将相互融合、相互壮大，并改变传统的公募基金行业的业态。

2. 基金费率竞争将越来越激烈

从美国公募基金行业发展的趋势看，基金费率持续走低。目前我国公募基金的整体费率偏高，大多数主流的混合型及股票型基金的总费率在3.25%以上（申购费1.5%、管理费1.5%、托管费0.25%、金额不等的赎回费），这样的费率对于基金投资者来说显然是偏高的。随着公募基金产品数量的逐年增加，公募基金行业竞争越发激烈，价格竞争将在公募基金行业开展。事实上，目前公募基金行业费率竞争已悄然开始，有的基金公司已经对外宣称"三年不赚钱不收管理费"。公募基金的费率竞争同样发生在ETF产品中，例如2018年下半年募集的华夏央企结构调整ETF的管理费低到0.15%、托管费低到0.05%，这一费率远低于目前市场上的其他主流ETF产品（大多数ETF的管理费为0.5%、托管费为0.10%），未来公募基金行业费率竞争将越来越激烈。

3. 指数基金将进一步发展

从美国公募基金的发展情况看，指数基金占基金总量的比例逐年提高，截至2017年底，美国指数基金规模达到6.7万亿美元，占全部基金的近30%，比2007年提高近20个百分点。从2002年华安上证180指数增强基金面世算起，中国指数基金已走过17个年头。从宽基指数到行业指数再到主题指数，产品类型越来越丰富，从ETF到跨市场ETF再到跨境ETF，产品形式越来越多样，尤其是A股被纳入MSCI和富时罗素后，加快了指数基金产品与国际市场的接轨。指数基金由于可预测性和产品的透明度远远高于主动型基金，加之费率低，越来越受到投资者的青睐。在资本市场疲软的情况下，2018年指数基金的规模不降反增，尤其是ETF，更是不断创造新的纪录。截至 2018 年第三季度末，指数基金规模共计 5382 亿元，较上个季度逆势增长了 490 亿元，环比增加了 10%。而 ETF 的规模更是单季度暴增 351 亿元，总规模达到 2897 亿元，我国指数基金仍具备广阔的发展空间。大力发展指数基金，可以进一步丰富资产配置可选择的范围，更好地满足投资者的需要，同时还有助于稳定市场，降低市场波动，提升投资者的信心。

第四节　公募基金行业面临的机遇与转型

公募基金在大资产管理的各个子行业中有自己的独特优势，投资研究和交易能力强，薪酬机制市场化后能吸引到专业优秀人才，基金产品信息公开披露、透明度高、投资运作规范，营业税改征增值税后仍能继续享受免税的优惠，且能很好地实现"买者自负"，未来仍有较大的先发优势，但要切实提升投资专业化服务能力，加快业务转型，在大资产管理的竞争格局中为自己准确定位。

一、公募基金行业面临的机遇

1. 资管新规落地，公募基金具有较大的先发优势

资管新规的落地，有利于消除资管行业规模飞速扩张所滋生的一系列低质量竞争及浮躁心态，令行业回归本源。所有的资管行业将在相同的净值型产品平台上进行竞争，各类资产的风险收益特征将更加明显，便于各类资产的选择。公募基金行业经过 20 年发展，在投资运作、风险管理、法律法规体系等方面已相对成熟健全，受到的监管已较为严格透明，运作也非常规范，公募基金作为最先按照净值型管理的产品，在未来资管行业的同台竞争中，具有其他资管行业无法比拟的先发优势，公

募基金中的一些资产配置类产品以及资产配置类投资策略会得到越来越多投资者的认可，将蚕食现有银行理财和信托产品的市场。从数据看，2018年三季度公募基金净资产规模比年初增长了15%。居民财富增长和对跨期高流动性资产配置的强劲需求，使公募基金行业具有先发优势，仍有较大的发展空间。

2. 促进多层次资本市场健康发展，给公募基金带来多重利好

资本市场作为经济最具活力的一环和资源高效配置的重要平台，在我国经济发展中扮演着越来越重要的角色，对我国经济社会稳步健康发展发挥着越来越重要的推动作用。十九大报告强调，深化金融体制改革，增强金融服务实体经济能力，提高直接融资比重，促进多层次资本市场健康发展。这进一步明确了我国资本市场的发展方向和定位，我国资本市场发展处于一个新的发展时期。2018年6月21日，明晟公司宣布，A股将正式被纳入明晟MSCI新兴市场指数；同年9月27日富时罗素公司正式宣布，将A股纳入富时罗素新兴市场指数，A股国际化步伐加快，将促进A股市场的影响力、辐射力、认知力的提升，吸引更多的投资者参与。目前已有多家公募基金上报了跟踪MSCI A股系列指数的公募产品。2018年11月5日，习近平主席在首届中国国际进口博览会上宣布，在上海证券交易所设立科创板并试点注册制，支持上海国际金融中心和科技创新中心建设，不断完善资本市场基础制度。促进多层次资本市场各项举措的落实，给公募基金行业发展带来多重利好，大大拓展了公募基金行业发展的新空间。

3. 我国养老市场的发展给公募基金行业带来巨大机遇

据统计预测，到2020年，我国老龄人口总数将上升至2.5亿，占总人口的17.17%；到2030年，我国老龄人口总数将达到3.71亿，占总人口的25.3%，我国社会正在加快进入老龄社会。为了应对我国社会老龄化问题，2018年2月，中国证监会公布了《养老目标证券投资基金指引（试行）》，养老目标基金的推出，为投资者提供了新的养老特征投资标的；同

时，个税递延型养老保险试点也将有序扩展到公募基金领域，养老型公募基金有望成为养老金第三支柱的重要组成部分，我国养老市场的发展给公募基金行业带来非常大的发展空间。

二、公募基金行业的调整与转型

1. 切实提升投资专业化服务水平，实现投资收益稳定增长

公募基金行业应进一步提高投研能力，加大金融科技的投入，把 AI 等创新技术引入金融服务，不断提升大类资产配置能力，丰富产品投资策略，增强产品对客户的黏性，发行更多能较好熨平经济周期、有效防止业绩剧烈波动的基金产品，建立真正跨越周期的投资，彻底打破目前"靠天吃饭"的局面，改变机构散户化、竞争同质化的特征，实现价值投资和长期投资，切实提升服务专业化水平，成为真正优秀的机构投资人。

2. 进一步拓展基金销售渠道，不断拓宽长期资金来源

公募基金行业要加强渠道建设，在依法合规基础之上，推动网络直销渠道建设，提高自主销售能力。加强与保险公司、信托公司、证券公司、银行等各类金融机构的合作，拓展销售渠道，实现基金销售多元化。密切关注并拓宽长期资金来源，学习借鉴国外经验，大力推动社会保障基金、养老金、企业年金、教育基金、慈善基金、遗产信托、家族信托等机构的长期资金进入公募基金行业。

3. 加强与银行理财子公司的业务合作

资管新规落地后，商业银行加快了设立理财子公司的步伐。银行资管部门变成理财子公司，将面临组织架构调整、业务流程重塑、机制建立等方面的问题，甚至将面对未来如何处理与银行以及银行系内其他资管机构关系的巨大挑战。而公募基金行业在权益市场深耕多年，投研优势仍非常明显，银行理财子公司在起步阶段，仍需借力公募基金行业布局权益市场。因此，公募基金行业要抓住与银行理财子公司的业务合作机会，发挥

自身优势，在业务合作中磨合与银行子公司的竞争关系，争取更多的发展机会。

4. 基金子公司要加强风险控制，加快业务转型

近年来，基金子公司超常规发展与其规避机构监管体制、进行跨市场的监管套利是分不开的，也因此埋下了不少风险隐患。2016年12月，证监会出台了基金专户子公司风险控制指标的监管规定，对其净资本计算、风险资本准备和风险控制的监管指标均提出了要求。同时，证监会对2012年出台的基金子公司管理规定进行了修订，引导基金子公司更好地回归本源。基金子公司要切实加强风险控制，减少在非标融资类资产上的投资，加快业务转型，更多聚焦于资本市场，深耕于特定资产管理、养老金管理、指数化投资、私募股权投资等细分领域。同时，母公司要加强与基金子公司的业务整合，尽快形成业务协同、专业互补的良好经营格局。

第十一章
信托行业面临的转型与调整

我国信托行业经过了 40 年的发展，历经六次清理整理，几起几落。2001 年 4 月 28 日《中华人民共和国信托法》颁布，从制度层面规范了信托关系和信托行为，确立了信托当事人的法律地位，为促进我国信托行业的发展奠定了制度基础，2007 年 1 月，银监会发布了《信托公司管理办法》《信托公司集合资金信托计划管理办法》，对信托公司的经营范围和业务定位做出了新的规定，信托行业逐渐向信托本业回归。近年来，我国信托行业迎来了爆发式增长，2017 年信托资产规模达到 26.25 万亿元，成为除银行理财之外的最大资管机构。但在快速发展的过程中也出现了许多问题，尤其是随着资管新规的出台，我国信托行业面临新的挑战，新时代我国信托业正面临着转型与调整的巨大压力。

第一节　我国信托行业的现状分析

一、我国信托行业基本情况

截至 2017 年底，我国共有 68 家①信托公司，总注册资本为 2420.98 亿元，平均注册资本为 35.60 亿元，分布在全国 28 个省、直辖市、自治区，信托公司数量最多的地区分别是北京（11 家）、上海（7 家）、广东（5 家）、浙江（5 家）和江苏（4 家）。68 家信托公司中，仅有 3 家上市公司，分别是陕西省国际信托股份有限公司、山东省国际信托股份有限公司、安信信托股份有限公司，上市公司数量较少；大部分信托公司都是 2010 年之前成立的，2010 年之后成立的仅有 2 家，分别是万向信托股份公司和四川信

---

① 中国信托业协会统计的信托公司数量是 68 家，另有 3 家处于停业整顿中或尚在恢复业务过程中，未在协会的统计范围内。

托有限公司，监管部门对于信托公司的牌照管理还是非常严格的。

1. 按控股股东类型划分，68家信托公司中，金融机构控股的有13家，占比19.12%，中央国企控股的有16家，占比23.53%，地方国资或企业控股的有28家，占比41.18%，民营企业控股的有11家，占比16.18%，地方国资或企业控股信托公司的数量较多（见表1）。

表1　68家信托公司主要控股股东情况

序号	信托公司	主要控股股东	控股类型
1	百瑞信托	中国电力投资	中央国企控股
2	国投泰康	国投资本	中央国企控股
3	华宝信托	宝钢集团	中央国企控股
4	华能信托	华能集团	中央国企控股
5	华润信托	华润集团	中央国企控股
6	华鑫信托	中国华电	中央国企控股
7	昆仑信托	中国石油	中央国企控股
8	外贸信托	中国中化	中央国企控股
9	五矿信托	五矿集团	中央国企控股
10	英大信托	国家电网	中央国企控股
11	中海信托	中国海油	中央国企控股
12	中航信托	中国航空	中央国企控股
13	中粮信托	中粮集团	中央国企控股
14	中融信托	中国恒天	中央国企控股
15	中泰信托	中国华闻投资	中央国企控股
16	中铁信托	中国中铁	中央国企控股
17	大业信托	中国东方资产	金融机构控股
18	光大兴陇	光大集团	金融机构控股
19	华融信托	华融资产	金融机构控股
20	建信信托	建设银行	金融机构控股
21	交银信托	交通银行	金融机构控股
22	金谷信托	信达资产	金融机构控股
23	平安信托	平安集团	金融机构控股
24	上海国际信托	浦发银行	金融机构控股
25	兴业信托	兴业银行	金融机构控股
26	长城新盛信托	中国长城资产	金融机构控股

续表

序号	信托公司	主要控股股东	控股类型
27	中诚信托	中国人保	金融机构控股
28	中投信托	建银投资	金融机构控股
29	中信信托	中信集团	金融机构控股
30	北方信托	天津泰达投资	地方国资或企业控股
31	北京信托	北京国有资产	地方国资或企业控股
32	东莞信托	东莞财信发展	地方国资或企业控股
33	国通信托	武汉金控	地方国资或企业控股
34	广东粤财信托	广东粤财投资	地方国资或企业控股
35	国联信托	无锡国联发展	地方国资或企业控股
36	国元信托	安徽国元集团	地方国资或企业控股
37	杭州工商	杭州市投资控股	地方国资或企业控股
38	湖南信托	湖南财信投资	地方国资或企业控股
39	华宸信托	内蒙古国有资产	地方国资或企业控股
40	吉林信托	吉林财政厅	地方国资或企业控股
41	江苏省国际信托	江苏国信资产	地方国资或企业控股
42	陆家嘴信托	上海陆家嘴金融	地方国资或企业控股
43	厦门信托	厦门金财投资	地方国资或企业控股
44	山东省国际信托	山东鲁信投资	地方国资或企业控股
45	山西信托	山西国信投资	地方国资或企业控股
46	陕国省国际信托	陕西省煤业化工	地方国资或企业控股
47	苏州信托	苏州国际发展	地方国资或企业控股
48	天津信托	天津海泰集团	地方国资或企业控股
49	西部信托	山西电力建设	地方国资或企业控股
50	西藏信托	西藏财政厅	地方国资或企业控股
51	云南国际信托	云南财政厅	地方国资或企业控股
52	长安国际信托	西安投资控股	地方国资或企业控股
53	浙商金汇信托	浙江国际贸易	地方国资或企业控股
54	中江信托	领锐资产	地方国资或企业控股
55	中原信托	河南投资集团	地方国资或企业控股
56	重庆信托	重庆国信投资	地方国资或企业控股
57	紫金信托	南京紫金投资	地方国资或企业控股
58	爱建信托	爱建集团	民营企业控股
59	安信信托	上海国之杰投资	民营企业控股
60	渤海信托	海航集团	民营企业控股

续表

序号	信托公司	主要控股股东	控股类型
61	国民信托	上海丰益股权	民营企业控股
62	华澳信托	北京融达投资	民营企业控股
63	华信信托	华信汇通集团	民营企业控股
64	民生信托	泛海集团	民营企业控股
65	四川信托	宏达集团	民营企业控股
66	万向信托	万向控股	民营企业控股
67	新华信托	新产业投资	民营企业控股
68	新时代信托	新时代远景投资	民营企业控股

资料来源：Wind，建投研究院。

2. 截至2017年底，68家信托公司管理的信托资产规模达26.25万亿元（平均每家信托公司3859.60亿元），同比增长29.81%，已经超过除银行理财外的资管机构管理的资产规模。2013~2017年，信托公司资产年复合增长率为24.55%。但进入2018年，信托资产规模增长呈现下滑态势，且降幅较大，截至2018年第三季度，信托资产规模为23.14万亿元，比2017年底下降3.11万亿元（见图1）。

图1 2013年12月~2018年9月信托资产规模情况

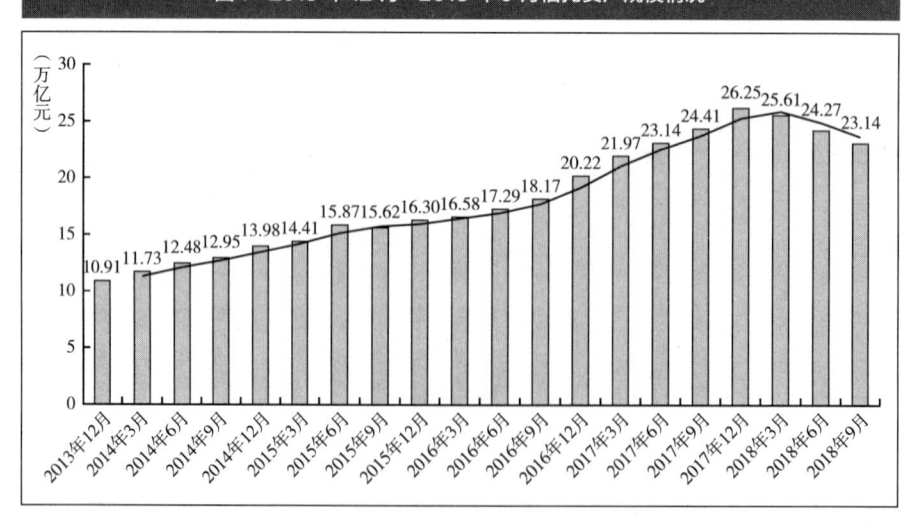

资料来源：Wind，建投研究院。

3. 按来源划分，26.25万亿元信托资产规模中，集合资金信托资产规模为9.91万亿元，占比37.75%；单一资金信托资产规模为12.0万亿元，占比45.71%；管理财产信托资产规模为4.34亿元，占比16.53%。从占比变化看，2013~2017年，单一资金信托资产规模占比呈逐年下降趋势，2017年比2013年下降23.91个百分点；集合资金信托资产规模占比有所上升，2017年比2013年上升12.85个百分点，上升幅度较大；2017年管理财产信托资产规模占比相比2013年上升11.04个百分点（见图2）。

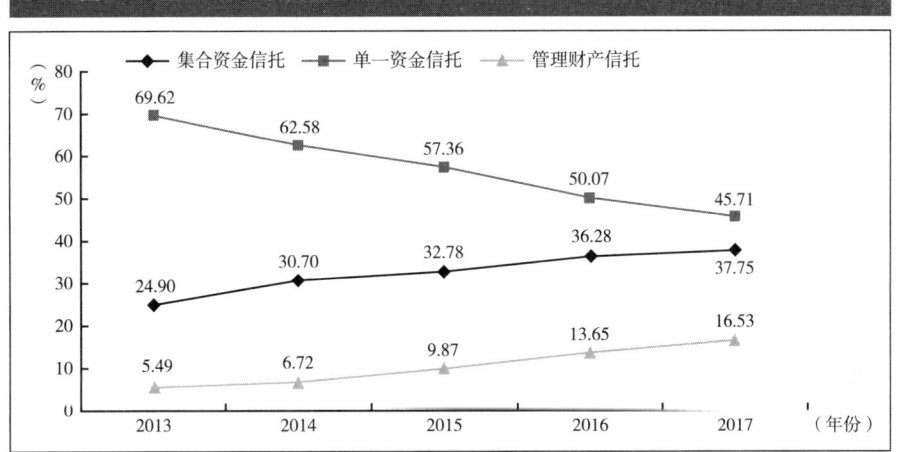

图2 2013~2017年集合资金信托、单一资金信托、管理财产信托占比变化情况

年份	集合资金信托	单一资金信托	管理财产信托
2013	24.90	69.62	5.49
2014	30.70	62.58	6.72
2015	32.78	57.36	9.87
2016	36.28	50.07	13.65
2017	37.75	45.71	16.53

资料来源：中国信托业协会，建投研究院。

4. 按功能来源划分，融资类信托资产规模为4.43万亿元，占比16.88%；投资类信托资产规模为6.17万亿元，占比23.50%；事务管理类信托资产规模为15.65万亿元，占比59.62%。从占比变化看，2013~2017年，事务管理信托资产规模占比呈逐年上升趋势，2017年比2013年上升39.92个百分点；融资类和投资类信托资产规模占比均呈下降趋势，且融资类比投资类下降幅度更大（见图3）。

5. 按照业务类型划分，截至2017年底，资金信托规模为21.91万亿元，占比83.5%。资金信托占比较高，财产信托占比较低，财产信托在我

| 资管新时代

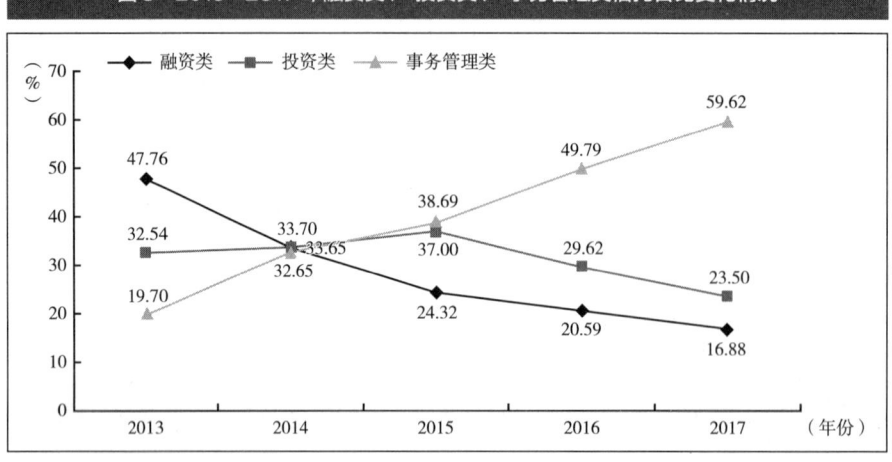

图3 2013~2017年融资类、投资类、事务管理类信托占比变化情况

融资类：2013年47.76%，2014年33.70%，2015年24.32%，2016年20.59%，2017年16.88%
投资类：2013年32.54%，2014年33.65%，2015年37.00%，2016年29.62%，2017年23.50%
事务管理类：2013年19.70%，2014年32.65%，2015年38.69%，2016年49.79%，2017年59.62%

资料来源：中国信托业协会，建投研究院。

国尚处于起步阶段。从资金信托的运用看，截至2017年底，用于贷款的占比38.24%，占比较高。从变化趋势看，2013~2016年贷款占比呈现下降趋势，但从2017年开始有上升的势头（见图4）。2018年第三季度末，资金信托用于贷款占比为40.31%，比年初上升2.07个百分点。

图4 2013~2017年资金信托运用类型占比变化情况

贷款：2013年47.13%，2014年40.42%，2015年36.49%，2016年35.36%，2017年38.24%
可供出售及持有至到期投资：2013年18.52%，2014年21.56%，2015年24.37%，2016年26.93%，2017年26.12%
交易性金融资产投资：2013年9.10%，2014年12.71%，2015年16.67%，2016年15.35%，2017年13.95%

资料来源：中国信托业协会，建投研究院。

6. 从资金信托的投向看，有近九成投向工商企业、金融机构、基础产业、房地产。截至 2017 年底，投向工商企业的金额为 5.75 万亿元，占比 29.49%；投向金融机构的金额为 3.15 万亿元，占比 16.14%；投向基础产业的金额为 2.85 万亿元，占比 14.64%；投向房地产的金额为 2.62 亿元，占比 13.42%。从占比变化看，2013~2017 年，投向基础产业的占比呈逐年下降趋势；投向房地产的占比相对稳定，但 2017 年有所提高；2013~2016 年，投向金融机构占比呈逐年上升趋势，但 2017 年有所下降（见图 5）。

图 5　2013~2017 年信托资金投向行业占比变化

资料来源：中国信托业协会　建投研究院。

7. 从信托公司经营收入情况看，2017 年 68 家信托公司实现营业收入 1190.69 亿元，与上年相比增长了 6.67%；人均创利 311.08 万元，与上年相比下降了 1.74%。从增长趋势看，2013~2017 年，信托公司资产规模的增长与营业收入和人均创利增长不是同步的，尤其是人均创利指标增长缓慢（见图 6）。

8. 从风险项目数量和风险资产规模看，截至 2017 年底，风险项目有 601 个，金额 1314.34 亿元，占全部信托资产规模的 0.5%。从趋势变化看，2014 年以来，信托行业风险项目无论是个数还是金额都呈现上升趋势。

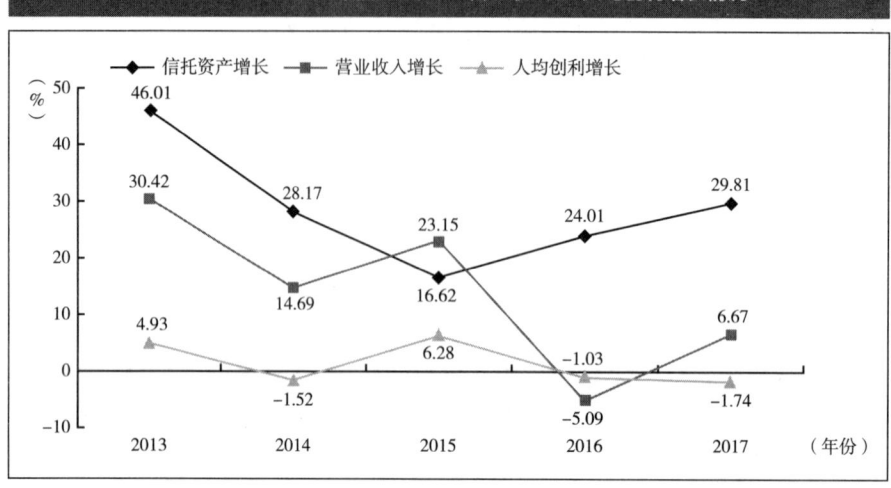

图6　2013~2017年信托资产、营业收入、人均创利增长情况

资料来源：中国信托业协会，建投研究院。

尤其是2018年以来，风险项目增长加快（见图7）。截至2018年第三季度末，信托行业风险项目有832个，规模达2159.73亿元，分别较上季度增加59个、246.70亿元，自2017年第四季度以来持续增长。从信托行业风险项目的构成看，2018年第三季度末集合资金信托风险资产规模为

图7　2014~2018年第三季度信托行业风险项目和规模变动趋势

资料来源：中国信托业协会，建投研究院。

1387.00亿元，占比64.22%，规模比第二季度增加了197.56亿元，增长较为显著；单一资金信托风险资产规模为732.86亿元，占比33.93%，规模比第二季度增加了45.30亿元；财产权信托规模为39.83亿元，占比1.85%，规模略有增长。2018年第三季度末，行业的信托资产风险率为0.93%，较年初上升了0.43个百分点，增幅较大。可见，受我国经济增长下行压力加大等因素的影响，信用违约风险有所上升。

二、美国信托行业概况

信托作为一种财产管理制度，最早起源于英国，但发展和创新于美国。美国信托行业是当今世界信托行业的标杆，美国信托行业的发展经验具有十分重要的参考和借鉴意义。

（一）美国信托行业发展历程

美国信托行业发展大致分为早期阶段、发展起步阶段、快速发展阶段、转型发展阶段这四个阶段。

早期阶段是从美国接受信托到美国独立战争时期。随着英国对美洲的殖民，英国的信托法律被引入美国。早期的信托主要是民事信托，大多是出于血缘和朋友关系担任受托人，无偿管理信托事务。

发展起步阶段是从独立战争后到第二次世界大战前。1781年独立战争的胜利，使美国摆脱了英国的殖民统治，实现了国家的独立，确立了比较民主的政治体制，为美国的资本主义发展开辟了道路，尤其是在北方，资本主义经济发展迅速，股份公司纷纷出现，社会财富由实物向有价证券的形态转化，催生了代为管理和运用的专门机构——信托投资公司。美国的信托行业是从保险公司兼营信托业务开始的，1818年2月24日成立的麻省人寿保险公司（Massac hu-setts Hospital Insurance Company），成立不久即被政府准许经营信托业务，它是第一家经营信托业务的公司。1822年2月28日成立的纽约农村火灾保险放款公司（Farmer's Fire Insurance and Loan

Company），于同年4月16日经政府批准经营代理买卖公司债券和代办转换股票等信托业务，不久便放弃原来经营的保险业务，全力发展信托业务。1830年改名为"纽约农业放款信托公司"，成为美国第一家信托专业公司。1820～1840年的20年间，美国有31家公司获准从事信托业务。

南北战争后，美国各地急需资金用于恢复建设，政府放宽了对信托公司的管制。一方面，便利于信托公司的设立，信托公司数量迅速增加。1897年全国的信托协会"信托部会"在底特律成立，到1900年，信托公司有近300家。另一方面，扩展信托公司的业务经营范围，1868年罗德岛医院信托公司获准可以兼营一般银行业务。1913年，美国国会和联邦政府批准《联邦储备法》，允许国民银行兼营信托业务，后来各州政府批准州银行也可开办信托业务。

在此期间，美国信托行业既保留了英国法的传统，并根据自身发展需要，建立了新的法律制度，成为美国信托活动的重要法律依据。1906年美国国会发布了《信托公司准备法》，规范信托公司业务活动，并经1908年修正后，使信托公司具有商业银行的功能；1933年制定了《统一信托收据法》；1935年美国法学会完成了《美国信托法重述》，其内容涉及信托的成立和管理；1939年8月，美国颁布了《信托契约法》。

快速发展阶段是第二次世界大战后到20世纪80年代。在战后重建和经济发展的双重动力下，19世纪下半期，美国信托行业抓住了商业银行信贷投放能力不足的契机，大量开展以发放抵押贷款和承销债券为主要形式的业务，向实体经济提供资金，信托行业进入快速发展阶段，信托资产规模迅速扩大，同1970年相比，1980年商业银行信托财产从2885亿美元增加到5712亿美元，翻了一番。信托资产占商业银行总资产的比重超过了一半多，达到57%。

随着美国经济进一步蓬勃发展，资本市场急速扩张，有价证券发行数量不断上升，信托以其特有的制度优势被广泛运用于社会经济生活的各个领域，出现了公司债券信托、职工持股信托以及养老金信托等，推动信托资产规模迅速壮大。

转型发展阶段是 20 世纪 80 年代初至今。20 世纪 80 年代以前，由于美国对存款利率实施管制政策，银行借贷业务的高利差促使信托公司逐步转向经营吸收存款和发放贷款业务，"存贷差"成为当时信托行业的主要收入来源。1980 年 3 月，美国国会通过《存款机构放松管制和货币控制法》，决定分 6 年取消对定期存款利率的最高限制。1986 年，美国利率市场化基本完成，证券、基金、保险、银行等相继进入资管领域，开启了美国金融业的混业经营时期。金融业整体蓬勃发展对信托业的市场生存空间造成了挤压。相较于其他金融机构，信托公司在营业网点、专业管理团队等方面均不具备竞争优势，促使美国信托行业开始探索信托的转型之路——针对高端客户提供财富管理服务。

尤其是 20 世纪 80 年代末，美股崩盘给经营贷款、证券投资等业务的信托公司造成沉重打击，进一步推动美国信托行业全面向经营财富管理的信托业务转型发展。由于多数信托公司选择独立账户管理的客户专业化道路，便于针对特定客户提供专属理财服务，也奠定了向高端财富管理转型的业务基础。这一时期还出现信托公司大规模并购基金公司及投资管理公司的现象，如 Fiduciary Trust International 与富兰克林邓普顿基金集团的合并即体现了强强联合的发展态势。美国信托转型发展的路径就是频繁的并购和被并购交易，如美国最大的信托公司北方信托自 1990 年以来，共进行了 18 次并购，进而实现丰富产品线、扩大客户资源和开拓经营地域的目的。

（二）美国信托行业的特点

从美国信托业发展的历程看，美国是特色鲜明的银、信兼营的典型代表国家。美国信托行业的主要特点表现为以下几个方面。

1. 混业经营、严格监管

美国信托业务经营机构包括专门的信托公司和兼营信托的商业银行。专门的信托公司数量少，业务量也不大。虽然美国银行实行的是混业经营，但兼营信托的商业银行内部银行业务与信托业务是严格分开、完全独立的，分别管理、分别核算，并严格规定信托从业人员不允许由银行从业人员来担任，还禁止参加银行工作的人员担任受托人或共同受托人。美国信托行业实行机构型监管和功能监管相结合的"双重多头"监管，"双重"是指联邦政府和州政府，"多头"是指多个部门负有监管职责，如金融监理局、证券交易委员会等。2008年金融危机后，暴露了美国金融监管制度的不足。2010年7月美国通过了《多德－弗兰克法案》，扩展了美联储监管职责，赋予其综合、跨业协调监管权限，并特别赋予美联储处理金融系统稳定问题的权力，监管模式从功能性监管转为集中监管、协同监管。

2. 美国信托业与证券业紧密结合

美国是全球证券交易最发达的国家，几乎所有的信托业务机构都办理了证券信托业务。尽管美国不允许商业银行买卖证券及在公司中参股，但商业银行为规避这种限制而设立信托部办理证券业务，信托业务机构或商业银行的信托部，既为证券发行人服务，也为证券购买人或持有人服务。并通过商务管理信托代表股东执行股东职能，在公司董事会中占有董事地位并参与重大决策，从而参与控制企业。

3. 适应社会环境变化不断创新产品

从美国信托行业发展的历程看，美国信托是由英国引入的，但后来居上，迅速赶超了英国，这与美国信托行业的不断创新密不可分。早期美国的信托主要是个人信托，不久就将个人信托扩展到法人信托，以及个人和法人混合信托；从民事信托转换为商事信托，并发展成为现代金融信托。美国信托行业紧跟社会环境变化，不断创新一些特色信托业务，提供精细全面的服务，较好地满足了各种不同需要，推动着信托行业的发展。美国信托特色业务主要包括隔代转让税信托、离婚赡养信托、自由裁量信托、离岸信托、表决权信托等，尤其是20世纪60年代推出的房地产投资信托（REITs），是金融信托与房地产业相融合的一种新形式，对美国房地产市场产生深刻的影响，并迅速被世界多个国家借鉴。

（三）主要启示

纵观美国信托业发展历程，初始就凭借信托的制度优势发展出具有金融属性的信托业务，逐渐推广到税务、保险、租赁、顾问、咨询等金融服务领域，再扩张到全球金融市场，成为全球信托行业的标杆，对我国信托行业转型发展有以下几点启示。

首先，要充分认识信托制度对经济、社会发展的作用。从美国信托业的发展历程看，信托以其特有的制度优势被广泛运用于社会经济生活的各个领域，是支持实体经济发展的重要资金来源之一。随着现代金融的发展，信托制度又被广泛应用于金融领域的各个层面。

其次，信托业要适应社会环境变化，并根据不同时期的市场特点，开发设计符合当时市场需求的信托产品，提供更加精细全面的产品和服务。美国信托业经历了从早期阶段到发展起步、快速发展，再到转型发展时期这四个阶段，但每个阶段所处的市场环境和发展需求都不相同，美国信托业发展的经验表明，只有适应变化，不断创新信托产品，满足不同的需要，才能不断推动信托业的发展。

再次，严格监管是信托业发展的前提。尽管美国金融实行混合经营，商业银行可以兼营信托业务，但银行业务与信托业务是严格分开的，相关部门制定了完备的管理制度，实行"双重多头"监管，并结合金融危机暴露的问题，不断改进金融监管，加强美联储的集中监管，从功能监管向协同监管转变。

最后，信托业向专业化、差异化转型是必然趋势。从美国信托业的发展历程看，目前我国信托业的情况与20世纪80年代美国信托业面临的情况非常相似，美国信托业成功转型的经验值得我国借鉴，未来我国信托公司要基于各自的资源禀赋和战略定位，回归信托的本源业务，增强主动管理能力，创新业务模式，紧紧围绕财富管理、资产管理等业务，大力向专业化、差异化转型，实现跨越式发展。

三、我国信托行业存在的主要问题

我国信托行业经过了40年的发展，历经六次清理整顿，几起几落。近几年来进入快速发展阶段,已成为除银行理财之外的最大资管机构。但对照国际成熟市场的情况,我国信托行业在发展过程中存在的主要问题是信托业务类银行化特征明显,没有很好地发挥出信托制度的优势。主要体现在以下几个方面。

1. 信托行业的规模增长主要依赖银行通道业务

近年来,信托行业规模增长较快。从规模构成看,2013～2017年,事务管理类资产规模占比呈现逐年上升趋势,截至2017年底,事务管理类信托资产规模15.65万亿元,是2013年的7.3倍,增长较快。事务管理类规模占比为59.62%,比2013年上升39.92个百分点。截至2018年第三季度末,事务管理类资产规模为13.61万亿元,占比58.82%,占比仍很大。信托行业规模的快速增长主要得益于事务管理类规模的快速增长,而事务管理类业务大多是银行的通道业务,信托成为资金融出方规避监管的通道,成为银行满足客户资金需求的一个重要辅助渠道。信托行业依赖银行的通道业务,虽然可以迅速做大信托业务规模,但也承担银行通道业务转来的风险。同时,信托行业过于依赖银行通道业务,也致使信托公司缺乏研究、创新的动力,直接导致信托行业资产规模增长与营业收入、人均创利增长不同步的情况。

2. 以类银行业务为主

近年来,资金信托资产规模在全部信托规模中的占比一直处在较高的水平,尽管呈现下降趋势,已从2013年的94.5%下降到2017年的83.47%,但占比仍较大,财产信托规模不足全部信托资产规模的两成。信托行业普遍热衷于做资金管理类业务,财产信托业务在我国尚处于起步阶段;从信托资金运用方式看,用于贷款的占资金信托规模的38.4%,占比较高。这些都在一定程度上反映出我国信托行业在发展定位上有所偏离,偏重于提供资金服务,而忽视了信托在财富管理方面的独特作用,这与国际成熟市场的情况差距较大。

3. 受经济环境影响，信托风险项目数和资产规模上升较快

由于我国信托行业具有类银行特征，受我国经济下行压力加大等多重因素的影响，近年来，信用违约风险有所上升。截至 2018 年第三季度末，信托行业风险项目 832 个，不良资产规模 2159.73 亿元，不良资产率为 0.93%，较年初上升了 0.43 个百分点，上升速度快。从不良资产占比看，集合资金信托不良规模 1387 亿元，占比 64.22%，占比较大；单一资金信托不良规模 733 亿元，占比 33.93%；财产权信托不良规模 399 亿元，占比 1.85%，占比较小。从不良率结构水平看，信托行业总体不良率低于商业银行贷款不良率，但集合资金信托不良率达到 1.5%，已超过大型商业银行贷款不良率水平。我国信托行业不良率快速上升的趋势，应引起信托行业的高度重视，信托行业在高速发展的过程中所隐含的风险不容忽视。

第二节　资管新规对信托行业的影响

此次出台的资管新规，有关信托行业的内容，不仅有总体的规范要求，如打破刚性兑付、净值化管理，还有具体业务规范的内容，如消除多层嵌套、规范资金池等，这些都会给信托行业带来巨大影响。

一、资管新规有关信托行业的内容

1. 关于打破刚性兑付和实行净值化管理

资管新规第六条规定，金融机构应当加强投资者教育，不断提高投资者的金融知识水平和风险意识，向投资者传递"卖者尽责、买者自负"的理念，打破刚性兑付。同时，在第十三条中明确，金融机构不得为资产管理产品投资的非标准化债权类资产或者股权类资产提供任何直接或间接、显性或隐性的担保、回购等代为承担风险的承诺；并在第十九条规定了刚

性兑付的四种认定情形，并要求对经认定存在刚性兑付行为的资管机构进行相应的惩处。

资管新规第十八条中明确要求，金融机构对资产管理产品应当实行净值化管理，净值生成应当符合企业会计准则规定，及时反映基础金融资产的收益和风险，由托管机构进行核算并定期提供报告，由外部审计机构进行审计确认，被审计金融机构应当披露审计结果并同时报送金融管理部门。

2. 关于合格投资者标准

资管新规第五条中明确了合格投资者的具体标准，具体如下。

A. 具有2年以上投资经历，且满足以下条件之一：家庭金融净资产不低于300万元，家庭金融资产不低于500万元，或者近3年本人年均收入不低于40万元。

B. 最近1年末净资产不低于1000万元的法人单位。

C. 金融管理部门视为合格投资者的其他情形。

3. 关于计提风险准备金标准

资管新规第十七条规定，金融机构应当按照资产管理产品管理费收入的10%计提风险准备金，或者按照规定计量操作风险资本或相应风险资本准备。但后者规定并没有明确。

4. 关于通道业务

资管新规第二十二条明确，金融机构不得为其他金融机构的资产管理产品提供规避投资范围、杠杆约束等监管要求的通道服务。资产管理产品可以再投资一层资产管理产品，但所投资的资产管理产品不得再投资公募证券投资基金以外的资产管理产品。

5. 关于规范资金池业务

资管新规第十五条规定，金融机构应当做到每只资产管理产品的资金单独管理、单独建账、单独核算，不得开展或者参与具有滚动发行、集合运作、分离定价特征的资金池业务。为降低期限错配风险，金融机构应当强化资产管理产品久期管理，封闭式资产管理产品期限不得低于90天。资产管理产品直接或者间接投资于非标准化债权类资产的，非标准化债权类资产的终止日不得晚于封闭式资产管理产品的到期日或者开放式资产管理产品的最近一次开放日。资产管理产品直接或者间接投资于未上市企业股权及其受（收）益权的，应当为封闭式资产管理产品，并明确股权及其受（收）益权的退出安排。未上市企业股权及其受（收）益权的退出日不得晚于封闭式资产管理产品的到期日。

二、资管新规对信托行业的影响

我国信托行业经过快速发展，已成为继银行之外的最大资管机构，此次出台的资管新规，不仅统一了资管产品的监管标准，更为重要的是直击困扰信托公司业务的两大难题——信托行业刚性兑付和净值化管理，尽管延长过渡期给信托行业提供了开展打破行业刚兑及信托产品的净值化设计的缓冲时间，但资管新规对信托行业将产生深远的影响，应引起重视。

（一）对信托行业的整体影响

1. 打破刚性兑付将从根本上改变信托行业现有生态格局

我国信托行业不仅类银行特征比较明显，且监管部门也是按管理银行金融机构方式对其进行严格管理的。在资管新规出台前，为了防范化解信托公司风险，2014年4月，银监会曾下发《关于信托公司风险监管的指导意见》。该意见明确指出，信托公司股东应承诺或在信托公司章程中约定，当信托公司出现流动性风险时，给予必要的流动性支持。信托公司经营损失侵蚀资本的，应在净资本中全额扣减，并相应压缩业务规模；或由股东及时补充资本，并逐步推进实施"有限牌照"管理。由于目前全国仅有68家信托公司，信托牌照仍然具有极高的含金量。因此，无论是信托公司还是信托公司的股东都十分重视对信托公司声誉的维护，一直在权衡打破刚性兑付的得失，这是当前信托行业普遍实施刚性兑付的主要原因。资管新规明确了打破刚兑要求及相应违规行为的处罚机制，将打破这种平衡，这不仅改变了目前信托公司与投资者的关系，直接冲击现有信托募集资金方式，同时也影响到未来监管部门对信托公司的管理方式和内容，以及信托公司股东将承担的责任和义务。打破刚性兑付改变了信托行业现有的生态格局，对信托行业影响巨大。

2. 提高合格投资者标准将增加信托公司直接募集资金的难度

资管新规对合格投资者规定的标准比银监会《信托公司集合资金信托计划管理办法》（2009年修订）中规定的标准要高，不仅增加了"家庭金融净资产"的标准，同时还将"家庭金融资产"的标准从原来的100万元提高到500万元，去掉了"个人收入在最近三年内每年收入超过20万元人民币"标准，并将近三年个人年收入标准从30万元提高到40万元。资管新规提高了参与信托业务投资者的准入门槛，这可能会导致信托行业的潜在客户有所减少，提高信托公司募集资金的成本和工作难度，但也有利于信托公司甄别出具有较高抗风险能力的投资者，以应对破除刚兑的要求。

3. 提高风险准备金标准将增强信托公司资金实力

资管新规对"按照规定计量操作风险资本或相应风险资本准备"的规定并不是十分明确。目前，信托公司执行的是《信托公司管理办法》第49条的规定，信托赔偿准备金按净利润的5%提取，若赔偿准备金累计达公司注册资本20%以上可以不再提取。信托赔偿准备金与风险准备金的性质相似，资管新规并非要求在此基础上进行双重计提，而是由金融监督管理部门按照资管新规的标准，在具体细则中进行规范，具体实施要求还有待配套制度明确，但可以肯定的是标准会有所提高。按资管新规要求计提比原来的计提办法需要提取更大金额的风险准备金，会导致信托公司可分配利润减少，但也会造成更多的资金处于沉淀状态，增强信托公司资金实力。

（二）对信托业务的影响

1. 消除通道和嵌套将挤压现有信托业务规模

资管新规关于消除通道和嵌套的规定，将直接限制目前很多银信合作的通道业务，使信托公司开展通道业务较以前难度加大。一方面，信托公司的通道业务面临更多的竞争，各类金融机构都会大力争夺通道业务。另一方面，信托公司也面临更大的合规压力和监管压力，需要面对金融监管部门对通道业务的合规性、穿透性检查。这将直接挤压信托行业的规模，以通道业务为代表的银信业务规模势必会大幅缩减。

2. 规范资金池对信托公司流动性管理提出了更高要求

以前信托公司为了解决流动性、项目期限与资金期限不匹配等问题，存在一定量的资金池业务，资管新规对于资金池问题进行了明确规定，2018年4月，在信托业监管会议上，监管部门明确提出，限期三年内清理信托公司非标资金池业务。清理非标资金池业务，不仅要做好存量资金池的消化处理问题，同时对信托公司流动性管理提出了更高要求，由此将对信托公司的交易结构设计及业务项目管理等各方面造成影响。

第三节 信托行业面临的挑战与发展趋势

在加强金融监管的大背景下，2017年以来，我国信托行业主要业务模式逐渐发生变化，尤其是资管新规出台以来，信托行业传统的三大业务领域市场空间正逐步被压缩，房地产市场受国家宏观调控逐步降温，基础产业领域受地方债务控制，银信合作模式更是被重点关注，信托行业正面临严峻的挑战。

一、信托行业面临的主要挑战

资管新规关于打破刚性兑付、禁止资金池操作、控制分级比例、提高合格投资门槛、净值化管理等一系列要求，旨在规范金融机构资产管理业务，统一同类资产管理产品监管标准，防控金融风险，对整个信托行业的发展将产生深远影响。信托行业如何在强金融监管的要求下突出信托行业的特色和优势，实现信托行业长远健康发展，是当前信托行业必须面对的问题。新时代下，信托行业面临以下五大挑战。

1. 行业整体发展环境发生变化的挑战

资管新规的出台，标志着资管市场进入统一大监管时代，资管行业将在统一监管标准下同台竞争，资管机构间的竞争将加剧。尤其是资管新规对商业银行理财业务的规范，新设的商业银行理财子公司将全盘承接银行所有理财业务功能，其经营范围不仅包括公募理财，还包括私募理财，同时还包括咨询和顾问业务，涵盖了信托公司全部的经营范围，具有更大的优势，这将大大削弱信托公司传统优势，银行理财子公司给信托行业带来的挑战不可低估。信托行业要密切关注银行子公司的发展动向，并积极采取措施予以应对。

2. 业务调整转型的挑战

目前，一些信托公司的通道业务占比规模大，在过渡期内进行业务调整的难度高。还有一些信托公司的资金池业务，需按照要求三年内清理信托公司非标资金池业务，也面临一定的调整压力。同时，所有的信托公司都将面临未来业务如何转型发展的问题，这对信托公司在项目前期尽调、交易结构设计、项目营销、项目管理、信息披露、项目风险管理提出更高要求。信托公司如何利用自身的禀赋优势，确定自身的展业思路，尽快构建自己的核心竞争力，是当前信托行业面临的最大挑战。

3. 信托资产规模萎缩的挑战

2017年12月，《关于规范银信类业务的通知》（银监发〔2017〕55号）对银信类业务定义及银信通道业务定义进行了明确，并对银信类业务中商业银行和信托公司的行为进行规范。此次出台的资管新规关于消除通道和嵌套的规定，将直接限制目前很多银信合作的通道业务。由于银信通道业务受限，而目前信托行业主动管理规模的增长速度短期内很难弥补通道业务的下降规模，将导致信托行业管理资产规模短期内出现下降。从2018年的情况看，信托资产规模下降的趋势已经显现，截至2018年第三季度末，信托行业规模已经连续三个季度出现下降，比年初下降近12%，未来下降到什么水平，尚不确定。这是目前信托行业必须面对的一个挑战。

4. 资管行业间及行业内部竞争加剧的挑战

银信合作的通道业务受到限制后，信托行业对于个人投资者的开拓竞争将会更加激烈，这些都会增加信托公司拓展资金规模、推进产品销售的难度，信托资金来源短期内将受到一定不利影响，信托募集资金成本和工作难度将加大。同时，资管新规统一管理标准，行业分割将被打破，银行、证券、保险等资管机构对信托行业的冲击会进一步加剧，资管行业之间的竞争将有所加剧。同时，信托行业内部也将竞争、分化加剧，部分信托项目兑付压力较大的信托公司持续面临监管、流动性等因素制约，与行业领先公司的差距将会拉大。

5. 有效防范风险的挑战

受我国经济下行压力加大等多重因素影响，2017年以来，信用违约风险事件频发。资管新规出台，虽解除了信托刚性兑付潜规则的束缚，但也限制了信托公司延缓风险暴露的手段。随着信托行业不良率快速上升，信托公司面临着如何维护与投资者关系的难题，承受着打破刚性兑付对投资者带来的极大负面压力，信托行业既要管理好企业声誉风险，还要面对如何加强不良资产的管理问题。违约项目的增多，将进一步削弱信托行业的盈利能力。如何构建兼具效率、合法有效的风险项目化解机制，是信托公司目前面临的一个大挑战。

二、信托行业发展趋势

信托是一种特殊的财产管理制度和法律行为，是指财产所有人基于信托将财产交给受托人占有、使用、处分，但是约定将利得财富交给特定的人或用于实现特定的目的的制度，它是一项更为有效地进行财产转移与管理的制度设计。但我国在信托行业的发展过程中，并没有很好地利用信托的制度优势。对照国际成熟市场的经验，结合资管新规的要求，未来我国信托行业的发展趋势主要有以下几点。

1. 加速回归信托的本源，向财产管理转型

信托公司经过在资产管理市场的多年积累，已在服务客户特别是高净值客户方面积累了一定经验，能够为客户提供多样化产品、资产配置的多种解决方案等。作为一项独特的财产制度，信托制度具有其他制度不可比拟的创新性和灵活性。从国际成熟市场发展经验看，发达国家的信托机构逐渐完成了从资产管理机构向资金融通机构再到财富管理机构的转变。随着资管新规及其配套制度的落地，我国信托行业将加快回归信托本源，从现在提供资金融通业务的类银行机构，向"受人之托，履人之嘱，代人理财"的财产管理机构转型。未来信托行业要不断提升主动管理能力，有效发挥信托机构在财产独立性、风险隔离方面的优势。尤其是，信托公司相比于其他资管机构在财富管理特别是高端财富管理领域，具有更强的制度优势。目前，行业内不少信托公司已加快对家族信托业务的布局。由于历史传承基础、业务人才构成、资源优势的差异，不同的信托公司向财富管理转型的方向和重点都有所不同，但大趋势是不会改变的。

2. 加速向模式基金化、产品标准化、收益净值化、交易流通化转型

资管新规统一资管产品监管标准，要求金融机构对资产管理产品实行净值化管理，打破刚性兑付。尽管信托业务作为私募产品实行基金化、净值化管理难度较大，但随着资产支持票据新规的落实、信托登记系统正式上线运行以及资管新规配套制度的落地，信托公司产品模式的基金化、标准化、净值化、流通化已成必然。基金化是净值化的前提，标准化是流通化的基础，流通化是标准化的最终落脚点，也是释放风险、化解刚性兑付的关键。预计未来，经营模式基金化、产品设计标准化将成为信托行业的发展方向。一方面，基金化业务要求信托公司在传统的债权融资业务外，更多地对接权益类资产的投资，有利于倒逼信托公司加强主动管理，提升投资能力；另一方面，随着刚性兑付被打破的预期增强，信托公司通过这

种基金化、标准化的产品设计，可以利用组合投资有效分散风险，摆脱过去单一产品带来的集中风险，逐渐实现向净值型产品的过渡。

第四节　信托行业调整与转型

一、信托行业面临的机遇

1. 居民财富快速增长，居民对财富管理的需求旺盛

我国改革开放 40 年来，随着经济快速发展，居民收入连续跨越式提升，我国高净值客户数量迅猛增长，已成为全球仅次于美国的高净值家庭数量第二多的国家和地区。根据公开信息，2017 年我国高净值家庭总规模数量达到 161 万，可投资资产家庭数量为 82 万。预计到 2022 年，我国高净值家庭总规模数量约为 387 万，可投资资产家庭数量达 137 万。在中国的高净值财富管理市场上，特征十分明显：一方面，高净值人群快速增长，来源更加多样化；另一方面，最早的一批高净值人群开始面临代际传承的问题。对于高净值人群来说，面临的最大挑战是，资产配置如何在实现财富长期、跨代保值增值与应对金融市场短期波动之间取得平衡。随着中国高净值人群的增加，可投资资产家庭数量快速增长激发财富管理旺盛需求，我国居民财富市场将成为资管蓝海。未来，信托行业在财富管理领域的发展空间巨大。

2. 信托在财富管理和传承上具有不可比拟的制度优势

与其他资管机构相比，信托在多工具、多市场、跨领域资源配置等方面具有不可比拟的优势。信托业可以在服务实体经济的过程中，采用债权融资、股权投资、投贷联动、产业基金、资产证券化等多种方式，将制度

优势转化为综合金融服务的能力，为实体经济提供全方位多角度的金融服务，更好地助力产融结合，发挥金融对经济结构调整和转型升级的支持作用。同时，信托制度具有独立性、灵活性、稳定性和安全性等特点，面对日益崛起的财富管理市场，信托业还可以创建丰富的产品线，不论是动产还是不动产，物权还是债权，只要来源合法，都可以作为信托财产设立信托。委托人还可以通过创设信托产品实现资金增值保值、家族财富传承、养老、慈善公益等目的。信托可满足投资者多样化、特色化和个性化的投资需求，为居民财富的保值增值提供更为丰富的途径。

3. 信托监管体系完善具有规范发展的良好基础

我国监管部门十分关注信托行业发展和防范信托业风险问题，历经六次清理整顿，信托行业一直处于严监管下。自2014年以来，信托业监管政策纷纷出台，监管体系不断完善。2015年正式成立了代表信托行业公共安全体系的信托保障基金，出台了《信托业保障基金管理办法》；2016年，中国信托登记有限责任公司获准成立，信托行业重要基础设施迈出关键性的一步；2017年，监管部门发布《信托公司监管评级办法》《慈善信托管理办法》，构建信托业务分类体系，相对于市场上其他资管机构而言，信托业早已处在相对完善的监管体系之下。资管新规的发布，不论从资管财产的独立性、单独管理、单独核算、规范销售还是从合格投资人的标准和去刚兑等方面来看，都是信托公司多年来既有的制度设计，资管新规的相关要求对信托行业而言是一种重申。新规也拉齐了同类资管业务的监管标准，资管机构间的竞争环境将更加趋于公平公正，这对于过去相对更严监管之下的信托公司来讲，优势反而凸显，完善的监管体系为信托行业规范发展奠定了良好的基础。

二、信托行业调整与转型的方向

随着资管新规及其配套制度的落地，信托行业将面临较大的转型压力，信托公司要认清形势，审时度势，认真分析自身优劣势，充分利用自身资源禀赋，加快转型发展的步伐。

（一）信托行业转型发展的大方向

1. 从粗放经营向深耕细作的特色业务转型

十九大报告指出，我国经济已由高速增长阶段转向高质量发展阶段，正处在转变发展方式、优化经济结构、转换增长动力的攻关期。从近几年信托行业发展情况看，我国信托业与宏观经济基本保持协调发展，信托资产规模经过高速增长后增速有所放缓。在宏观经济发展模式转变和强金融监管、防范化解金融风险的形势下，信托行业粗放经营、高速增长的局面已经发生改变。目前，信托行业面临的挑战是严峻的，银信通道业务受到限制，银行理财子公司比信托公司更有资金渠道优势，信托行业在大资管的竞争中将处于不利的局面。信托行业要加快转变经营观念，彻底改变粗放式经营方式，围绕信托传统优势业务，深耕细作，不断提高主动管理能力，切实加强风险防范体系建设，尽快打造能发挥信托制度优势的特色业务，全面提升在资管行业中的竞争力，信托行业才能摆脱目前的困境，实现可持续发展。

2. 从资金融通向资产管理和财富财务服务转型

我国目前信托行业的情况与美国20世纪80年代信托行业的发展情况十分相似。20世纪80年代以前，美国对存款利率实行管制，较高的利差使得银行借贷业务盈利可观，信托公司以开展类银行业务为主。而后，随着利率市场化和直接融资比例上升，信托公司融资类业务遭受挤压；而富裕阶层和高净值群体规模扩大，为财富管理业务搭建了良好的客户基础。在这种市场环境下，美国信托行业开始逐渐向资产托管、财富管理转型，并取得成功，美国信托业成为当前全球信托业的标杆。我国信托行业要借鉴国际成熟市场发展经验。随着我国居民生活水平的提高、高净值群体规模的不断增大，财富管理的市场需求逐渐增加，相对于商业银行开展的私人银行业务，信托业务的本源是对委托人的财富进行专业化管理，信托行业要充分利用自身的制度优势，大力拓展资产管理和财富管理业务，加强与律师事务所、会计师事务所等专业中介机构合作，为客户提供金融法律、资产管理和财富传承等专业化服务，主动寻找新的业务增长模式，才能实现信托行业长远健康发展。

（二）不同信托公司的转型方向

我国现有68家信托公司，由于各个公司的基础条件不同，发展定位和战略目标存在差异，发展水平也不同，转型发展选择的方向和路径要结合自身资源禀赋和自身实际情况，因地制宜。从短期策略看，当前信托公司的首要任务是利用过渡期的有限时间，在保持业务规模有序压降的同时，抓住家族信托、资产证券化、财产权、慈善信托等不受限信托业务，巩固信托主业，探索新业务模式，构建更加柔性的内部管理基础，适应不断变化的资管业务监管形势，重点是稳定业绩增长；培育"蓝海"业务，部分对冲不合规业务减少所带来的规模和业绩下降的双重压力。从中长期策略看，信托公司必须从以产品为中心向以客户为中心转变，构建以客户为中心的业务模式，从客户需求出发，针对不同层次的客户需求和偏好开展产品设计和供给，加强产品研发的针对性，进行精准营销，提高资金端和资产端的匹配效率，形成适销对路的资管产品，完善全面风险管理体系建设，构建资管新时代下的核心能力。

1. 大型信托公司可选择向资产证券化等方向转型

资产证券化（ABS）起源于20世纪60年代的美国，发展到现在，ABS包括其衍生的MBS等相关品种已占超过美国债券市场三分之一的份额，成为第一大券种。我国资产证券化尚处于起步阶段，2014年底银监会、证监会推出资产证券化的备案制，自2015年起，我国资产证券化发行呈现井喷式增长，目前已形成了分别由央行与银保监会、证监会和交易商协会监管的四类资产证券化产品——信贷ABS、企业ABS、资产支持票据（ABN）和项目资产支持计划。由于信托具有破产隔离的特点，信托公司从事ABS业务具有天然优势；在ABN方面，信托公司可以直接作为发行方参与企业的资产证券化；在交易所 ABS 方面，虽然不能直接发行，但信托公司可以与券商资管或基金子公司合作，作为双管理人之一。金融机构、中央企业、地方政府控股的大型信托公司，可充分利用股东以及股东体系内的银行理财子公司、券商、基金公司等资源，发挥在项目获取方面的较强资源优势，可选择向资产证券化方向转型，大力拓展信托受益权资产证券化业务，抓住信托型 ABN 产品业务机会，全程参与尽职调查、产品设计和发行以及信息披露等整个产品周期，控制资产端核心资源；深度参与信托型 ABN 产品的创设、管理和销售；提高专业能力及合规意识，实现从被动的"通道"角色向主动管理者的蜕变。

2. 中小型信托公司可选择向家族信托等特色业务转型

我国信托行业发展几经起伏，现有 68 家信托公司平均注册资本为 35.60 亿元，与其他金融机构相比资本实力不强，中小规模信托公司数量较多。在转型发展中，中小规模的信托公司向"小而美"发展也不失为一种选择。我国经过改革开放 40 年的发展，造就了一大批家族富豪，家族财富传承已成为家族富豪十分关心的问题。中小信托公司虽在管理规模、资金来源、业务多样化等方面与大信托公司相比相对较弱，但中小型信托公司具有机制灵活的优势，可选择向细分市场优势业务转型。尤其是民营控股的信托公司，应充分利用民营企业股东资源，拓展家族富豪客户群体，重点向家族信托、PPP 信托、慈善信托等转型。同时，发挥中小信托公司与地方联系紧密的优势，积极拓展所在区域的特色信托业务，探索出一条差异化的转型发展道路。

第十二章
人工智能在资管行业的应用前景

在资产管理领域，人工智能技术受到的关注也越来越多，并且已经开始影响资产管理的诸多方面。一方面，初创型公司和科技公司积极依托大数据分析和人工智能技术上的优势涉足资产管理领域；另一方面，传统的金融机构也积极拥抱人工智能技术，争取在人工智能时代取得先机。

第一节 金融科技对资管行业的影响

金融科技的发展很可能是决定未来资产管理行业竞争力的重要因素，大数据、云计算等新技术的广泛应用给资产管理行业带来了巨大影响。

一、金融科技创新背景下资管行业的发展趋势

金融科技给资产管理行业带来了巨大影响。

一是降低了信息的不对称性，产品信息和研究信息可以利用互联网快速传播，客户和资管机构获取的信息趋同，获取信息的成本也大大降低。二是提高了信用违约成本，互联网快速提升了信用信息的透明度和可得性，提高了融资方违约的成本。三是降低了行业壁垒，加速金融行业与非金融行业的深度融合，非传统金融机构依靠渠道和场景优势，将有更大的机会跨界进入资管行业。四是改变了资源配置流程，由过去依赖于价格信号调控，改为利用大数据实时、直接地获取细分的客户群体偏好，提供定制化服务，避免信息滞后和期限错配。

资产管理的价值链上，各个环节的展业方式均由于技术创新的"赋能"而发生了深刻的变化。在资产获取、投资管理环节，改变了基础资产的构成，纳入了 P2P、股权众筹等新的基础资产类型；改变了资产估值方式，更关注关系链、数据和生态系统；改变了风险管理方式，基于大数据进行风险识别和预判；改变了投资决策的方式，依靠新技术实现策略的一

致性、连续性、高效性以及低成本、定制化。在产品分销、财富管理环节，改变了分销方式，通过互联网渠道大幅降低分销成本和理财门槛；改变了投资体验，购买流程更加便捷、定制化服务平民化、投资透明度和主导性提高。在资产服务环节，改变了服务对象，增加了大量创新业态；改变了服务方式，以云和数据为基础，高效灵活。

从现阶段的情况看，资管行业对金融科技发展可能引发的革命重视程度不足。许多资管机构目前的投入主要集中在服务的自动化，忽略了在技术推进过程中市场格局也在不断发生变化。对新兴科技重视程度不足可能会导致传统资管机构流失大量客户，并错失金融科技带来的"理财服务平民化"的机会。因此，提高对金融科技的重视，不断采取新技术实现金融科技和实际业务的融合，对于资管机构自身以及整个资管行业的发展均具有重要的意义。如果能充分利用金融科技，不断推动业务创新，在防止被市场淘汰的同时可以实现业务的迅速赶超。

未来，金融科技的发展将不断推进各类资管行业做出改变。区块链、智能投顾等在跨境支付、借贷、清算等方面的应用前景广阔。其中，智能投顾作为人工智能在金融领域的应用，将成为资管行业下一个新的突破点。目前国际上已经出现投资推荐、财务规划和智能分析三大类产品。这些产品具有门槛低、费用低、信息透明度高等特点，因此极有可能引发传统资管行业业务经营模式的变革。此外，包括移动支付的全面兴起以及互联网金融业务的逐步成型，传统资管业务的经营模式也会受到冲击。在信息化、数字化的大背景下，资管行业应当搭乘科技进步的便车，不断与新兴科技相融合，将各类新兴技术嫁接至既有业务，同步实现业务的转型升级。

二、人工智能与推动金融服务普惠性发展

人工智能与资产管理业务相结合将推动金融服务更具普惠性。相比于美国庞大的代客理财市场，中国的投资者更愿意自己操盘，投资工具比专业人

士更能满足散户的需求。人工智能将原本专业人士使用的投资工具带给了散户，在金融知识储备有限的情况下散户依然可以进行量化投资和资产配置。

财富管理方面，目前大众富裕阶层投资渠道较为有限而且相对集中，传统的二级市场投资如股票和债券，一般需要耗费大量的时间与精力用于研究，还需承担股市波动性可能潜在的投资损益；基金产品花费较多精力去跟踪以及筛选，而且集中持股的风险也并未因此而分散化；房地产投资则需要前期大额资金，而且要面临相应政策监管、市场价值波动以及租金不稳定等风险；相较于其他理财产品，信托产品投资门槛高，而银行理财产品预期收益率持续下滑，这些也导致用户难以省心又省力，获得投资收益相对合理的理财产品与服务。

人工智能门槛低、收费低，还能够按照不同年龄段和不同收入状况的投资者群体的风险承受能力、投资目标给予不同类别资产以及投资建议。因此，为长尾客户提供普惠式的投资顾问服务，将有效填补财富管理版图的空白地带，实现真正意义的普惠金融。

预计未来几年，行业采纳推广智能投顾的态势将延续，从而带动整个智能技术市场的创新以及普及度提升，智能投顾技术有可能成为财富管理行业标配技术和服务之一。

智能投顾是资产管理行业的有力改善和补充，而非颠覆和取代。智能投顾在高净值客户财富管理市场上，更多扮演着工具的作用，利用智能投顾将后台功能简化、财富管理数字化、资产建议智能化，帮助财务顾问更好与更有效地服务其客户。未来资产管理机构的核心竞争力是为客户提供更为个性化、精细化的综合理财服务，同时实现客户数量增加，加强其与客户的信任关系。智能投顾的渗透率将不断提升。

目前我国资产管理规模约为 110 万亿元人民币，如果在 3 年内达到美国目前 0.5% 的渗透率，资产管理规模约为 5000 亿元人民币。而随着资产管理规模的进一步提升和智能投顾业务的不断渗透，未来 5 年内管理资产规模突破万亿元是很容易实现的，智能投顾行业发展前景广阔。

第二节 人工智能在资管行业的应用

资管行业的发展历程同时伴随着科技升级与商业模式变革,科技为资管赋能可划分为三个阶段,即"IT+资管阶段"、"互联网+资管阶段"和正在经历的"人工智能+资管阶段"。

"IT+资管阶段"主要是资管行业通过信息系统实现办公业务的电子化与自动化,增强数据交互能力并提高服务效率。"互联网+资管阶段"是资管机构利用互联网平台与移动智能终端汇集海量用户数据,打通各参与方信息交互渠道并变革金融服务方式。而到了"人工智能+资管阶段",则是基于新一代人工智能技术辅助资管行业,削弱信息不对称性并有效控制风险,降低交易决策成本,充分发掘客户个性化需求与潜在价值。

一、人工智能在资管中应用的技术

人工智能在资管行业的相关场景中,以机器学习、知识图谱、自然语言处理、计算机视觉这四项技术应用较多。

机器学习(尤其是深度学习)作为人工智能的核心,是资管行业各类智能应用得以实现的关键技术,具有极其重要的作用。深度学习技术作为机器学习的子类,通过分层结构之间的传递数据学习特征,对各类金融数据具有良好的适用性。目前长短期记忆神经网络、卷积神经网络、深度置信网络、栈式自编码神经网络等算法在股票市场预测、风险评估和预警等方面进行了相关应用。

知识图谱利用知识抽取、知识表述、知识融合以及知识推理技术构建实现智能化应用的基础知识资源。在反欺诈领域中,对信息的一致性进行检验,提前识别欺诈行为。在营销环节中,可以链接多个数据源,形成对用户群的完整描述，帮助客户经理制定出具有针对性的营销策略。在投资研究中，可以从公司公告、年报、新闻等文本数据中抽取关键信息，辅助分析师、投资经理做出更深层级的分析和决策。

自然语言处理通过对词、句子以及篇章进行分析，对于客服、投研等领域效率提升提供了有力支撑。在自然语言处理技术中，自动分词可以将金融报表中的格式化语句进行拆分，通过词性标注为每个词赋予词性标记，然后结合句法分析研究标准词组的内在逻辑，进而对研报进行自动化读取与生成工作。

计算机视觉技术通过运用卷积神经网络算法在身份验证和移动支付环节被广泛应用。在身份验证方面，通过前端设备的人脸关键点检测、人脸特征提取并与云端服务器数据进行信息比对。在移动支付方面，通过分析人的面部特征数据和行为数据调用相应算法从而进行更为快捷安全的支付。

二、人工智能在资管中应用的场景

人工智能可应用于多种资管行业相关场景，如智能投顾、智能客服、智能风控、智能营销、智能投研等。

1. 智能投顾

智能投顾曾被称为机器人投顾，是指利用大数据分析、量化金融模型以及智能化算法，并结合投资者的风险承受水平、财务状况、预期收益目标以及投资风格偏好等因素，为其提供多元化、自动化、个性化的智能理财服务，包括但不限于个人理财产品策略咨询、股票配置、基金配置、债权配置、交易执行、投资损失避税等。2008年金融危机让华尔街传统金融机构面临巨大的信任危机和全新的监管政策，而以Betterment和Wealthfront为代表的新兴资产管理业态——智能投顾涌现了出来，通过先进的数字化科技手段，降低投资者门槛，为用户提供个性化、智能化、低费用的理财服务，成为财富管理行业的新搅局者。

2. 智能客服

智能客服包括7×24小时机器人客服，用人工智能取代传统菜单式语音+人工客服模式，还包括金融机构网点分流引导式服务机器人等。智能客服基于大规模知识管理系统，面向资管行业构建客户接待、管理及服务智能化解决方案。在与客户的问答交互过程中，智能客服系统可以实现"应用－数据－训练"闭环，形成流程指引与问题决策方案，并通过运维服务层以文本、语音及机器人反馈动作等方式向客户传递。此外，智能客服系统还可以针对客户提问进行统计，对相关内容进行信息抽取、业务分类及情感分析，了解服务动向，把握客户需求，为企业的舆情监控及业务分析提供支撑。

3. 智能风控

智能风控是运用多种人工智能技术，全面提升风控的效率与精准度。风险作为资管行业的固有特性，与金融相伴而生，风险防控是传统金融机构面临的核心问题。智能风控主要得益于以人工智能为代表的新兴技术近年来的快速发展，在反欺诈、异常交易监测、违规账户侦测、风险定价、客户关联分析等领域得到广泛应用。传统的风控手段是被动式管理，以满足合规监管要求为目的，智能风控则是主动式管理方式，依托新技术进行监测预警。

4. 智能营销

智能营销是用人工智能的方式，改变传统营销模式，提供个性化营销服务。传统的资产管理营销主要以实体网点、电话、地推沙龙等方式将金融相关产品销售给潜在客户，这些营销方式容易产生对市场需求把握不够精准的问题，还有可能使客户产生抵触情绪，而且标准化的产品无法满足不同人群的需要。智能营销利用深度学习相关算法，对客户的交易、消费、网络浏览等行为数据进行模型构建，实现线上社交渠道智能获客、线下活动透视分析获客、销售报表自动生成智能分析等功能，帮助资管机构与渠道、人员、产品、客户等环节相连通，从而可以覆盖更多的用户群体，为消费者提供千人千面、个性化与精准化的营销服务，并大幅降低营销成本。

人工智能用户画像和智能客服等技术可以提升资产管理机构的产品营销水平。首先,通过用户画像,可以更好地了解用户的风险偏好,理解用户的理财目标和对资金的需求,据此,给用户设计更合适的产品和服务。其次,通过人工智能客服,可以有效地降低资产管理机构销售部门的人力成本。

目前,资产管理行业了解用户风险偏好的主要方法是发放调查问卷,根据用户的回答计算风险偏好。这种方法存在一些问题。一方面,用户可能并不了解自己的真实情况,而且对投资风险和收益的认识不够深入,回答的内容可能并非用户的客观情况;另一方面,用户可能认为风险偏好的测评不重要,存在粗略作答甚至随便填写的情况。因此,通过调查问卷获取的用户信息存在大量"噪声",基于这种方法获得的风险评估可能并不准确。智能营销通过提取用户投资交易等核心数据,分析用户投资习惯、品种偏好以及风险承受能力等深度信息,进而有针对性地展开产品营销活动,从而提高营销成功率。

除了金融机构积累的用户数据,其他日常生活中的用户行为数据也可以用来评估用户的行为。

例如,Sqreem 公司通过人工智能技术获取和分析投资者的行为数据,帮助资产管理机构根据投资者的行为预测投资者最需要的产品和服务。Sqreem 给高净值客户建立了详细的个人信息档案,绘制了高净值客户的年龄、兴趣、交易行为、购物记录、社交活动等方面的信息,包括他们平时使用哪家银行。基于这些信息,Sqreem 可以研发各种模式,并且让销售部门跟进客户需求。目前,BlackRock、富国银行、汇丰银行和瑞士联合银行等都是 Sqreem 的客户。其中,瑞士联合银行早在 2014 年就采用 Sqreem 的人工智能技术向高净值客户提供定制化的投资建议。

5. 智能投研

智能投研可以克服传统投研模式弊端,快速处理数据并提高分析效率。目前中国资产管理市场规模近 150 万亿元,发展前景广阔,对投资研究、资产管理等服务效率与质量提出了较高的要求。智能投研以数据为基础、算法逻辑为核心，利用人工智能技术由机器完成投资信息获取、数据处理、量化分析、研究报告撰写及风险提示，辅助金融分析师、投资人、基金经理等专业人员进行投资研究。智能投研能够构建百万级别的研究报告知识图谱体系，克服传统投研流程中数据获取不及时、研究稳定性差、报告呈现时间长等弊端，扩大信息渠道并提升知识提取及分析效率，在文本报告、信息搜集等细分领域形成广泛应用。智能投研的终极目标是实现从信息搜集到报告产出的投研全流程整合管理。

三、人工智能与资管机构的结合方式

基于开放的技术平台、稳定的获客渠道与持续的创新活动，资管机构的行业资源优势与互联网科技公司的技术沉淀优势相结合，重新定义价值链创造模式，在提高客户使用效率与服务满意度的同时，重建新型商业逻辑，推动双方价值资源共享，逐步形成"人工智能+资管行业"的生态与市场格局。人工智能与资管机构的结合方式主要分为科技赋能、合作、资管机构收购或创立人工智能相关业务三种模式，且各有利弊。

1. 科技赋能

科技型公司通过自主开发模型、算法以及软件的形式打造其人工智能技术，通常是科技巨头或细分领域标杆企业对外输出技术能力。优点是可以更大限度地实现更多创造性功能，可以根据自身情况提供差异化服务，能更好地服务于公司定位的消费客户。缺点是开发周期长而且耗费资金与精力多，产品未经过市场检验而不受认可，缺乏团队来做相应的研发工作，产品推出太慢而错过行业快速增长机会。

2. 合作

互联网技术企业与金融机构合作形成新服务模式。尤其是对于传统中小金融公司而言，如果无力自行开发人工智能功能或者收购相关企业，与B2B

人工智能公司合作则是实现双方共赢的优质选择。资管机构提供标准化的产品，增强自身财务顾问功能拉拢客户，而人工智能企业则可以将更多精力放在产品研发上，能够提供更好的服务产品。合作模式的缺点在于中小金融机构所提供的智能投顾产品比较单一化、大众化，差异化竞争力较弱，而且合作关系的磨合以及潜在利益不同也可能使得合作模式产生一定风险。

3. 资管机构收购或创立人工智能相关业务

2015年以来，传统大型金融机构纷纷涉足人工智能领域，最快速简便的方法便是收购技术成熟的人工智能公司，快速切入人工智能领域，一方面获得其客户群体，另一方面将人工智能产品提供给自身客户，快速补充公司产品线，如高盛和贝莱德等。不过，这些收购人工智能公司的传统知名金融公司，若想获得更好发展，不仅要考虑如何更好地整合人工智能以及原有业务，还要考虑如何更好地发挥人工智能对于传统金融的辅助作用。

还有部分传统大型金融平台，如嘉信理财和先锋基金等，为了更好地发展其自身原有业务、提供更具备竞争力及个性化的产品，而选择进行自主开发人工智能相关功能，如智能投顾等。

在此基础上，各类技术提供方围绕基础设施、流量变现和增值服务等关键环节，形成差异化服务能力与多样化盈利模式，并不断拓展新型商业模式与"蓝海"市场，利用长尾效应为行业创造更大价值。

四、人工智能在不同资产管理业务模式中的应用

人工智能技术可以推动包括 Alpha 主动管理者、Beta 规模经营者、解决方案专家和分销巨头等机构提高竞争力，在未来的资产管理竞争中获得优势。

Alpha 主动管理者：成功的 Alpha 主动管理者将凭借其在某个特定资产类别或投资策略中的深厚投资专业知识让自己脱颖而出，在这类资产类别或投资策略中，他们拥有同行所没有的专业规模，使其得以在经验曲线上领先于其他管理机构。人工智能通过在数据、模型、风险管理等方面的性

能和效率优势，辅助 Alpha 主动管理者的研究、投资和交易，提高 Alpha 主动管理者的投资能力和风险管理水平。

Beta 规模经营者：近年来，被动管理型资产在行业资产总值中的份额迅速增长，在资产管理行业的新增管理资产净流入中占据大头。Beta 规模经营者的高效性需求将敦促资产管理机构强化数字化和自动化运营，利用规模优势实现投资回报。在效率方面领先一步的资产管理机构将获得显著的成本优势，在产品定价方面更加灵活。人工智能技术将帮助被动管理型基金提高运营效率，设计和开发产品。

解决方案专家：该业务模式提供多资产类别的资产管理解决方案，针对用户的资产管理需求和风险承受能力有针对性地设计产品和资产配置方法，并进行风险管理。近年来方兴未艾的智能投顾就属于此类业务模式。人工智能技术有助于资产管理机构对用户画像，更有针对性地开发产品和提供投资建议。

分销巨头：分销巨头带着一整套"足够好"的产品进入市场，他们的差异化优势主要在于是否拥有比同行更胜一筹的终端投资者资源和渠道，以及在品牌营销、沟通、数字化分销和咨询服务支持等零售中介领域内是否拥有良好的定位。人工智能技术可以帮助资产管理机构在控制人员成本的基础上获得更大规模的客户资源。

第三节　人工智能提升资管行业的经营水平

一、人工智能提升投资业绩

1. 人工智能对冲基金表现出色

对冲基金是资产管理领域中使用人工智能技术的先行者，随着机器学习等人工智能理论和技术的发展，越来越多的基金公司用人工智能方法进行投资。文艺复兴科技公司在20世纪90年代就从IBM招募了一批语音识别专家，其中包括后来获得国际计算语言学协会终身成就奖的Bob Mercer。2007年，Rebellion Research公司推出了第一只纯人工智能投资基金。该基金基于贝叶斯机器学习，结合预测算法进行判断，可以根据新的信息和历史经验不断演化，有效地通过自学习完成全球54个国家在股票、债券、大宗商品和外汇上的交易。Man AHL从2009年开始研究机器学习在交易上的应用，并在2014年将其用于资产管理。桥水基金从2013年开始建立人工智能团队，基于历史数据与统计概率建立起交易算法，让系统能够自动适应市场变化并整合新的信息。近年来，一些知名的对冲基金都在扩充自己的人工智能团队。

市场调研公司Preqin的数据表明，大约有1360只对冲基金的大多数交易是在计算机模型的辅助下完成的，大约占到了所有基金的9%。根据对冲基金研究机构Eurekahedge的数据，我们可以比较不同类型的对冲基金在2010年底至2018年10月的表现，如图1所示。可以看到，与其他三种策略相比，人工智能对冲基金指数一骑绝尘，遥遥领先。

人工智能对冲基金指数（AI Hedge Fund Index）跟踪了历史上23只用人工智能投资的对冲基金的净值。可以看到，人工智能对冲基金指数从2010年12月以来的年化收益率为8.63%。同期，趋势跟踪对冲基金指数、管理期货类对冲基金指数和套利对冲基金指数的年化收益率分别为0.18%、2.03%和4.22%。可以看出，运用了人工智能的对冲基金表现更为出色。

人工智能技术主要是从两方面应用于投资决策：一方面依靠人工智能的信息处理能力，通过人工智能方法高效地获取和处理另类数据，可处理数据包括市场行情、股票因子、宏观经济指标等结构化数据，也包括利用网络爬虫、自然语言处理得到的非结构化数据；另一方面依靠人工智能的知识学习能力，进行策略构建，预测股票价格、大盘走势，进行市场舆情监测和热点概念监测，通过人工智能方法进行资产的收益预测和资产的交易。

图1 四类对冲基金表现

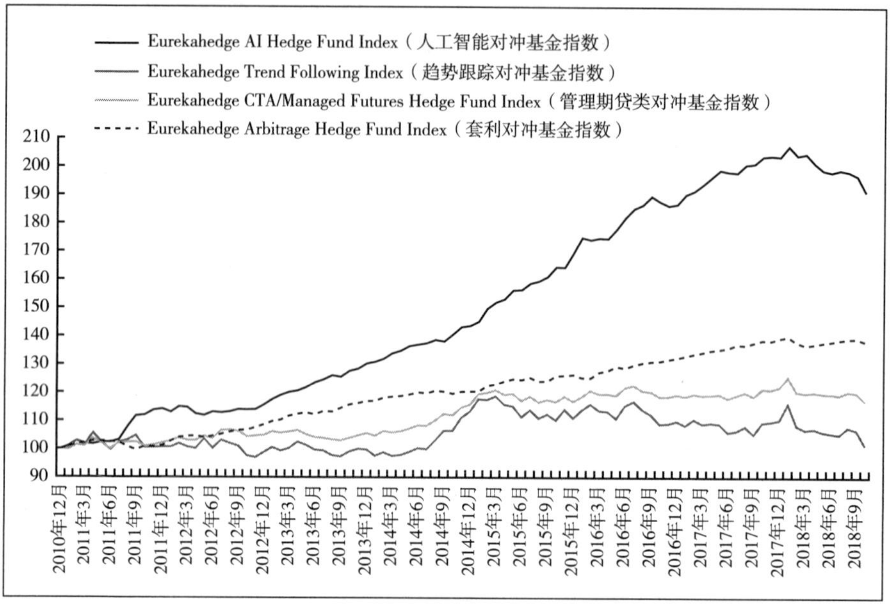
Eurekahedge AI Hedge Fund Index（人工智能对冲基金指数）
Eurekahedge Trend Following Index（趋势跟踪对冲基金指数）
Eurekahedge CTA/Managed Futures Hedge Fund Index（管理期货类对冲基金指数）
Eurekahedge Arbitrage Hedge Fund Index（套利对冲基金指数）
210
200
190
180
170
160
150
140
130
120
110
100
90
2010年12月
2011年3月
2011年6月
2011年9月
2011年12月
2012年3月
2012年6月
2012年9月
2012年12月
2013年3月
2013年6月
2013年9月
2013年12月
2014年3月
2014年6月
2014年9月
2014年12月
2015年3月
2015年6月
2015年9月
2015年12月
2016年3月
2016年6月
2016年9月
2016年12月
2017年3月
2017年6月
2017年9月
2017年12月
2018年3月
2018年6月
2018年9月

资料来源：Eurekahedge，建投研究院。

2. 利用人工智能挖掘非线性关系

人类擅长处理数据中的线性关系，而对非线性关系难以直观理解。与之相比，人工智能方法能够从复杂的数据中提炼非线性关系。金融市场中，变量之间关系复杂，例如，股票走势不仅与公司基本面有关系，而且和宏观经济、大盘走势、投资者情绪等众多变量相关。人类投资者不善于处理这样的问题。与主观投资和传统的量化投资相比，人工智能更擅长从复杂的历史数据中寻找规律、学习知识，将更广泛、更复杂的因素纳入走势预测的分析中，用来指导未来的交易决策。

例如，量化交易中常用的多因子选股策略一般是通过多个因子的线性组合来预估股票的未来表现。而采用机器学习算法，挖掘股票因子与收益的非线性关系，有望从中获得与线性模型不同的超额收益。将基金经理认为与股票收益相关的因素，例如规模、反转、估值、流动性等选股因子，股票的行业特性以及由市场交易产生的技术指标等作为股票的特征，通过机器学习的手段，从历史数据中挖掘这些股票特征与股票未来收益的关系。从数据中挖掘人类难以识别的非线性关系，是人工智能用于投资的重要优势。

3. 基金产品创新

在海内外，有一些依托人工智能的基金产品正开始上市交易。国内，以广发百发大数据指数和南方大数据指数为代表的大数据基金是 A 股市场中产品创新的先行者。

2017 年 10 月，EquBot 公司发行了人工智能 ETF 基金 AI Powered Equity ETF（AIEQ）。该基金基于 IBM 的人工智能平台 Watson，每天对美国上市的股票进行分析，包括企业公告文件、财报、新闻等多方面的数据分析，建立预测模型，构建一个包含 40 只到 70 只股票的组合。然后由基金经理在此基础上优化股票的权重。

与此同时，国内的富国基金推出了富国研究量化精选基金，该基金在数据抓取、因子提炼、组合优化等过程中全面采用人工智能技术，而且具备"自学"能力，根据市场环境不断进行优化更新。

按照美国证券交易委员会（SEC）2017 年底披露的文件显示，BlackRock 在计划推出一系列追踪其自创指数的 ETF。该 ETF 的主要特点表现在跟踪指数的设计上，BlackRock 通过机器学习的方法将上市公司分成不同的类别，例如医疗健康、金融、消费品和科技等，按照不同的类别分别构建 ETF 指数。由于某些上市公司业务覆盖的多样化，一个公司有可能成为多个板块的成分股；同时，随着企业经营模式的变化，这些板块的组成也会随之发生变化。与传统的行业划分相比，这种对上市公司分类的方法存在一定的合理性。

4. 利用另类数据构建新型交易策略

目前全球存储的数据中，非结构化数据占全体数据的 80% 左右，而结构化数据仅占约 20%。人工智能方法能够高效地处理非结构化数据，从数据中提取信息。

金融市场包含大量的结构化数据。然而，市场数据的开放性使得不同的资产管理机构相对来说并没有信息优势，在基于公开市场数据进行投资和博弈的过程中，投资机构将越来越难以获得超额收益。因此，从非结构化数据中提取信息，进行投资决策，将成为资产管理领域的重要发展方向之一。

在处理非结构化数据方面，人工智能技术具有独特的优势。对于网络文本数据，包括公司财报、研究报告、新闻、社交媒体数据等，可以通过自然语言处理技术提取和分析关键信息，比传统机构更早识别出市场的正面和负面信息。对于卫星影响等图片信息，可以通过卷积神经网络等方法进行分析，获得相关公司表现和工业生产中的一手数据。

从数据的产生方式来看，另类数据可以被划分为个体产生的数据、商业过程产生的数据和传感器产生的数据等。个体产生的数据包括在社交媒体、专业网站、新闻、搜索引擎上产生的一系列数据；商业数据包括交易数据、企业、行业、政府机构的数据等；传感器产生的数据包括卫星图像、定位数据、物联网数据等。

目前，海外已经有一些通过人工智能方法应用另类数据进行投资的实践者。例如，iSentium 公司利用社交媒体数据进行人工智能处理。iSentium 提供了基于 Twitter 信息的实时情绪时序数据，给投资者提供了一个针对 Twitter、新闻或者其他社交媒体信息的市场情绪的搜索引擎。其每日择时指标构建方法是：先选择标普 500 指数中最具代表性的 100 只股票，然后通过自然语言处理算法给不同股票相关的 Twitter 消息赋予情绪打分，再计算每天的情绪打分，通过线性回归对标普 500 指数的未来回报进行预测。从 2014 年 1 月到 2016 年 6 月，该择时策略获取了 67.23% 的累积收益，远超同期标普 500 指数 23.33% 的涨幅。

又如，Spaceknow 公司采用卫星影像，构建了卫星制造业指数（SMI），该指数对中国超过 6000 处工业设施进行长期的监测，用来推测中国的经济表现；CargoMetrics 是一家人工智能技术对冲基金公司，基于卫星图像等来挖掘全球航运贸易数据，为大宗商品、外汇、股票等交易提供数据支持。

5. 人工智能提升另类投资透明度

2008年金融危机以来，全球整体进入量化宽松阶段，利率持续下行，公开市场投资收益持续走低。加大对另类资产的投资，寻求超额收益，已经成为具备长期负债优势的资产管理机构的核心投资策略之一。

另类资产投资收益率高，同时风险较高，透明度较低，容易出现信息不对称现象，影响投资回报率。在一些实物资产的另类投资中，人工智能可以对资产进行客观高效的评估，极大地提升资产透明度，有利于资产定价。例如，利用卫星影像数据来进行另类投资。RS Metrics是一家卫星情报分析公司，通过高分辨率卫星影像，对零售店、餐馆、商场、办公楼和其他商业地产的停车场进行监控，可以估计出它们在全国范围内或者某一地区的客流量增长情况。RS Metrics提供的数据可以帮助私募基金了解公司基本面、预测销售量、预估企业运营状况等。

二、人工智能技术提升研究效率

在研究方面，人工智能可以大幅提升研究效率，目前主要有三大功能。

1. 阅读研报和报表，进行信息整合

资产管理机构可以通过人工智能阅读研究报告和公司报表。在这方面，人工智能获取信息的效率远高于人类。而且，人工智能技术擅长从网络新闻、影像文件等各种渠道获取信息，这些另类信息可以给资产管理公司的投研部门提供支持。相比于传统的分析师实地调研，通过人工智能阅读公司报告和从其他另类数据中获取信息，能够大幅提升工作效率与准确度。可以预期的是，随着人工智能技术应用成本的降低，这类技术将得到普遍应用，将大幅减少研究员在信息获取和分析方面花费的时间。

人工智能技术具有强大的信息整合和学习功能，可以协助研究员完成不同的研究需求。例如，通过人工智能方法，研究员可以查询与当前市场环境最相似的历史场景；人工智能方法通过数据挖掘，可以在不同的宏观事件或公司事件发生之后，提供有效的投资建议。

例如，AlphaSense 是一家服务金融投资的科技公司，于 2010 年推出了一款服务专业投资机构的搜索引擎 AlphaSense。该搜索引擎采用自然语言处理技术，从公司报告、新闻和研究报告中整合投资信息。通过该搜索引擎，研究人员可以更加方便地寻找与投资有关的关键信息。

Aladdin 平台是 BlackRock 开发的一款资产管理平台。Aladdin 通过自然语言处理技术阅读新闻、公司研究报告等不同的文件，并且将文件中的信息与可能涉及的公司和行业联系起来，给研究人员提供投资建议。

2. 构建知识图谱

人工智能技术可以对获取到的信息进行深入挖掘，将不同的信息关联、整合起来，构建知识图谱，并通过自然语言处理技术实现人机交互，服务研究工作。

知识图谱本质上是语义网络，是一种基于"图"的数据结构，通过知识图谱建立起不同实体和事件之间的关系。通过机器学习和知识图谱，可以建立起每个上市公司和与其关联度最高的上下游公司、行业、宏观经济之间的关系。如果某公司发生了高风险事件，可以及时对未来有潜在风险的关联行业和公司做出预测；如果宏观经济或者政策有变化，也可以及时发现投资机会。

以知识图谱公司 Kensho 为例。Kensho 成立于 2013 年，专注于通过机器学习及云算法搜集和分析数据，能取代部分人类知识密集型的分析工作并且从数据中学习新的知识，提供快速化、规模化、自动化的分析结果。Kensho 能把长达几天时间的传统投资分析周期缩短到几分钟，能够分析海量数据对资本市场各类资产的影响，并通过自然语言处理技术理解和解答复杂的金融问题。Kensho 智能分析软件具有高效的数据整理与强大的数据分析能力，具有海量的数据储存与超级计算能力，能对各种结构化与非结构化的数据（包括有史以来所有资产价格数据以及全球发生的所有大事件数据）进行计算与分析。2014年Kensho能够在数秒内搜索90000多个全球事件，分析与回答650万个金融问题，预计未来能回答超过一亿个不同类型的金融问题。而且用户只需要用简单正确的英语进行提问，Kensho就能提供精确的回答。同时，人工智能具有强大的机器学习能力，能够根据各类不同的问题积累经验，并逐步获得成长。Kensho的计算机系统能够让Kensho以极快的速度读取亿万条数据或信息，在分析数据的过程中不断地进行学习，并不断地优化其分析结果，使自身变得更加智能。

3. 报告撰写

人工智能技术能够加速投研工作的自动化和智能化。目前人工智能已经被用于撰写新闻和公司的营收报告。通过自然语言处理技术，人工智能为卖方机构和买方机构撰写研究报告也是值得期待的。

目前已经有相当数量的新闻是由计算机上的人工智能程序自动撰写的。2014年3月，美国洛杉矶发生了一次轻微地震，地震发生后，计算机立即从地震台网的数据接口中获得了与地震相关的所有数据，并且自动生成了报道，经过记者快速审阅后达到了发布标准。

Automated Insights是首先开发人工智能自动写作程序的公司之一。美联社在2014年开始就用Automated Insights公司的技术为所有美国和加拿大上市公司撰写营收业绩报告。每个季度，美联社使用人工智能技术自动撰写的营收报告接近3700篇，这个数量是同时段美联社记者和编辑手工撰写的相关报告数量的12倍。

三、人工智能降低交易成本

从交易层面来讲，自动交易能够显著提高投资策略的执行效率、降低冲击成本，并且在一定程度上提高投资组合的收益。

传统的自动交易中，机器根据程序员事先设定的算法，监测交易信号并且执行交易。人工智能时代的自动交易包含了自动化和智能化,更强调从市场数据中学习,通过对大量历史数据的学习,构建预测模型,优化交易算法,获得最佳的交易表现。深度学习等新型方法可以发掘市场中的交易机会,打造不同的市场模式,进而获得超额收益。

人工智能和自动化交易的普及正在改变传统的交易模式。近年来,华尔街的部分交易员已被自动化程序替代。2000年,高盛位于纽约的股票交易柜台有600个交易员。而如今,只剩下2个交易员,其余的工作由机器包办。

用人工智能技术提升交易策略表现是新兴的交易技术。增强学习是自动交易中常用的机器学习模型,J. P. Morgan 的电子交易部门开发了基于增强学习的算法交易策略(LOXM)。LOXM 采用增强学习算法使计算机做出最优的交易决策:通过过往的真实交易和模拟交易学习知识,使未来的交易决策最优化。LOXM 可以在给定交易时间内完成给定的交易任务并且使得冲击成本损失最小,例如,在不影响市场价格的情况下买入大笔股票。实践表明,在不同的交易量占比(POV)下,LOXM 算法都显著降低了冲击成本。

第四节 智能投顾开创新兴资管业态

近年来,一批依托人工智能的新业务模式涌现出来,智能投顾是其中最热门的类型。海内外目前有一大批初创公司、互联网公司和传统金融机构已经涉足智能投顾领域。

一、海外智能投顾的发展特征与趋势

1. 智能投顾迎来高速发展期

在传统投顾模式下,公司根据客户的具体投资需求,提供包括资产管

理、保险、信托、税务咨询和规划、房地产咨询等在内的服务，主要服务对象是高净值客户，且以一对一模式为主，因此传统投顾模式存在客户覆盖面极窄、投资门槛极高、收取费用高等特点，且投资品种信息不透明。

近几年来，受益于人口、科技和监管法规等多方因素，智能投顾已然成为财富管理行业一颗冉冉升起的新星，其主要优势包括：

（1）门槛低。传统金融机构私人理财部的最低投资限额动辄百万元，甚至上千万元，导致服务对象极其有限，而智能投顾的最低起投资金仅需几百元或几千元，彻底释放投资理财的长尾市场。

（2）费用低廉。由于人力成本高，传统投资顾问的管理费普遍高于1%，且边际成本下降不明显；而目前智能投顾管理费普遍在0.25%～0.5%，基于计算机算法辅助，边际成本随着客户的增多而下降，边际效应明显。

（3）信息透明度高。传统投资顾问服务的信息披露晦涩，存在金融产品供应商与客户利益相冲突的问题，而智能投顾对投资理念、金融产品选择范围、收取费用等信息披露充分，且客户随时随地可查看投资信息。

（4）投资建议个性化：智能投顾根据客户投资目标以及客户风险偏好来制定客户资产配置建议，而不是盲目参考历史市场表现来购买ETF，实现相对个性化，从而为客户提供分散化的资产配置建议。

（5）自动账户再平衡。目前大多数智能投顾为客户提供自动账户资产配置再平衡服务，当客户资产配置比例因为分红、再投资以及调整资产投资策略等情况而产生变化时，系统可根据既定的投资目标对客户资产配置进行自动调整，例如增持低仓位证券，减持高仓位证券，自动按投资比例现金分红等。

（6）税收亏损收割计划。目前一部分智能投顾公司为客户提供税收亏损收割计划，通过挑选和卖出与ETF高度相关的资产组合作为替代，实现确定的投资损失来抵消所缴纳的资本利得税，从而达到帮助客户节省税收的目的，从而维持整体资产配置比例。

凭借这些优势，智能投顾逐步赢得市场的认可，近两三年实现管理规模的迅速增长。A. T. Kearney 咨询公司 2015 年的报告预计 2016 年美国智能投顾行业资产管理规模为 3000 亿美元，并有望在 2020 年之前保持年化 65% 的增速，达到 22000 亿美元，占当时全球财富管理规模比例超过 2.2%，市场渗透率则将从 0.5% 猛增至 5.6%。而 MyPrivateBanking 机构预测 2016 年美国智能投顾行业资产管理规模将达到 770 亿美元，并有望保持 113% 的年化增速，在 2020 年达到 15970 亿美元。尽管两家机构对行业预测的数据不同，但都对智能投顾行业的前景充满信心。

由于看好千禧一代和大众富裕阶层对智能投顾的需求，风投资金蜂拥而至，目前已累计有 7.5 亿美元投资到相关的公司，推动行业融资规模与次数、新设智能投顾公司数量呈现快速增长。据统计，2015 年智能投顾行业融资规模达 2.47 亿美元，规模以上公司累计完成 30 次融资，新成立相关公司达 44 家之多（见图 2）。除了大量涌现的初创公司以外，嘉信理财、贝莱德、先锋基金等传统金融机构在 2015 年也纷纷通过自行创建、合作、收购等方式加入智能投顾战场，推出自己的智能投顾产品，并迅速赢得用户的青睐。

图 2　2008~2015 年智能投顾全行业融资规模与新成立公司数

资料来源：SEM Direct，建投研究院。

2. 海外智能投顾的模式日趋稳定

美国的智能投顾相对发展较早，到目前以形成了较为稳定的模式。根据服务对象及服务方式，可划分为完全自动化平台、顾问协助型平台、提供智能投顾服务的传统金融平台和机构服务平台。

完全自动化平台：拥有较强独立性、自主性，为用户提供完全智能化、自动化的财富管理解决方案。通过完全自动化操作帮助客户完成信息评估、资产配置建议、交易执行、日常账户维护（再平衡策略、税收亏损收割策略等），全过程无人工干预。其客户群体更多定位于年轻一代、科技爱好者、对于价格敏感群体。一般而言，纯智能投顾平台收取费用低于0.5%，远低于传统财务顾问平台以及顾问协助型平台。具有代表性的公司有 Wealthfront、Betterment 等。

顾问协助型平台：不同于纯智能投顾平台，顾问协助型智能投顾平台更像一个工具，除了向用户提供智能化投资工具、资产组合建议等功能，更有提供资深财务顾问结合智能投顾工具以及投资者自身资产情况，满足用户一些更为个性化的实际理财需求以及设计相应财富管理计划等功能。由于人工成本的加入，其一般收费标准会略高于纯智能投顾平台，管理费率在0.3%~0.9%区间。Personal Capital 是具有代表性的这一类公司，它能够结合智能投顾工具、资深投资顾问为用户提供针对其中长期理财需求的理财规划服务。

提供智能投顾服务的传统金融平台：传统金融平台基于自身资源以及规模优势，不仅能利用智能投顾作为特色吸引公司原有平台客户以及新增客户，还可以依托平台的传统财务顾问提供智能投顾产品以便于其更好地服务于其客户。此外，传统金融机构平台自身拥有丰富的产品线，可以自行发行和管理不同ETF，实现交易、清算等一系列多样服务，无须将业务外包，实现全产业链服务。因此传统金融机构对于智能投顾功能的整合可以更好地为客户提供全面周到的服务。具有代表性的公司有嘉信理财。

机构服务平台：这类平台侧重于对传统机构以及独立第三方财务顾问提供智能投顾解决方案，主要是B2B（Business to Business）模式。由于其盈利模式并不直接面向客户，极大降低了这类智能投顾企业营销方面的成本。对于传统机构而言，他们可以通过与机构服务平台达成合作关系实现对自身服务种类的补充，实现双方利益的更大化。一般而言，这一类提供解决方案的智能投顾公司属于轻资产，致力于研发更具创新型、智能型投顾产品。因此从服务种类来看，其更像纯智能投顾平台，只不过由于销售对象不同，从而导致了商业模式的差异化。

3. 被动投资更为市场所接受，成为日益崛起的力量

在海外资产管理市场，被动投资费用低、收益高，更能满足客户需求。目前，美国指数基金的成本费用在0.2%~0.5%，相比主动投资型基金（2%以上），成本优势更大。同时，通过对比美国主动管理型基金和指数基金的业绩，即使考虑幸存者偏差，被动投资也在各个风格的基金下显著跑赢主动投资型基金。在此影响下，过去20年间，被动投资金额占共同基金比重已经从1995年的3%上升到2014年16%，增速不断提升。从趋势上看，全球资管市场的投资品类仍不断从主动投资向被动投资和另类投资转变，因此以ETF为主要标的的智能投顾产品的市场接受度有增无减。

4. 龙头初现，传统机构是主力，专业公司与之抢占市场

目前，美国有超过200家公司布局智能投顾市场。美国智能投顾行业集中度明显，前五大智能投顾公司（或产品）占据超过90%的市场份额（见图3）。

其中，传统金融机构是主力。随着智能投顾市场的不断扩大，传统金融机构纷纷以收购、合作或自建的形式布局自身智能投顾平台。相较于独立智能投顾公司，传统金融机构的优势有：（1）固有客户群提供强大的用户来源保障。先锋基金旗下的"个人顾问服务"平台用户中，超过90%的客户与该公司有其他方面的联系；而嘉信理财在上线嘉信智能投资组合之

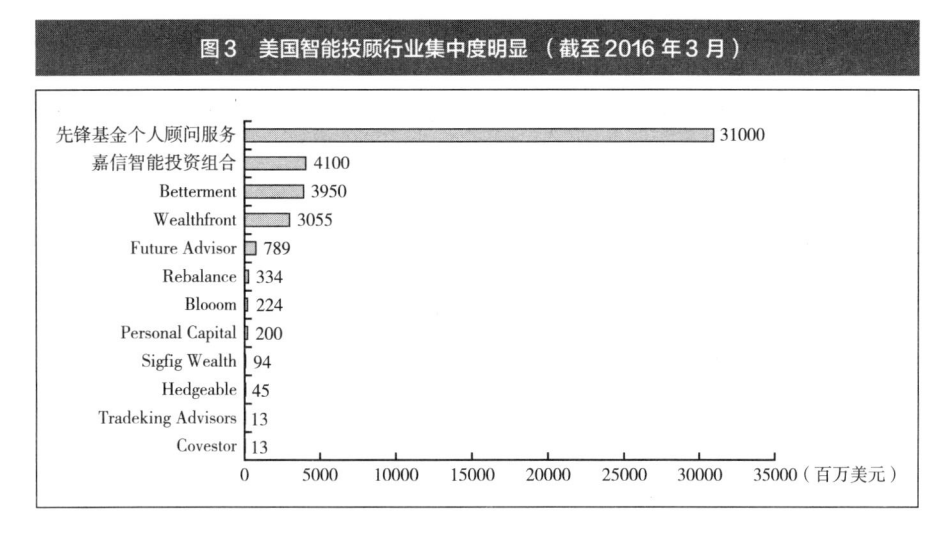

图3 美国智能投顾行业集中度明显（截至2016年3月）

公司	金额（百万美元）
先锋基金个人顾问服务	31000
嘉信智能投资组合	4100
Betterment	3950
Wealthfront	3055
Future Advisor	789
Rebalance	334
Bloom	224
Personal Capital	200
Sigfig Wealth	94
Hedgeable	45
Tradeking Advisors	13
Covestor	13

资料来源：SEC，中金公司研究部。

后，不到3个月就吸引了33000个账户和24亿美元资产，同样的成绩则分别耗费了独立智能投顾公司Wealthfront和Betterment约3.5年和4年的时间。（2）机构旗下的其他业务可与智能投顾实现协同发展，如作为嘉信智能投资组合投资标的的54只ETF中，有旗下22只相关基金。

另一方面，新兴独立公司迅速兴起。智能投顾领域领先的独立公司经过几年的发展，已经具备了成长为独角兽公司的潜质，其中Wealthfront、Betterment、Personal Capital都已融资过亿，且管理资产规模在10亿美元以上。独立智能投顾公司的业务核心都是通过用户的资产情况进行合理化投资配置，并不断监控调整资产配置，同时其产品在投资理念、人工参与度、盈利模式等方面各具特色。从投资理念看，存在将投资目标或客户风险偏好作为投资建议首要考虑因素的差别。从人工参与度看，有的公司完全依赖智能投顾与客户交流互动，另一些则提供金融专业人士的直接服务。从盈利模式看，有些公司通过征收0.1%~0.3%的理财咨询费盈利，如Betterment和WealthFront；有些公司征收零管理费,通过推荐其自身 ETF 的方式实现盈利,如嘉信智能投资组合。

5. 年轻一代青睐智能投顾

根据 Accenture 统计显示,在将来 30~40 年,美国将有价值 30 万亿美元金融以及非金融资产由年长一代传承至千禧一代,其中 2020 年以前,千禧一代所掌管可投资资产将由目前的 2 万亿美元增长至 7 万亿美元。年轻一代将逐步成为主流财富的管理者,也就意味着财富管理市场格局将会因为年轻一代财富管理习惯的偏好而发生改变。Capgemini 咨询公司调查显示,39 岁以下群体接受智能投顾的比例达到 71%,远高于其他年龄阶层。目前传统财务顾问仍将目标客户定位为中年人群,而智能投顾公司都将千禧一代定位为自身主要客户群体,无论是营销还是产品都充分照顾年轻一代的消费体验感。

二、中国智能投顾生态

2016 年随着广发证券、广发基金、招商银行等传统金融机构纷纷布局智能投顾业务,国内资管行业"正规军"开始真正入局,2016 年也被称为中国"智能投顾元年"。而 2017 年是智能投顾大发展之年,智能投顾市场规模达到 397.5 亿元,预计 2018 年将达到 642.9 亿元,增长率高达 61.7%。

近年来,由通道业务向财富管理转型,已是机构的确定趋势。但这一转型必然带来的前端人力压力又是机构亟须解决的痛点。随着互联网金融时代的逼近,智能投顾成为新的风口。通过互联网、大数据技术,实现金融服务模式、架构、体系创新,已是机构不可轻易放过的机会,更是不可不面对的挑战。

1. 与美国的差异

一是发展阶段的差异。美国已处于智能投顾的初创期,而中国尚处于萌芽期。目前我国行业发展主要表现为数量众多的公司纷纷涌入智能投顾行业，行业集中度低，平台之间实力差距不明显，整体行业管理规模小，普通民众对于智能投顾认识度较低。

二是投资产品的差异。美国投资市场中的专业人士能力强，资产管理行业成熟，被动投资产品丰富，ETF的体量非常大，品种齐全，能满足大类资产配置的需求。美国投资协会（ICI）数据显示，截至2016年4月底，美国ETF管理的资产规模达2.19万亿美元，存量数量为1630只。而国内的ETF产品数量和体量都非常小，除了指数ETF，其他类别的ETF产品极少。据Wind统计，截至2019年7月末，中国市场共有230只ETF，资产规模仅为6405亿元，且主要是指数型ETF，难以分散风险。此外，中国的股市波动性大，T+1的制度、缺乏做空机制等均限制资本市场的创新发展。固定收益类产品主要为银行理财、货币基金和债券基金等，且缺少对冲工具。

三是监管的差异。美国智能投顾公司受SEC监管，一旦获得投资顾问牌照，既可提供投资建议服务，也可以直接管理客户的资产。我国投资顾问与资产管理两项业务分属不同的法律法规，这使得我国仅有投顾资格的公司无法代顾客交易。而且，我国对开展资产管理的券商、基金、期货公司实行分类监管。

四是投资者的差异。美国投资者大多数是机构，且更倾向于通过稳定的投资风格追求长期回报。而在国内的投资市场，散户投资者占多数，散户投机性强、赌性大，习惯短线操作，因此更关注投资的短期价格波动。

五是税收制度的差异。美国的个人账户种类繁多，税收规则各不相同，例如可减免税的退休金账户、应税经纪账户、联名账户等，由于采用综合所得税制，税务筹划空间大。而国内实行分类税制，无法统筹，几乎没有节税的可能性（见表1）。

表1 中美智能投顾生态对比

	美国	中国
理财行业	理财行为成熟，收费普遍	无付费习惯
养老金市场	商业养老保险	社保
税收制度	账户种类多，综合所得税制，有税务筹划空间	分类税制，税务筹划空间小
金融产品	金融市场成熟，体量大，产品种类丰富	金融市场体量小，产品种类单一
投资者	机构投资者居多，散户少，追求长期回报	散户多，投机性强
投资期限	长期投资	短线投机
投资风格	被动投资	择股择时
投资理念	资产配置	个股投资
金融监管	混业监管	投顾牌照和资管牌照分离

资料来源：Wind，建投研究院。

2. 商业模式

我国智能投顾行业按照经营平台分，具体可分为以下四种。

（1）第三方财富管理型。第三方财富管理型一般通过与大型基金平台等形式向用户提供基于用户风险偏好、投资目标的资产配置建议，强调通过技术手段实现客户资产的合理高效配置。目前大多数这类平台配置资产为国内基金产品，其自身平台与合作的机构具有基金代销牌照，通过推广以及使用智能投顾技术提升理财产品销量。具有代表性的平台有理财魔方、资配易等。

（2）综合理财平台型。这类智能投顾模式类似于美国嘉信理财的"个人理财"，即将智能投顾功能整合到传统金融机构原有的运营体系，通过对接内部以及外部投资标的，更好地服务原有体系的客户，以及增强对新投资者的吸引力，推动自身理财产品的销售。综合理财平台本身就拥有很好的客户资源、广泛的销售渠道，以及覆盖面广的资产标的等优势，其智能投顾平台也就较其他平台更具有竞争力。具有代表性的平台有平安一账通、京东智投、招商银行摩羯智投等。

（3）全球资产配置型。我国目前上线的全球资产配置型智能投顾平台其模式与国外的 Wealthfront、Betterment 等平台相仿，其主要特点是采取与海外经纪公司合作的模式，根据投资者风险和投资目标，遴选全球优质投资标的，分散风险，帮助投资者实现跨区域、跨资产类别的全球资产优化配置，并为投资者带来长期稳健的投资回报。相较于其他平台，其资产种类更为丰富多样，充分实现资产风险分散化与多样化，同样也可以成为国内用户投资海外市场简单而且高效的工具。国内具有代表性的智能投顾平台包括宜信旗下的投米 RA、蓝海财富、弥财等。

（4）主动投资建议型。针对我国散户多、投资偏好主动投资等特点，多家机构开发了基于大数据和量化模型、挖掘超额收益的智能投顾平台，其商业模式与美国 Motif Investing 类似，不同于传统模式的大类资产配置思路，其模式是通过利用计算机学习算法分析公司财报、宏观数据、网络舆情等各类海量数据，提供各种垂直化金融服务，如预测上市公司收入、基于突发事件给予投资指导、提供股票策略等。这一类具有代表性的智能投顾平台包括百度股市通、嘉实基金金贝塔、同花顺 ifind 等。

三、我国发展智能投顾的制约因素

1. 国内大类资产配置的客观条件还不具备

从中美差异中可以看出，我国金融市场成熟度低，被动投资产品规模小、数量少，而且类型单一，难以分散风险。此外，ETF 以各类指数为标的，中国的股市变动强烈，ETF 以此为标的难以获取稳定收益，因此投资价值相对较小。而且国内投资者投机性高，看重高收益率而非交易成本、看中个股而非配置。

2. 量化投资的监管框架有待完善

智能投顾的一大优势是信息透明，美国的智能投顾遵守《1940 年投资顾问法》的规定，接受 SEC 的监管。主要的智能投顾网站上都有投资白皮书，阐述其使用的投资方法，决策过程都做了详细的说明，信息披露非常完善。如何确保投资策略的合理性、保护投资者利益是国内智能投顾有待解决的问题。

3. 智能投顾的风控体系有待加强

智能投顾的风控体系有待加强。无论是大类资产配置或是投资策略都必须设定严格的止损条件。智能投顾有自动化操作的特性，当市场发生突发情况的时候，系统可能无法正常运行，建立起合理的应急预案和人工处理流程至关重要。

4. 缺乏税优规避等显著降低投资成本的优势

美国智能投顾产品对于其本国投资者的最大贡献之一在于帮助其规避美国复杂个税体系的影响。以 Wealthfront 为例，其主要客户群为以硅谷科技员工为代表的有一定风险承受能力、并希望获得较高收益的中等收入人群，年均缴税额约为 8600 美元，约占其收入的 9.3%，因而税收规避成为这类人群选择理财产品的重要考虑因素。相较而言，目前中国的个税征收体系较为简单，缺乏对不同交易进行不同处理的相关规定，进而欠缺税收规划的基础和基于资本市场的避税方式，因此，国内智能投顾产品难以通过税收规避或税收收割等手段帮助投资者降低成本。

5. 监管趋严，难以提供全自动化投顾服务

美国的投资顾问监管牌照使得智能投顾可以同时提供资产管理和理财服务，免去了不同牌照带来的麻烦。相较而言，国内对投资顾问和资产管理业务分开管理，适用不同的法律法规，导致智能投顾无法实现资产管理和理财服务一体化。目前中国相关产品仅限于提供自动化资产配置建议，而无法实现自动化交易，这使得国内智能投顾的创新和实用价值有所降低。

6. 外汇管制制约海外投资

类似于弥财等智能投顾平台，用户资金完全投资于国外的 ETF 组

合，尽管已经从方便客户的角度出发，把烦琐的换汇变得足够简单、便捷，以提升用户的使用体验，但目前我国外汇管控趋于严格，个人换汇受到的限制越来越多，对于以海外成熟市场的产品为投资标的创业公司来说，每人每年 5 万美元的换汇限额仍是其在发展过程中不可逾越的障碍。

主要参考文献

1. 袁先智、黄荣兵范为：《中国资产管理行业风险管理现状与建议》，《中国市场》2014年第41期。

2. 谢凌峰、李高勇：《"大资管"背景下资产管理行业风险现状与建议》，《中国管理信息化》，2016年3月。

3. 韩复龄：《严管资金空转》，《中国管理信息化》2016年3月。

4. 刘应森：《中国股市应以价值投资支持实体经济》，《中央财经大学学报》2013年9月。

5. 肖萍姚、翠红：《我国证券投资基金投资策略研究》，《北京行政学院学报》2008年第2期。

6. 郑秉文：《中央公积金投资策略的经验教训》，《辽宁大学学报》2004年4月。

7. 彭晓洁：《我国资本市场长期投资者投资策略优化》，《江西社会科学》2016年第1期。

8. 朱焱、汪静：《金融机构"非标"资产业务发展对宏观审慎管理的影响机理研究》，《金融发展研究》2015年第2期。

9. 杨荣、方才：《资管新规下商业银行资管业务转型》，《金融市场研究》2018年5月。

10. 郇公弟：《资管新规吹响中国"金融标准化"新号角》，《金融经济》2018年1月。

11. 宋常、马天平：《旁氏骗局、非净值型资金运作模式与中国资产管理业务》，《当代经济科学》2013年9月。

12. 王飞、沈润涛：《银行理财净值化转型路径》，《中国金融》2018年1月。

13. 山东银监局课题组：《商业银行资产管理业务发展转型管研究》，《金融监管研究》2015年3月。

14. 张春辉：《券商资管业务创新：历史演进、制约因素与发展对策》，《证券市场导报》2013年6月。

15. 李响：《资产管理业务的国际比较研究》，《当代金融研究》2017年2月。

16. 杨玉明：《"大资管时代"国外资管市场对我国发展的借鉴》，《黑龙江金融》2018年3月。

17. 李光磊：《海外资产管理行业发展经验》，《金融时报》2016年11月24日。

18. 辛雨灵：《"大资管"的性质回归与监管路径》，《天水行政学院学报》2018年第1期。

19. 周冠南：《站在转型十字路口的资产管理行业》，《金融市场研究》2017年7月。

20. 毕雪：《资产管理行业监管：问题与对策》，《金融市场研究》2018年5月。

21. 玛丽·乔·怀特：《美国如何监管资产管理行业？》，《金融市场研究》2015年3月。

22. 金丽娜：《资产管理行业：国内发展与国际经验借鉴》，《金融纵横》2017年3月。

23. 施耀、贝政新：《我国当前"泛资产管理"的现状与行业态势分析》，《经济研究导刊》2013年第29期。

24. 刘原：《加强资产管理行业综合协调监管的策略研究》，《新金融》2017年11月。

25. 徐诺金：《资产管理乱象之治》，《征信》2017年第8期。

26. 孙冉、邱牧远：《商业银行资产管理业务的风险管理》，《清华金融评论》2016年9月。

27. 薛瑞锋、殷剑锋：《私人银行》，社会科学文献出版社，2015。

28. 中金固收：《国际资产管理行业：起源、监管及业态》，《中金固定收益研究》2018年8月。

29. 招商银行、贝恩公司：《2017中国私人财富报告》，2017年6月21日。

30. 覃汉：《后新规时代，大资管行业全景解析》，《国泰君安》2018年5月6日。

31. 中国光大银行与波士顿咨询公司联合研究：《中国资产管理市场2015》，2016年4月。

32. 波士顿咨询公司：《全球资产管理报告2016》，2016年7月。

33. 波士顿咨询公司：《全球资产管理报告2018》，2018年7月。

34. 杜丽娟：《智能投顾：乘财富管理东风，但仍需多元服务落地》，《中金公司》2016年6月3日。

35. 高建：《智能投顾：财富管理行业的新变革即将来临!》，《东北证券》2016年12月23日。

36. 罗军、文巧钧：《人工智能在资产管理行业的应用和展望》，《广发证券》2018年7月30日。

附 录

1. 关于规范金融机构资产管理业务的指导意见
2. 关于进一步明确规范金融机构资产管理业务指导意见有关事项的通知
3. 商业银行理财业务监督管理办法
4. 商业银行理财子公司管理办法
5. 证券期货经营机构私募资产管理业务管理办法
6. 证券期货经营机构私募资产管理计划运作管理规定
7. 关于加强规范资产管理业务过渡期内信托监管工作的通知

中国人民银行　中国银行保险监督管理委员会　中国证券监督管理委员会　国家外汇管理局

《关于规范金融机构资产管理业务的指导意见》

发布时间：2018年4月28日

近年来，我国资产管理业务快速发展，在满足居民和企业投融资需求、改善社会融资结构等方面发挥了积极作用，但也存在部分业务发展不规范、多层嵌套、刚性兑付、规避金融监管和宏观调控等问题。按照党中央、国务院决策部署，为规范金融机构资产管理业务，统一同类资产管理产品监管标准，有效防控金融风险，引导社会资金流向实体经济，更好地支持经济结构调整和转型升级，经国务院同意，现提出以下意见：

一、规范金融机构资产管理业务主要遵循以下原则：

（一）坚持严控风险的底线思维。把防范和化解资产管理业务风险放到更加重要的位置，减少存量风险，严防增量风险。

（二）坚持服务实体经济的根本目标。既充分发挥资产管理业务功能，切实服务实体经济投融资需求，又严格规范引导，避免资金脱实向虚在金融体系内部自我循环，防止产品过于复杂，加剧风险跨行业、跨市场、跨区域传递。

（三）坚持宏观审慎管理与微观审慎监管相结合、机构监管与功能监管相结合的监管理念。实现对各类机构开展资产管理业务的全面、统一覆盖，采取有效监管措施，加强金融消费者权益保护。

（四）坚持有的放矢的问题导向。重点针对资产管理业务的多层嵌套、杠杆不清、套利严重、投机频繁等问题，设定统一的标准规制，同时对金融创新坚持趋利避害、一分为二，留出发展空间。

（五）坚持积极稳妥审慎推进。正确处理改革、发展、稳定关系，坚持防范风险与有序规范相结合，在下决心处置风险的同时，充分考虑市场承受能力，合理设置过渡期，把握好工作的次序、节奏、力度，加强市场沟通，有效引导市场预期。

二、资产管理业务是指银行、信托、证券、基金、期货、保险资产管理机构、金融资产投资公司等金融机构接受投资者委托，对受托的投资者财产进行投资和管理的金融服务。金融机构为委托人利益履行诚实信用、勤勉尽责义务并收取相应的管理费用，委托人自担投资风险并获得收益。金融机构可以与委托人在合同中事先约定收取合理的业绩报酬，业绩报酬计入管理费，须与产品一一对应并逐个结算，不同产品之间不得相互串用。

资产管理业务是金融机构的表外业务，金融机构开展资产管理业务时不得承诺保本保收益。出现兑付困难时，金融机构不得以任何形式垫资兑付。金融机构不得在表内开展资产管理业务。

私募投资基金适用私募投资基金专门法律、行政法规，私募投资基金专门法律、行政法规中没有明确规定的适用本意见，创业投资基金、政府出资产业投资基金的相关规定另行制定。

三、资产管理产品包括但不限于人民币或外币形式的银行非保本理财产品，资金信托，证券公司、证券公司子公司、基金管理公司、基金管理子公司、期货公司、期货公司子公司、保险资产管理机构、金融资产投资公司发行的资产管理产品等。依据金融管理部门颁布规则开展的资产证券化业务，依据人力资源社会保障部门颁布规则发行的养老金产品，不适用本意见。

四、资产管理产品按照募集方式的不同，分为公募产品和私募产品。公募产品面向不特定社会公众公开发行。公开发行的认定标准依照《中华人民共和国证券法》执行。私募产品面向合格投资者通过非公开方式发行。

资产管理产品按照投资性质的不同，分为固定收益类产品、权益类产品、商品及金融衍生品类产品和混合类产品。固定收益类产品投资于存款、债券等债权类资产的比例不低于80%，权益类产品投资于股票、未上市企业股权等权益类资产的比例不低于80%，商品及金融衍生品类产品投资于商品及金融衍生品的比例不低于80%，混合类产品投资于债权类资产、权益类资产、商品及金融衍生品类资产且任一资产的投资比例未达到前三类产品标准。非因金融机构主观因素导致突破前述比例限制的，金融机构应当在流动性受限资产可出售、可转让或者恢复交易的15个交易日内调整至符合要求。

金融机构在发行资产管理产品时，应当按照上述分类标准向投资者明示资产管理产品的类型，并按照确定的产品性质进行投资。在产品成立后至到期日前，不得擅自改变产品类型。混合类产品投资债权类资产、权益类资产和商品及金融衍生品类资产的比例范围应当在发行产品时予以确定并向投资者明示，在产品成立后至到期日前不得擅自改变。产品的实际投向不得违反合同约定，如有改变，除高风险类型的产品超出比例范围投资较低风险资产外，应当先行取得投资者书面同意，并履行登记备案等法律法规以及金融监督管理部门规定的程序。

五、资产管理产品的投资者分为不特定社会公众和合格投资者两大类。合格投资者是指具备相应风险识别能力和风险承担能力，投资于单只资产管理产品不低于一定金额且符合下列条件的自然人和法人或者其他组织。

（一）具有2年以上投资经历，且满足以下条件之一：家庭金融净资产不低于300万元，家庭金融资产不低于500万元，或者近3年本人年均收入不低于40万元。

（二）最近1年末净资产不低于1000万元的法人单位。

（三）金融管理部门视为合格投资者的其他情形。

合格投资者投资于单只固定收益类产品的金额不低于30万元，投资于单只混合类产品的金额不低于40万元，投资于单只权益类产品、单只商品及金融衍生品类产品的金额不低于100万元。

投资者不得使用贷款、发行债券等筹集的非自有资金投资资产管理产品。

六、金融机构发行和销售资产管理产品，应当坚持"了解产品"和"了解客户"的经营理念，加强投资者适当性管理，向投资者销售与其风险识别能力和风险承担能力相适应的资产管理产品。禁止欺诈或者误导投资者购买与其风险承担能力不匹配的资产管理产品。金融机构不得通过拆分资产管理产品的方式，向风险识别能力和风险承担能力低于产品风险等级的投资者销售资产管理产品。

金融机构应当加强投资者教育，不断提高投资者的金融知识水平和风险意识，向投资者传递"卖者尽责、买者自负"的理念，打破刚性兑付。

七、金融机构开展资产管理业务，应当具备与资产管理业务发展相适应的管理体系和管理制度，公司治理良好，风险管理、内部控制和问责机制健全。

金融机构应当建立健全资产管理业务人员的资格认定、培训、考核评价和问责制度，确保从事资产管理业务的人员具备必要的专业知识、行业经验和管理能力，充分了解相关法律法规、监管规定以及资产管理产品的法律关系、交易结构、主要风险和风险管控方式，遵守行为准则和职业道德标准。

对于违反相关法律法规以及本意见规定的金融机构资产管理业务从业人员，依法采取处罚措施直至取消从业资格，禁止其在其他类型金融机构从事资产管理业务。

八、金融机构运用受托资金进行投资，应当遵守审慎经营规则，制定科学合理的投资策略和风险管理制度，有效防范和控制风险。

金融机构应当履行以下管理人职责：

（一）依法募集资金，办理产品份额的发售和登记事宜。

（二）办理产品登记备案或者注册手续。

（三）对所管理的不同产品受托财产分别管理、分别记账，进行投资。

（四）按照产品合同的约定确定收益分配方案，及时向投资者分配收益。

（五）进行产品会计核算并编制产品财务会计报告。

（六）依法计算并披露产品净值或者投资收益情况，确定申购、赎回价格。

（七）办理与受托财产管理业务活动有关的信息披露事项。

（八）保存受托财产管理业务活动的记录、账册、报表和其他相关资料。

（九）以管理人名义，代表投资者利益行使诉讼权利或者实施其他法律行为。

（十）在兑付受托资金及收益时，金融机构应当保证受托资金及收益返回委托人的原账户、同名账户或者合同约定的受益人账户。

（十一）金融监督管理部门规定的其他职责。

金融机构未按照诚实信用、勤勉尽责原则切实履行受托管理职责，造成投资者损失的，应当依法向投资者承担赔偿责任。

九、金融机构代理销售其他金融机构发行的资产管理产品，应当符合金融监督管理部门规定的资质条件。未经金融监督管理部门许可，任何非金融机构和个人不得代理销售资产管理产品。

金融机构应当建立资产管理产品的销售授权管理体系，明确代理销售机构的准入标准和程序，明确界定双方的权利与义务，明确相关风险的承担责任和转移方式。

金融机构代理销售资产管理产品，应当建立相应的内部审批和风险控制程序，对发行或者管理机构的信用状况、经营管理能力、市场投资能力、风险处置能力等开展尽职调查，要求发行或者管理机构提供详细的产品介绍、相关市场分析和风险收益测算报告，进行充分的信息验证和风险审查，确保代理销售的产品符合本意见规定并承担相应责任。

十、公募产品主要投资标准化债权类资产以及上市交易的股票，除法律法规和金融管理部门另有规定外，不得投资未上市企业股权。公募产品可以投资商品及金融衍生品，但应当符合法律法规以及金融管理部门的相关规定。

私募产品的投资范围由合同约定，可以投资债权类资产、上市或挂牌交易的股票、未上市企业股权（含债转股）和受（收）益权以及符合法律法规规定的其他资产，并严格遵守投资者适当性管理要求。鼓励充分运用私募产品支持市场化、法治化债转股。

十一、资产管理产品进行投资应当符合以下规定：

（一）标准化债权类资产应当同时符合以下条件：

1. 等分化，可交易。

2. 信息披露充分。

3. 集中登记，独立托管。

4. 公允定价，流动性机制完善。

5. 在银行间市场、证券交易所市场等经国务院同意设立的交易市场交易。

标准化债权类资产的具体认定规则由中国人民银行会同金融监督管理部门另行制定。

标准化债权类资产之外的债权类资产均为非标准化债权类资产。金融机构发行资产管理产品投资于非标准化债权类资产的，应当遵守金融监督管理部门制定的有关限额管理、流动性管理等监管标准。金融监督管理部门未制定相关监管标准的，由中国人民银行督促根据本意见要求制定监管标准并予以执行。

金融机构不得将资产管理产品资金直接投资于商业银行信贷资产。商业银行信贷资产受（收）益权的投资限制由金融管理部门另行制定。

（二）资产管理产品不得直接或者间接投资法律法规和国家政策禁止进行债权或股权投资的行业和领域。

（三）鼓励金融机构在依法合规、商业可持续的前提下，通过发行资产管理产品募集资金投向符合国家战略和产业政策要求、符合国家供给侧结构性改革政策要求的领域。鼓励金融机构通过发行资产管理产品募集资金支持经济结构转型，支持市场化、法治化债转股，降低企业杠杆率。

（四）跨境资产管理产品及业务参照本意见执行，并应当符合跨境人民币和外汇管理有关规定。

十二、金融机构应当向投资者主动、真实、准确、完整、及时披露资产管理产品募集信息、资金投向、杠杆水平、收益分配、托管安排、投资账户信息和主要投资风险等内容。国家法律法规另有规定的，从其规定。

对于公募产品，金融机构应当建立严格的信息披露管理制度，明确定期报告、临时报告、重大事项公告、投资风险披露要求以及具体内容、格式。在本机构官方网站或者通过投资者便于获取的方式披露产品净值或者投资收益情况，并定期披露其他重要信息：开放式产品按照开放频率披露，封闭式产品至少每周披露一次。

对于私募产品，其信息披露方式、内容、频率由产品合同约定，但金融机构应当至少每季度向投资者披露产品净值和其他重要信息。

对于固定收益类产品，金融机构应当通过醒目方式向投资者充分披露和提示产品的投资风险，包括但不限于产品投资债券面临的利率、汇率变化等市场风险以及债券价格波动情况，产品投资每笔非标准化债权类资产的融资客户、项目名称、剩余融资期限、到期收益分配、交易结构、风险状况等。

对于权益类产品，金融机构应当通过醒目方式向投资者充分披露和提示产品的投资风险，包括产品投资股票面临的风险以及股票价格波动情况等。

对于商品及金融衍生品类产品，金融机构应当通过醒目方式向投资者充分披露产品的挂钩资产、持仓风险、控制措施以及衍生品公允价值变化等。

对于混合类产品，金融机构应当通过醒目方式向投资者清晰披露产品的投资资产组合情况，并根据固定收益类、权益类、商品及金融衍生品类资产投资比例充分披露和提示相应的投资风险。

十三、主营业务不包括资产管理业务的金融机构应当设立具有独立法人地位的资产管理子公司开展资产管理业务，强化法人风险隔离，暂不具备条件的可以设立专门的资产管理业务经营部门开展业务。

金融机构不得为资产管理产品投资的非标准化债权类资产或者股权类资产提供任何直接或间接、显性或隐性的担保、回购等代为承担风险的承诺。

金融机构开展资产管理业务，应当确保资产管理业务与其他业务相分离，资产管理产品与其代销的金融产品相分离，资产管理产品之间相分离，资产管理业务操作与其他业务操作相分离。

十四、本意见发布后，金融机构发行的资产管理产品资产应当由具有托管资质的第三方机构独立托管，法律、行政法规另有规定的除外。

过渡期内，具有证券投资基金托管业务资质的商业银行可以托管本行理财产品，但应当为每只产品单独开立托管账户，确保资产隔离。过渡期后，具有证券投资基金托管业务资质的商业银行应当设立具有独立法人地位的子公司开展资产管理业务，该商业银行可以托管子公司发行的资产管理产品，但应当实现实质性的独立托管。独立托管有名无实的，由金融监督管理部门进行纠正和处罚。

十五、金融机构应当做到每只资产管理产品的资金单独管理、单独建账、单独核算，不得开展或者参与具有滚动发行、集合运作、分离定价特征的资金池业务。

金融机构应当合理确定资产管理产品所投资资产的期限，加强对期限错配的流动性风险管理，金融监督管理部门应当制定流动性风险管理规定。

为降低期限错配风险，金融机构应当强化资产管理产品久期管理，封闭式资产管理产品期限不得低于90天。资产管理产品直接或者间接投资于非标准化债权类资产的，非标准化债权类资产的终止日不得晚于封闭式资产管理产品的到期日或者开放式资产管理产品的最近一次开放日。

资产管理产品直接或者间接投资于未上市企业股权及其受（收）益权的，应当为封闭式资产管理产品，并明确股权及其受（收）益权的退出安排。未上市企业股权及其受（收）益权的退出日不得晚于封闭式资产管理产品的到期日。

金融机构不得违反金融监督管理部门的规定，通过为单一融资项目设立多只资产管理产品的方式，变相突破投资人数限制或者其他监管要求。同一金融机构发行多只资产管理产品投资同一资产的，为防止同一资产发生风险波及多只资产管理产品，多只资产管理产品投资该资产的资金总规模合计不得超过300亿元。如果超出该限额，需经相关金融监督管理部门批准。

十六、金融机构应当做到每只资产管理产品所投资资产的风险等级与投资者的风险承担能力相匹配，做到每只产品所投资资产构成清晰，风险可识别。

金融机构应当控制资产管理产品所投资资产的集中度：

（一）单只公募资产管理产品投资单只证券或者单只证券投资基金的市值不得超过该资产管理产品净资产的10%。

（二）同一金融机构发行的全部公募资产管理产品投资单只证券或者单只证券投资基金的市值不得超过该证券市值或者证券投资基金市值的30%。其中，同一金融机构全部开放式公募资产管理产品投资单一上市公司发行的股票不得超过该上市公司可流通股票的15%。

（三）同一金融机构全部资产管理产品投资单一上市公司发行的股票不得超过该上市公司可流通股票的30%。

金融监督管理部门另有规定的除外。

非因金融机构主观因素导致突破前述比例限制的，金融机构应当在流动性受限资产可出售、可转让或者恢复交易的 10 个交易日内调整至符合相关要求。

十七、金融机构应当按照资产管理产品管理费收入的 10% 计提风险准备金，或者按照规定计量操作风险资本或相应风险资本准备。风险准备金余额达到产品余额的 1% 时可以不再提取。风险准备金主要用于弥补因金融机构违法违规、违反资产管理产品协议、操作错误或者技术故障等给资产管理产品财产或者投资者造成的损失。金融机构应当定期将风险准备金的使用情况报告金融管理部门。

十八、金融机构对资产管理产品应当实行净值化管理，净值生成应当符合企业会计准则规定，及时反映基础金融资产的收益和风险，由托管机构进行核算并定期提供报告，由外部审计机构进行审计确认，被审计金融机构应当披露审计结果并同时报送金融管理部门。

金融资产坚持公允价值计量原则，鼓励使用市值计量。符合以下条件之一的，可按照企业会计准则以摊余成本进行计量：

（一）资产管理产品为封闭式产品，且所投金融资产以收取合同现金流量为目的并持有到期。

（二）资产管理产品为封闭式产品，且所投金融资产暂不具备活跃交易市场，或者在活跃市场中没有报价、也不能采用估值技术可靠计量公允价值。

金融机构以摊余成本计量金融资产净值，应当采用适当的风险控制手段，对金融资产净值的公允性进行评估。当以摊余成本计量已不能真实公允反映金融资产净值时，托管机构应当督促金融机构调整会计核算和估值方法。金融机构前期以摊余成本计量的金融资产的加权平均价格与资产管理产品实际兑付时金融资产的价值的偏离度不得达到 5% 或以上，如果偏离 5% 或以上的产品数超过所发行产品总数的 5%，金融机构不得再发行以摊余成本计量金融资产的资产管理产品。

十九、经金融管理部门认定，存在以下行为的视为刚性兑付：

（一）资产管理产品的发行人或者管理人违反真实公允确定净值原则，对产品进行保本保收益。

（二）采取滚动发行等方式，使得资产管理产品的本金、收益、风险在不同投资者之间发生转移，实现产品保本保收益。

（三）资产管理产品不能如期兑付或者兑付困难时，发行或者管理该产品的金融机构自行筹集资金偿付或者委托其他机构代为偿付。

（四）金融管理部门认定的其他情形。

经认定存在刚性兑付行为的，区分以下两类机构进行惩处：

（一）存款类金融机构发生刚性兑付的，认定为利用具有存款本质特征的资产管理产品进行监管套利，由国务院银行保险监督管理机构和中国人民银行按照存款业务予以规范，足额补缴存款准备金和存款保险保费，并予以行政处罚。

（二）非存款类持牌金融机构发生刚性兑付的，认定为违规经营，由金融监督管理部门和中国人民银行依法纠正并予以处罚。

任何单位和个人发现金融机构存在刚性兑付行为的，可以向金融管理部门举报，查证属实且举报内容未被相关部门掌握的，给予适当奖励。

外部审计机构在对金融机构进行审计时，如果发现金融机构存在刚性兑付行为的，应当及时报告金融管理部门。外部审计机构在审计过程中未能勤勉尽责，依法追究相应责任或依法依规给予行政处罚，并将相关信息纳入全国信用信息共享平台，建立联合惩戒机制。

二十、资产管理产品应当设定负债比例（总资产/净资产）上限，同类产品适用统一的负债比例上限。每只开放式公募产品的总资产不得超过该产品净资产的140%，每只封闭式公募产品、每只私募产品的总资产不得超过该产品净资产的200%。计算单只产品的总资产时应当按照穿透原则合并计算所投资资产管理产品的总资产。

金融机构不得以受托管理的资产管理产品份额进行质押融资，放大杠杆。

二十一、公募产品和开放式私募产品不得进行份额分级。

分级私募产品的总资产不得超过该产品净资产的140%。分级私募产品应当根据所投资资产的风险程度设定分级比例（优先级份额/劣后级份额，中间级份额计入优先级份额）。固定收益类产品的分级比例不得超过3∶1，权益类产品的分级比例不得超过1∶1，商品及金融衍生品类产品、混合类产品的分级比例不得超过2∶1。发行分级资产管理产品的金融机构应当对该资产管理产品进行自主管理，不得转委托给劣后级投资者。

分级资产管理产品不得直接或者间接对优先级份额认购者提供保本保收益安排。

本条所称分级资产管理产品是指存在一级份额以上的份额为其他级份额提供一定的风险补偿，收益分配不按份额比例计算，由资产管理合同另行约定的产品。

二十二、金融机构不得为其他金融机构的资产管理产品提供规避投资范围、杠杆约束等监管要求的通道服务。

资产管理产品可以再投资一层资产管理产品，但所投资的资产管理产品不得再投资公募证券投资基金以外的资产管理产品。

金融机构将资产管理产品投资于其他机构发行的资产管理产品，从而将本机构的资产管理产品资金委托给其他机构进行投资的，该受托机构应当为具有专业投资能力和资质的受金融监督管理部门监管的机构。公募资产管理产品的受托机构应当为金融机构，私募资产管理产品的受托机构可以为私募基金管理人。受托机构应当切实履行主动管理职责，不得进行转委托，不得再投资公募证券投资基金以外的资产管理产品。委托机构应当对受托机构开展尽职调查，实行名单制管理，明确规定受托机构的准入标准和程序、责任和义务、存续期管理、利益冲突防范机制、信息披露义务以及退出机制。委托机构不得因委托其他机构投资而免除自身应当承担的责任。

金融机构可以聘请具有专业资质的受金融监督管理部门监管的机构作

为投资顾问。投资顾问提供投资建议指导委托机构操作。

金融监督管理部门和国家有关部门应当对各类金融机构开展资产管理业务实行平等准入、给予公平待遇。资产管理产品应当在账户开立、产权登记、法律诉讼等方面享有平等的地位。金融监督管理部门基于风险防控考虑，确实需要对其他行业金融机构发行的资产管理产品采取限制措施的，应当充分征求相关部门意见并达成一致。

二十三、运用人工智能技术开展投资顾问业务应当取得投资顾问资质，非金融机构不得借助智能投资顾问超范围经营或者变相开展资产管理业务。

金融机构运用人工智能技术开展资产管理业务应当严格遵守本意见有关投资者适当性、投资范围、信息披露、风险隔离等一般性规定，不得借助人工智能业务夸大宣传资产管理产品或者误导投资者。金融机构应当向金融监督管理部门报备人工智能模型的主要参数以及资产配置的主要逻辑，为投资者单独设立智能管理账户，充分提示人工智能算法的固有缺陷和使用风险，明晰交易流程，强化留痕管理，严格监控智能管理账户的交易头寸、风险限额、交易种类、价格权限等。金融机构因违法违规或者管理不当造成投资者损失的，应当依法承担损害赔偿责任。

金融机构应当根据不同产品投资策略研发对应的人工智能算法或者程序化交易，避免算法同质化加剧投资行为的顺周期性，并针对由此可能引发的市场波动风险制定应对预案。因算法同质化、编程设计错误、对数据利用深度不够等人工智能算法模型缺陷或者系统异常，导致羊群效应、影响金融市场稳定运行的，金融机构应当及时采取人工干预措施，强制调整或者终止人工智能业务。

二十四、金融机构不得以资产管理产品的资金与关联方进行不正当交易、利益输送、内幕交易和操纵市场，包括但不限于投资于关联方虚假项目、与关联方共同收购上市公司、向本机构注资等。

金融机构的资产管理产品投资本机构、托管机构及其控股股东、实际控制人或者与其有其他重大利害关系的公司发行或者承销的证券,或者从事其他重大关联交易的,应当建立健全内部审批机制和评估机制,并向投资者充分披露信息。

二十五、建立资产管理产品统一报告制度。中国人民银行负责统筹资产管理产品的数据编码和综合统计工作,会同金融监督管理部门拟定资产管理产品统计制度,建立资产管理产品信息系统,规范和统一产品标准、信息分类、代码、数据格式,逐只产品统计基本信息、募集信息、资产负债信息和终止信息。中国人民银行和金融监督管理部门加强资产管理产品的统计信息共享。金融机构应当将含债权投资的资产管理产品信息报送至金融信用信息基础数据库。

金融机构于每只资产管理产品成立后5个工作日内,向中国人民银行和金融监督管理部门同时报送产品基本信息和起始募集信息;于每月10日前报送存续期募集信息、资产负债信息,于产品终止后5个工作日内报送终止信息。

中央国债登记结算有限责任公司、中国证券登记结算有限公司、银行间市场清算所股份有限公司、上海票据交易所股份有限公司、上海黄金交易所、上海保险交易所股份有限公司、中保保险资产登记交易系统有限公司于每月10日前向中国人民银行和金融监督管理部门同时报送资产管理产品持有其登记托管的金融工具的信息。

在资产管理产品信息系统正式运行前,中国人民银行会同金融监督管理部门依据统计制度拟定统一的过渡期数据报送模板;各金融监督管理部门对本行业金融机构发行的资产管理产品,于每月10日前按照数据报送模板向中国人民银行提供数据,及时沟通跨行业、跨市场的重大风险信息和事项。

中国人民银行对金融机构资产管理产品统计工作进行监督检查。资产管理产品统计的具体制度由中国人民银行会同相关部门另行制定。

二十六、中国人民银行负责对资产管理业务实施宏观审慎管理,会同金融监督管理部门制定资产管理业务的标准规制。金融监督管理部门实施资产管理业务的市场准入和日常监管，加强投资者保护，依照本意见会同中国人民银行制定出台各自监管领域的实施细则。

本意见正式实施后，中国人民银行会同金融监督管理部门建立工作机制，持续监测资产管理业务的发展和风险状况，定期评估标准规制的有效性和市场影响，及时修订完善，推动资产管理行业持续健康发展。

二十七、对资产管理业务实施监管遵循以下原则：

（一）机构监管与功能监管相结合，按照产品类型而不是机构类型实施功能监管，同一类型的资产管理产品适用同一监管标准，减少监管真空和套利。

（二）实行穿透式监管，对于多层嵌套资产管理产品，向上识别产品的最终投资者，向下识别产品的底层资产（公募证券投资基金除外）。

（三）强化宏观审慎管理，建立资产管理业务的宏观审慎政策框架，完善政策工具，从宏观、逆周期、跨市场的角度加强监测、评估和调节。

（四）实现实时监管，对资产管理产品的发行销售、投资、兑付等各环节进行全面动态监管，建立综合统计制度。

二十八、金融监督管理部门应当根据本意见规定，对违规行为制定和完善处罚规则，依法实施处罚，并确保处罚标准一致。资产管理业务违反宏观审慎管理要求的，由中国人民银行按照法律法规实施处罚。

二十九、本意见实施后，金融监督管理部门在本意见框架内研究制定配套细则，配套细则之间应当相互衔接，避免产生新的监管套利和不公平竞争。按照"新老划断"原则设置过渡期，确保平稳过渡。过渡期为本意见发布之日起至2020年底，对提前完成整改的机构，给予适当监管激励。过渡期内，金融机构发行新产品应当符合本意见的规定；为接续存量产品所投资的未到期资产，维持必要的流动性和市场稳定，金融机构可以发行老产品对接，但应当严格控制在存量产品整体规模内，并有序压缩递减，防止过渡期结束时出现断崖效应。金融机构应当制定过渡期内的资产管理业务整改计划，明确时间进度安排，并报送相关金融监督管理部门，由其认可并监督实施，同时报备中国人民银行。过渡期结束后，金融机构的资产管理产品按照本意见进行全面规范（因子公司尚未成立而达不到第三方独立托管要求的情形除外），金融机构不得再发行或存续违反本意见规定的资产管理产品。

三十、资产管理业务作为金融业务，属于特许经营行业，必须纳入金融监管。非金融机构不得发行、销售资产管理产品，国家另有规定的除外。

非金融机构违反上述规定，为扩大投资者范围、降低投资门槛，利用互联网平台等公开宣传、分拆销售具有投资门槛的投资标的、过度强调增信措施掩盖产品风险、设立产品二级交易市场等行为，按照国家规定进行规范清理，构成非法集资、非法吸收公众存款、非法发行证券的，依法追究法律责任。非金融机构违法违规开展资产管理业务的，依法予以处罚；同时承诺或进行刚性兑付的，依法从重处罚。

三十一、本意见自发布之日起施行。

本意见所称"金融管理部门"是指中国人民银行、国务院银行保险监督管理机构、国务院证券监督管理机构和国家外汇管理局。"发行"是指通过公开或者非公开方式向资产管理产品的投资者发出认购邀约，进行资金募集的活动。"销售"是指向投资者宣传推介资产管理产品，办理产品申购、赎回的活动。"代理销售"是指接受合作机构的委托，在本机构渠道向投资者宣传推介、销售合作机构依法发行的资产管理产品的活动。

中国人民银行办公厅

《关于进一步明确规范金融机构资产管理业务指导意见有关事项的通知》

发布日期：2018年7月20日

中国人民银行上海总部，各分行、营业管理部、省会（首府）城市中心支行、副省级城市中心支行；国家开发银行，各政策性银行、国有商业银行、股份制商业银行，中国邮政储蓄银行；各证券公司、基金公司、期货公司、私募投资基金管理机构；各保险资产管理机构：

《关于规范金融机构资产管理业务的指导意见》（银发〔2018〕106号文，以下简称《指导意见》）自2018年4月27日发布实施以来，对于规范资产管理市场秩序、防范金融风险发挥了积极作用。为了指导金融机构更好地贯彻执行《指导意见》，确保规范资产管理业务工作平稳过渡，为实体经济创造良好的货币金融环境，经人民银行、银保监会、证监会共同研究，现将有关事项进一步明确如下：

一、按照《指导意见》第十条的规定，公募资产管理产品除主要投资标准化债权类资产和上市交易的股票，还可以适当投资非标准化债权类资产，但应当符合《指导意见》关于非标准化债权类资产投资的期限匹配、限额管理、信息披露等监管要求。

二、过渡期内，金融机构可以发行老产品投资新资产，优先满足国家重点领域和重大工程建设续建项目以及中小微企业融资需求，但老产品的整体规模应当控制在《指导意见》发布前存量产品的整体规模内，且所投资新资产的到期日不得晚于2020年底。

三、过渡期内，对于封闭期在半年以上的定期开放式资产管理产品，投资以收取合同现金流量为目的并持有到期的债券，可使用摊余成本计量，但定期开放式产品持有资产组合的久期不得长于封闭期的1.5倍；银行的现金管理类产品在严格监管的前提下，暂参照货币市场基金的"摊余成本＋影子定价"方法进行估值。

四、对于通过各种措施确实难以消化、需要回表的存量非标准化债权类资产，在宏观审慎评估（MPA）考核时，合理调整有关参数，发挥其逆周期调节作用，支持符合条件的表外资产回表。

支持有非标准化债权类资产回表需求的银行发行二级资本债补充资本。

五、过渡期结束后，对于由于特殊原因而难以回表的存量非标准化债权类资产，以及未到期的存量股权类资产，经金融监管部门同意，采取适当安排妥善处理。

六、过渡期内，由金融机构按照自主有序方式确定整改计划，经金融监管部门确认后执行。

中国银行保险监督管理委员会

《商业银行理财业务监督管理办法》

发布时间：2018年9月26日

第一章　总则

第一条　为加强对商业银行理财业务的监督管理，促进商业银行理财业务规范健康发展，依法保护投资者合法权益，根据《中华人民共和国银行业监督管理法》《中华人民共和国商业银行法》等法律、行政法规以及《关于规范金融机构资产管理业务的指导意见》（以下简称《指导意见》），制定本办法。

第二条　本办法适用于在中华人民共和国境内设立的商业银行，包括中资商业银行、外商独资银行、中外合资银行。

第三条　本办法所称理财业务是指商业银行接受投资者委托，按照与投资者事先约定的投资策略、风险承担和收益分配方式，对受托的投资者财产进行投资和管理的金融服务。

本办法所称理财产品是指商业银行按照约定条件和实际投资收益情况向投资者支付收益、不保证本金支付和收益水平的非保本理财产品。

第四条　商业银行理财产品财产独立于管理人、托管机构的自有资产，因理财产品财产的管理、运用、处分或者其他情形而取得的财产，均归入银行理财产品财产。

商业银行理财产品管理人、托管机构不得将银行理财产品财产归入其自有资产，因依法解散、被依法撤销或者被依法宣告破产等原因进行清算的，银行理财产品财产不属于其清算财产。

第五条　商业银行理财产品管理人管理、运用和处分理财产品财产所产生的债权，不得与管理人、托管机构因自有资产所产生的债务相抵销；管理人管理、运用和处分不同理财产品财产所产生的债权债务，不得相互抵销。

第六条　商业银行开展理财业务，应当按照《指导意见》第八条的相关规定，诚实守信、勤勉尽职地履行受人之托、代人理财职责，投资者自担投资风险并获得收益。

商业银行开展理财业务，应当遵守成本可算、风险可控、信息充分披露的原则，严格遵守投资者适当性管理要求，保护投资者合法权益。

第七条　银行业监督管理机构依法对商业银行理财业务活动实施监督管理。

银行业监督管理机构应当对理财业务实行穿透式监管，向上识别理财产品的最终投资者，向下识别理财产品的底层资产，并对理财产品运作管理实行全面动态监管。

第二章　分类管理

第八条　商业银行应当根据募集方式的不同，将理财产品分为公募理财产品和私募理财产品。

本办法所称公募理财产品是指商业银行面向不特定社会公众公开发行的理财产品。公开发行的认定标准按照《中华人民共和国证券法》执行。

本办法所称私募理财产品是指商业银行面向合格投资者非公开发行的理财产品。合格投资者是指具备相应风险识别能力和风险承受能力，投资于单只理财产品不低于一定金额且符合下列条件的自然人、法人或者依法成立的其他组织：

（一）具有 2 年以上投资经历，且满足家庭金融净资产不低于 300 万元人民币，或者家庭金融资产不低于500万元人民币，或者近3年本人年均收入不低于40万元人民币；

（二）最近1年末净资产不低于1000万元人民币的法人或者依法成立的其他组织；

（三）国务院银行业监督管理机构规定的其他情形。

私募理财产品的投资范围由合同约定，可以投资于债权类资产和权益类资产等。权益类资产是指上市交易的股票、未上市企业股权及其受（收）益权。

第九条 商业银行应当根据投资性质的不同，将理财产品分为固定收益类理财产品、权益类理财产品、商品及金融衍生品类理财产品和混合类理财产品。固定收益类理财产品投资于存款、债券等债权类资产的比例不低于80%；权益类理财产品投资于权益类资产的比例不低于80%；商品及金融衍生品类理财产品投资于商品及金融衍生品的比例不低于80%；混合类理财产品投资于债权类资产、权益类资产、商品及金融衍生品类资产且任一资产的投资比例未达到前三类理财产品标准。

非因商业银行主观因素导致突破前述比例限制的，商业银行应当在流动性受限资产可出售、可转让或者恢复交易的15个交易日内将理财产品投资比例调整至符合要求，国务院银行业监督管理机构规定的特殊情形除外。

第十条 商业银行应当根据运作方式的不同，将理财产品分为封闭式理财产品和开放式理财产品。

本办法所称封闭式理财产品是指有确定到期日，且自产品成立日至终止日期间，投资者不得进行认购或者赎回的理财产品。开放式理财产品是指自产品成立日至终止日期间，理财产品份额总额不固定，投资者可以按照协议约定，在开放日和相应场所进行认购或者赎回的理财产品。

第十一条 商业银行发行投资衍生产品的理财产品的，应当具有衍生产品交易资格，并遵守国务院银行业监督管理机构关于衍生产品业务管理的有关规定。

商业银行开展理财业务涉及外汇业务的，应当具有开办相应外汇业务的资格，并遵守外汇管理的有关规定。

第十二条 商业银行总行应当按照以下要求，在全国银行业理财信息登记系统对理财产品进行集中登记：

（一）商业银行发行公募理财产品的，应当在理财产品销售前10日，在全国银行业理财信息登记系统进行登记；

（二）商业银行发行私募理财产品的，应当在理财产品销售前2日，在全国银行业理财信息登记系统进行登记；

（三）在理财产品募集和存续期间，按照有关规定持续登记理财产品的募集情况、认购赎回情况、投资者信息、投资资产、资产交易明细、资产估值、负债情况等信息；

（四）在理财产品终止后5日内完成终止登记。

商业银行应当确保本行理财产品登记信息的真实性、准确性、完整性和及时性。信息登记不齐全或者不符合要求的，应当进行补充或者重新登记。

商业银行不得发行未在全国银行业理财信息登记系统进行登记并获得登记编码的理财产品。商业银行应当在理财产品销售文件的显著位置列明该产品在全国银行业理财信息登记系统获得的登记编码，并提示投资者可以依据该登记编码在中国理财网查询产品信息。

银行业理财登记托管中心应当在国务院银行业监督管理机构的指导下，履行下列职责：

（一）持续加强全国银行业理财信息登记系统的建设和管理，确保系统独立、安全、高效运行；

（二）完善理财信息登记业务规则、操作规程和技术标准规范等，加强理财信息登记质量监控；

（三）向国务院银行业监督管理机构报告理财业务、理财信息登记质

量和系统运行等有关情况;

（四）提供必要的技术支持、业务培训和投资者教育等服务;

（五）依法合规使用信息，建立保密制度并采取相应的保密措施，确保信息安全;

（六）国务院银行业监督管理机构规定的其他职责。

第三章 业务规则与风险管理

第一节 管理体系与管理制度

第十三条 商业银行董事会和高级管理层应当充分了解理财业务及其所面临的各类风险，根据本行的经营目标、投资管理能力、风险管理水平等因素，确定开展理财业务的总体战略和政策，确保具备从事理财业务和风险管理所需要的专业人员、业务处理系统、会计核算系统和管理信息系统等人力、物力资源。

第十四条 商业银行应当通过具有独立法人地位的子公司开展理财业务。暂不具备条件的，商业银行总行应当设立理财业务专营部门，对理财业务实行集中统一经营管理。

商业银行设立理财子公司的监管规定由国务院银行业监督管理机构另行制定。

第十五条 商业银行开展理财业务，应当确保理财业务与其他业务相分离，理财产品与其代销的金融产品相分离，理财产品之间相分离，理财业务操作与其他业务操作相分离。

第十六条 商业银行应当根据理财业务性质和风险特征，建立健全理财业务管理制度，包括产品准入管理、风险管理与内部控制、人员管理、销售管理、投资管理、合作机构管理、产品托管、产品估值、会计核算和信息披露等。

商业银行应当针对理财业务的风险特征，制定和实施相应的风险管理政策和程序，确保持续有效地识别、计量、监测和控制理财业务的各类风险，并将理财业务风险管理纳入其全面风险管理体系。商业银行应当按照国务院银行业监督管理机构关于内部控制的相关规定，建立健全理财业务的内部控制体系，作为银行整体内部控制体系的有机组成部分。

商业银行内部审计部门应当按照国务院银行业监督管理机构关于内部审计的相关规定，至少每年对理财业务进行一次内部审计，并将审计报告报送审计委员会及董事会。董事会应当针对内部审计发现的问题，督促高级管理层及时采取整改措施。内部审计部门应当跟踪检查整改措施的实施情况，并及时向董事会提交有关报告。

商业银行应当按照国务院银行业监督管理机构关于外部审计的相关规定，委托外部审计机构至少每年对理财业务和公募理财产品进行一次外部审计，并针对外部审计发现的问题及时采取整改措施。

第十七条 商业银行应当建立理财产品的内部审批政策和程序，在发行新产品之前充分识别和评估各类风险。理财产品由负责风险管理、法律合规、财务会计管理和消费者保护等相关职能部门进行审核，并获得董事会、董事会授权的专门委员会、高级管理层或者相关部门的批准。

第十八条 商业银行开展理财业务，应当确保每只理财产品与所投资资产相对应，做到每只理财产品单独管理、单独建账和单独核算，不得开展或者参与具有滚动发行、集合运作、分离定价特征的资金池理财业务。

本办法所称单独管理是指对每只理财产品进行独立的投资管理。单独建账是指为每只理财产品建立投资明细账，确保投资资产逐项清晰明确。单独核算是指对每只理财产品单独进行会计账务处理，确保每只理财产品具有资产负债表、利润表、产品净值变动表等财务会计报表。

第十九条 商业银行开展理财业务，应当按照《企业会计准则》和

《指导意见》等关于金融工具估值核算的相关规定，确认和计量理财产品的净值。

第二十条　商业银行开展理财业务，应当遵守市场交易和公平交易原则，不得在理财产品之间、理财产品投资者之间或者理财产品投资者与其他市场主体之间进行利益输送。

第二十一条　商业银行理财产品投资于本行或托管机构，其主要股东、控股股东、实际控制人、一致行动人、最终受益人，其控股的机构或者与其有重大利害关系的公司发行或者承销的证券，或者从事其他重大关联交易的，应当符合理财产品的投资目标、投资策略和投资者利益优先原则，按照商业原则，以不优于对非关联方同类交易的条件进行，并向投资者充分披露信息。

商业银行应当按照金融监督管理部门关于关联交易的相关规定，建立健全理财业务关联交易内部评估和审批机制。理财业务涉及重大关联交易的，应当提交有权审批机构审批，并向银行业监督管理机构报告。

商业银行不得以理财资金与关联方进行不正当交易、利益输送、内幕交易和操纵市场，包括但不限于投资于关联方虚假项目、与关联方共同收购上市公司、向本行注资等。

第二十二条　商业银行开展理财业务，应当按照《商业银行资本管理办法（试行）》的相关规定计提操作风险资本。

第二十三条　商业银行应当建立有效的理财业务投资者投诉处理机制，明确受理和处理投资者投诉的途径、程序和方式，根据法律、行政法规、金融监管规定和合同约定妥善处理投资者投诉。

第二十四条　商业银行应当建立健全理财业务人员的资格认定、培训、考核评价和问责制度，确保理财业务人员具备必要的专业知识、行业经验和管理能力，充分了解相关法律、行政法规、监管规定以及理财产品的法律关系、交易结构、主要风险及风险管控方式，遵守行为准则和职业道德标准。

商业银行的董事、监事、高级管理人员和其他理财业务人员不得有下列行为：

（一）将自有财产或者他人财产混同于理财产品财产从事投资活动；

（二）不公平地对待所管理的不同理财产品财产；

（三）利用理财产品财产或者职务之便为理财产品投资者以外的人牟取利益；

（四）向理财产品投资者违规承诺收益或者承担损失；

（五）侵占、挪用理财产品财产；

（六）泄露因职务便利获取的未公开信息，利用该信息从事或者明示、暗示他人从事相关的交易活动；

（七）玩忽职守，不按照规定履行职责；

（八）法律、行政法规和国务院银行业监督管理机构规定禁止的其他行为。

第二节　销售管理

第二十五条　商业银行理财产品销售是指商业银行将本行发行的理财产品向投资者进行宣传推介和办理认购、赎回等业务活动。

第二十六条　商业银行销售理财产品，应当加强投资者适当性管理，向投资者充分披露信息和揭示风险，不得宣传或承诺保本保收益，不得误导投资者购买与其风险承受能力不相匹配的理财产品。

商业银行理财产品宣传销售文本应当全面、如实、客观地反映理财产品的重要特性，充分披露理财产品类型、投资组合、估值方法、托管安排、风险和收费等重要信息，所使用的语言表述必须真实、准确和清晰。

商业银行发行理财产品，不得宣传理财产品预期收益率，在理财产品宣传销售文本中只能登载该理财产品或者本行同类理财产品的过往平均业绩和最好、最差业绩，并以醒目文字提醒投资者"理财产品过往业绩不代表其未来表现，不等于理财产品实际收益，投资须谨慎"。

第二十七条　商业银行应当采用科学合理的方法，根据理财产品的投资组合、同类产品过往业绩和风险水平等因素，对拟销售的理财产品进行风险评级。

理财产品风险评级结果应当以风险等级体现，由低到高至少包括一级至五级，并可以根据实际情况进一步细分。

第二十八条　商业银行应当对非机构投资者的风险承受能力进行评估，确定投资者风险承受能力等级，由低到高至少包括一级至五级，并可以根据实际情况进一步细分。

商业银行不得在风险承受能力评估过程中误导投资者或者代为操作，确保风险承受能力评估结果的真实性和有效性。

第二十九条　商业银行只能向投资者销售风险等级等于或低于其风险承受能力等级的理财产品，并在销售文件中明确提示产品适合销售的投资者范围，在销售系统中设置销售限制措施。

商业银行不得通过对理财产品进行拆分等方式，向风险承受能力等级低于理财产品风险等级的投资者销售理财产品。

其他资产管理产品投资于商业银行理财产品的，商业银行应当按照穿透原则，有效识别资产管理产品的最终投资者。

第三十条　商业银行应当根据理财产品的性质和风险特征，设置适当的期限和销售起点金额。

商业银行发行公募理财产品的，单一投资者销售起点金额不得低于1万元人民币。

商业银行发行私募理财产品的，合格投资者投资于单只固定收益类理财产品的金额不得低于30万元人民币，投资于单只混合类理财产品的金额不得低于40万元人民币，投资于单只权益类理财产品、单只商品及金融衍生品类理财产品的金额不得低于100万元人民币。

第三十一条　商业银行只能通过本行渠道（含营业网点和电子渠道）

销售理财产品，或者通过其他商业银行、农村合作银行、村镇银行、农村信用合作社等吸收公众存款的银行业金融机构代理销售理财产品。

第三十二条　商业银行通过营业场所向非机构投资者销售理财产品的，应当按照国务院银行业监督管理机构的相关规定实施理财产品销售专区管理，并在销售专区内对每只理财产品销售过程进行录音录像。

第三十三条　商业银行应当按照国务院银行业监督管理机构的相关规定，妥善保存理财产品销售过程涉及的投资者风险承受能力评估、录音录像等相关资料。

商业银行应当依法履行投资者信息保密义务，建立投资者信息管理制度和保密制度，防范投资者信息被不当采集、使用、传输和泄露。商业银行与其他机构共享投资者信息的，应当在理财产品销售文本中予以明确，征得投资者书面授权或者同意，并要求其履行投资者信息保密义务。

第三十四条　商业银行应当建立理财产品销售授权管理体系，制定统一的标准化销售服务规程，建立清晰的报告路线，明确分支机构业务权限，并采取定期核对、现场核查、风险评估等方式加强对分支机构销售活动的管理。

第三节　投资运作管理

第三十五条　商业银行理财产品可以投资于国债、地方政府债券、中央银行票据、政府机构债券、金融债券、银行存款、大额存单、同业存单、公司信用类债券、在银行间市场和证券交易所市场发行的资产支持证券、公募证券投资基金、其他债权类资产、权益类资产以及国务院银行业监督管理机构认可的其他资产。

第三十六条　商业银行理财产品不得直接投资于信贷资产，不得直接或间接投资于本行信贷资产，不得直接或间接投资于本行或其他银行业金融机构发行的理财产品，不得直接或间接投资于本行发行的次级档信贷资产支持证券。

商业银行面向非机构投资者发行的理财产品不得直接或间接投资于不良资产、不良资产支持证券，国务院银行业监督管理机构另有规定的除外。

商业银行理财产品不得直接或间接投资于本办法第三十五条所列示资产之外，由未经金融监督管理部门许可设立、不持有金融牌照的机构发行的产品或管理的资产，金融资产投资公司的附属机构依法依规设立的私募股权投资基金以及国务院银行业监督管理机构另有规定的除外。

第三十七条 理财产品销售文件应当载明产品类型、投资范围、投资资产种类及其投资比例，并确保在理财产品成立后至到期日前，投资比例按照销售文件约定合理浮动，不得擅自改变理财产品类型。

金融市场发生重大变化导致理财产品投资比例暂时超出浮动区间且可能对理财产品收益产生重大影响的，商业银行应当及时向投资者进行信息披露。

商业银行应当根据市场情况调整投资范围、投资资产种类或投资比例，并按照有关规定事先进行信息披露。超出销售文件约定比例的，除高风险类型的理财产品超出比例范围投资较低风险资产外，应当先取得投资者书面同意，并在全国银行业理财信息登记系统做好理财产品信息登记；投资者不接受的，应当允许投资者按照销售文件约定提前赎回理财产品。

第三十八条 商业银行理财产品投资资产管理产品的，应当符合以下要求：

（一）准确界定相关法律关系，明确约定各参与主体的责任和义务，并符合法律、行政法规、《指导意见》和金融监督管理部门对该资产管理产品的监管规定；

（二）所投资的资产管理产品不得再投资于其他资产管理产品（公募证券投资基金除外）；

（三）切实履行投资管理职责，不得简单作为资产管理产品的资金募集通道；

（四）充分披露底层资产的类别和投资比例等信息，并在全国银行业理财信息登记系统登记资产管理产品及其底层资产的相关信息。

第三十九条 商业银行理财产品投资于非标准化债权类资产的，应当符合以下要求：

（一）确保理财产品投资与审批流程相分离，比照自营贷款管理要求实施投前尽职调查、风险审查和投后风险管理，并纳入全行统一的信用风险管理体系；

（二）商业银行全部理财产品投资于单一债务人及其关联企业的非标准化债权类资产余额，不得超过本行资本净额的10%；

（三）商业银行全部理财产品投资于非标准化债权类资产的余额在任何时点均不得超过理财产品净资产的35%，也不得超过本行上一年度审计报告披露总资产的4%。

第四十条 商业银行理财产品不得直接或间接投资于本行信贷资产受（收）益权，面向非机构投资者发行的理财产品不得直接或间接投资于不良资产受（收）益权。

商业银行理财产品投资于信贷资产受（收）益权的，应当审慎评估信贷资产质量和风险，按照市场化原则合理定价，必要时委托会计师事务所、律师事务所、评级机构等独立第三方机构出具专业意见。

商业银行应当向投资者及时、准确、完整地披露理财产品所投资信贷资产受（收）益权的相关情况，并及时披露对投资者权益或投资收益等产生重大影响的突发事件。

第四十一条 商业银行理财产品直接或间接投资于银行间市场、证券交易所市场或者国务院银行业监督管理机构认可的其他证券的，应当符合以下要求：

（一）每只公募理财产品持有单只证券或单只公募证券投资基金的市值不得超过该理财产品净资产的10%；

（二）商业银行全部公募理财产品持有单只证券或单只公募证券投资

基金的市值，不得超过该证券市值或该公募证券投资基金市值的30%；

（三）商业银行全部理财产品持有单一上市公司发行的股票，不得超过该上市公司可流通股票的30%。

国务院银行业监督管理机构另有规定的除外。

非因商业银行主观因素导致突破前述比例限制的，商业银行应当在流动性受限资产可出售、可转让或者恢复交易的10个交易日内调整至符合要求，国务院银行业监督管理机构规定的特殊情形除外。

商业银行理财产品投资于国债、地方政府债券、中央银行票据、政府机构债券、政策性金融债券以及完全按照有关指数的构成比例进行投资的除外。

第四十二条 商业银行不得发行分级理财产品。

本办法所称分级理财产品是指商业银行按照本金和收益受偿顺序的不同，将理财产品划分为不同等级的份额，不同等级份额的收益分配不按份额比例计算，而是由合同另行约定、按照优先与劣后份额安排进行收益分配的理财产品。

商业银行每只开放式公募理财产品的杠杆水平不得超过140%，每只封闭式公募理财产品、每只私募理财产品的杠杆水平不得超过200%。

本办法所称杠杆水平是指理财产品总资产/理财产品净资产。商业银行计算理财产品总资产时，应当按照穿透原则合并计算理财产品所投资的底层资产。理财产品投资资产管理产品的，应当按照理财产品持有资产管理产品的比例计算底层资产。

第四十三条 商业银行应当建立健全理财业务流动性风险管理制度，加强理财产品及其所投资资产期限管理，专业审慎、勤勉尽责地管理理财产品流动性风险，确保投资者的合法权益不受损害并得到公平对待。

商业银行应当在理财产品设计阶段，综合评估分析投资策略、投资范围、投资资产流动性、销售渠道、投资者类型与风险偏好等因素，审慎决定是否采取开放式运作。

商业银行发行的封闭式理财产品的期限不得低于90天；开放式理财产品所投资资产的流动性应当与投资者赎回需求相匹配，确保持有足够的现金、活期存款、国债、中央银行票据、政策性金融债券等具有良好流动性的资产，以备支付理财产品投资者的赎回款项。开放式公募理财产品应当持有不低于该理财产品资产净值5%的现金或者到期日在一年以内的国债、中央银行票据和政策性金融债券。

第四十四条 商业银行理财产品直接或间接投资于非标准化债权类资产的，非标准化债权类资产的终止日不得晚于封闭式理财产品的到期日或者开放式理财产品的最近一次开放日。

商业银行理财产品直接或间接投资于未上市企业股权及其受（收）益权的，应当为封闭式理财产品，并明确股权及其受（收）益权的退出安排。未上市企业股权及其受（收）益权的退出日不得晚于封闭式理财产品的到期日。

第四十五条 商业银行应当加强理财产品开展同业融资的流动性风险、交易对手风险和操作风险等风险管理，做好期限管理和集中度管控，按照穿透原则对交易对手实施尽职调查和准入管理，设置适当的交易限额并根据需要进行动态调整。

商业银行应当建立健全买入返售交易质押品的管理制度，采用科学合理的质押品估值方法，审慎确定质押品折扣系数，确保其能够满足正常和压力情景下融资交易的质押品需求，并且能够及时向相关交易对手履行返售质押品的义务。

第四十六条 商业银行应当建立健全理财产品压力测试制度。理财产品压力测试应当至少符合以下要求：

（一）针对单只理财产品，合理审慎设定并定期审核压力情景，充分考虑理财产品的规模、投资策略、投资者类型等因素，审慎评估各类风险对理财产品的影响，压力测试的数据应当准确可靠并及时更新，压力测试频率应当与商业银行理财产品的规模和复杂程度相适应；

（二）针对每只公募理财产品，压力测试应当至少每季度进行一次，出现市场剧烈波动等情况时，应当提高压力测试频率；

（三）在可能情况下，应当参考以往出现的影响理财产品的外部冲击，对压力测试结果实施事后检验，压力测试结果和事后检验应当有书面记录；

（四）在理财产品投资运作和风险管理过程中应当充分考虑压力测试结果，必要时根据压力测试结果进行调整；

（五）制定有效的理财产品应急计划，确保其可以应对紧急情况下的理财产品赎回需求。应急计划的制定应当充分考虑压力测试结果，内容包括但不限于触发应急计划的各种情景、应急资金来源、应急程序和措施、董事会、高级管理层及相关部门实施应急程序和措施的权限与职责等；

（六）由专门的团队负责压力测试的实施与评估，该团队应当与投资管理团队保持相对独立。

第四十七条 商业银行应当加强对开放式公募理财产品认购环节的管理，合理控制理财产品投资者集中度，审慎确认大额认购申请，并在理财产品销售文件中对拒绝或暂停接受投资者认购申请的情形进行约定。

当接受认购申请可能对存量开放式公募理财产品投资者利益构成重大不利影响时，商业银行可以采取设定单一投资者认购金额上限或理财产品单日净认购比例上限、拒绝大额认购、暂停认购等措施，切实保护存量理财产品投资者的合法权益。

在确保投资者得到公平对待的前提下，商业银行可以按照法律、行政法规和理财产品销售文件约定，综合运用设置赎回上限、延期办理巨额赎回申请、暂停接受赎回申请、收取短期赎回费等方式，作为压力情景下开放式公募理财产品流动性风险管理的辅助措施。商业银行应当按照理财产品销售文件中约定的信息披露方式，在3个交易日内通知投资者相关处理措施。

本办法所称巨额赎回是指商业银行开放式公募理财产品单个开放日净赎回申请超过理财产品总份额的10%的赎回行为，国务院银行业监督管理机构另有规定的除外。

第四十八条　商业银行应当对理财投资合作机构的资质条件、专业服务能力和风险管理水平等开展尽职调查，实行名单制管理，明确规定理财投资合作机构的准入标准和程序、责任与义务、存续期管理、利益冲突防范机制、信息披露义务及退出机制，理财投资合作机构的名单应当至少由总行高级管理层批准并定期评估，必要时进行调整。商业银行应当以书面方式明确界定双方的权利义务和风险责任承担方式，切实履行投资管理职责，不因委托其他机构投资而免除自身应当承担的责任。

本办法所称理财投资合作机构包括但不限于商业银行理财产品所投资资产管理产品的发行机构、根据合同约定从事理财产品受托投资的机构以及与理财产品投资管理相关的投资顾问等。理财投资合作机构应当是具有专业资质并受金融监督管理部门依法监管的金融机构或国务院银行业监督管理机构认可的其他机构。

商业银行聘请理财产品投资顾问的，应当审查投资顾问的投资建议，不得由投资顾问直接执行投资指令，不得向未提供实质服务的投资顾问支付费用或者支付与其提供的服务不相匹配的费用。

商业银行首次与理财投资合作机构合作的，应当提前10日将该合作机构相关情况报告银行业监督管理机构。

第四十九条　商业银行不得用自有资金购买本行发行的理财产品，不得为理财产品投资的非标准化债权类资产或权益类资产提供任何直接或间接、显性或隐性的担保或回购承诺，不得用本行信贷资金为本行理财产品提供融资和担保。

第四节　理财托管

第五十条　商业银行应当选择具有证券投资基金托管业务资格的金融机构、银行业理财登记托管机构或者国务院银行业监督管理机构认可的其他机构托管所发行的理财产品。

第五十一条 从事理财产品托管业务的机构应当履行下列职责，确保实现实质性独立托管：

（一）安全保管理财产品财产；

（二）为每只理财产品开设独立的托管账户，不同托管账户中的资产应当相互独立；

（三）按照托管协议约定和理财产品发行银行的投资指令，及时办理清算、交割事宜；

（四）建立与理财产品发行银行的对账机制，复核、审查理财产品资金头寸、资产账目、资产净值、认购和赎回价格等数据，及时核查认购、赎回以及投资资金的支付和到账情况；

（五）监督理财产品投资运作，发现理财产品违反法律、行政法规、规章规定或合同约定进行投资的，应当拒绝执行，及时通知理财产品发行银行并报告银行业监督管理机构；

（六）办理与理财产品托管业务活动相关的信息披露事项，包括披露理财产品托管协议、对理财产品信息披露文件中的理财产品财务会计报告等出具意见，以及在公募理财产品半年度和年度报告中出具理财托管机构报告等；

（七）理财托管业务活动的记录、账册、报表和其他相关资料保存15年以上；

（八）对理财产品投资信息和相关资料承担保密责任，除法律、行政法规、规章规定、审计要求或者合同约定外，不得向任何机构或者个人提供相关信息和资料；

（九）国务院银行业监督管理机构规定的其他职责。

从事理财产品托管业务机构的董事、监事、高级管理人员和其他托管业务人员不得有本办法第二十四条第二款所列行为。

第五十二条 商业银行有下列情形之一的，国务院银行业监督管理机构可以要求其发行的理财产品由指定的机构进行托管：

（一）理财产品未实现实质性独立托管的；

（二）未按照穿透原则，在全国银行业理财信息登记系统中，向上穿透登记最终投资者信息，向下穿透登记理财产品投资的底层资产信息，或者信息登记不真实、准确、完整和及时的；

（三）国务院银行业监督管理机构规定的其他情形。

第五节　信息披露

第五十三条　商业银行应当按照国务院银行业监督管理机构关于信息披露的有关规定，每半年披露其从事理财业务活动的有关信息，披露的信息应当至少包括以下内容：当期发行和到期的理财产品类型、数量和金额、期末存续理财产品数量和金额，列明各类理财产品的占比及其变化情况，以及理财产品直接和间接投资的资产种类、规模和占比等信息。

第五十四条　商业银行应当在本行营业网点或官方网站建立理财产品信息查询平台，收录全部在售及存续期内公募理财产品的基本信息。

第五十五条　商业银行应当及时、准确、完整地向理财产品投资者披露理财产品的募集信息、资金投向、杠杆水平、收益分配、托管安排、投资账户信息和主要投资风险等内容。

第五十六条　商业银行发行公募理财产品的，应当在本行官方网站或者按照与投资者约定的方式，披露以下理财产品信息：

（一）在全国银行业理财信息登记系统获取的登记编码；

（二）销售文件，包括说明书、销售协议书、风险揭示书和投资者权益须知；

（三）发行公告，包括理财产品成立日期和募集规模等信息；

（四）定期报告，包括理财产品的存续规模、收益表现，并分别列示直接和间接投资的资产种类、投资比例、投资组合的流动性风险分析，以及前十项资产具体名称、规模和比例等信息；

（五）到期公告，包括理财产品的存续期限、终止日期、收费情况和收益分配情况等信息；

（六）重大事项公告；

（七）临时性信息披露；

（八）国务院银行业监督管理机构规定的其他信息。

商业银行应当在理财产品成立之后5日内披露发行公告，在理财产品终止后5日内披露到期公告，在发生可能对理财产品投资者或者理财产品收益产生重大影响的事件后2日内发布重大事项公告。

商业银行应当在每个季度结束之日起15日内、上半年结束之日起60日内、每年结束之日起90日内，编制完成理财产品的季度、半年和年度报告等定期报告。理财产品成立不足90日或者剩余存续期不超过90日的，商业银行可以不编制理财产品当期的季度、半年和年度报告。

第五十七条　商业银行应当在每个开放日结束后2日内，披露开放式公募理财产品在开放日的份额净值、份额累计净值、认购价格和赎回价格，在定期报告中披露开放式公募理财产品在季度、半年和年度最后一个市场交易日的份额净值、份额累计净值和资产净值。

商业银行应当至少每周向投资者披露一次封闭式公募理财产品的资产净值和份额净值。

第五十八条　商业银行应当在公募理财产品的存续期内，至少每月向投资者提供其所持有的理财产品账单，账单内容包括但不限于投资者持有的理财产品份额、认购金额、份额净值、份额累计净值、资产净值、收益情况、投资者理财交易账户发生的交易明细记录等信息。

第五十九条　商业银行发行私募理财产品的，应当按照与合格投资者约定的方式和频率，披露以下理财产品信息：

（一）在全国银行业理财信息登记系统获取的登记编码；

（二）销售文件，包括说明书、销售协议书、风险揭示书和投资者权益须知；

（三）至少每季度向合格投资者披露理财产品的资产净值、份额净值和其他重要信息；

（四）定期报告，至少包括季度、半年和年度报告；

（五）到期报告；

（六）重大事项报告；

（七）临时性信息披露；

（八）国务院银行业监督管理机构规定的其他信息。

第六十条 商业银行理财产品终止后的清算期原则上不得超过5日；清算期超过5日的，应当在理财产品终止前，根据与投资者的约定，在指定渠道向理财产品投资者进行披露。

第六十一条 商业银行应当在理财产品销售文件中明确约定与投资者联络和信息披露的方式、渠道和频率，以及在信息披露过程中各方的责任，确保投资者及时获取信息。

商业银行在未与投资者明确约定的情况下，在其官方网站公布理财产品相关信息，不能视为向投资者进行了信息披露。

第四章 监督管理

第六十二条 从事理财业务的商业银行应当按照规定，向银行业监督管理机构报送与理财业务有关的财务会计报表、统计报表、外部审计报告和银行业监督管理机构要求报送的其他材料，并于每年度结束后2个月内报送理财业务年度报告。

第六十三条 理财托管机构应当按照规定，向银行业监督管理机构报送与理财产品托管有关的材料，并于每年度结束后2个月内报送理财产品年度托管报告。

第六十四条 从事理财业务的商业银行在理财业务中出现重大风险和

损失时，应当及时向银行业监督管理机构报告，并提交应对措施。

第六十五条 银行业监督管理机构应当定期对商业银行理财业务进行现场检查。

第六十六条 银行业监督管理机构应当基于非现场监管和现场检查情况，定期对商业银行理财业务进行评估，并将其作为监管评级的重要依据。

第六十七条 商业银行违反本办法规定从事理财业务活动的，应当根据国务院银行业监督管理机构或者其省一级派出机构提出的整改要求，在规定的时限内向国务院银行业监督管理机构或者其省一级派出机构提交整改方案并采取整改措施。

第六十八条 对于在规定的时限内未能采取有效整改措施的商业银行，或者其行为严重危及本行稳健运行、损害投资者合法权益的，国务院银行业监督管理机构或者其省一级派出机构有权按照《中华人民共和国银行业监督管理法》第三十七条的规定，采取下列措施：

（一）责令暂停发行理财产品；

（二）责令暂停开展理财产品托管等业务；

（三）责令调整董事、高级管理人员或者限制其权利；

（四）《中华人民共和国银行业监督管理法》第三十七条规定的其他措施。

第六十九条 商业银行开展理财业务，根据《指导意见》经认定存在刚性兑付行为的，应当足额补缴存款准备金和存款保险保费，按照国务院银行业监督管理机构的相关规定，足额计提资本、贷款损失准备和其他各项减值准备，计算流动性风险和大额风险暴露等监管指标。

第五章　法律责任

第七十条 商业银行从事理财业务活动，有下列情形之一的，由银行业监督管理机构依照《中华人民共和国银行业监督管理法》第四十六条的规定，予以处罚。

（一）提供虚假的或者隐瞒重要事实的报表、报告等文件、资料的；

（二）未按照规定进行风险揭示或者信息披露的；

（三）根据《指导意见》经认定存在刚性兑付行为的；

（四）拒绝执行本办法第六十八条规定的措施的；

（五）严重违反本办法规定的其他情形。

第七十一条 商业银行从事理财业务活动，未按照规定向银行业监督管理机构报告或者报送有关文件、资料的，由银行业监督管理机构依照《中华人民共和国银行业监督管理法》第四十七条的规定，予以处罚。

第七十二条 商业银行从事理财业务活动的其他违法违规行为，由银行业监督管理机构依照《中华人民共和国银行业监督管理法》《中华人民共和国商业银行法》等法律法规予以处罚。

第七十三条 商业银行从事理财业务活动，违反有关法律、行政法规以及国家有关银行业监督管理规定的，银行业监督管理机构除依照本办法第七十条至第七十二条规定处罚外，还可以依照《中华人民共和国银行业监督管理法》第四十八条和《金融违法行为处罚办法》的相关规定，对直接负责的董事、高级管理人员和其他直接责任人员进行处理；涉嫌犯罪的，依法移送司法机关处理。

第六章 附则

第七十四条 政策性银行、农村合作银行、农村信用合作社等其他银行业金融机构开展理财业务，适用本办法规定。外国银行分行开展理财业务，参照本办法执行。

第七十五条 商业银行已经发行的保证收益型和保本浮动收益型理财产品应当按照结构性存款或者其他存款进行规范管理。

本办法所称结构性存款是指商业银行吸收的嵌入金融衍生产品的存款，通过与利率、汇率、指数等的波动挂钩或者与某实体的信用情况挂钩，使存款人在承担一定风险的基础上获得相应收益的产品。

结构性存款应当纳入商业银行表内核算，按照存款管理，纳入存款准备金和存款保险保费的缴纳范围，相关资产应当按照国务院银行业监督管理机构的相关规定计提资本和拨备。衍生产品交易部分按照衍生产品业务管理，应当有真实的交易对手和交易行为。

商业银行发行结构性存款应当具备相应的衍生产品交易业务资格。

商业银行销售结构性存款，应当参照本办法第三章第二节和本办法附件的相关规定执行。

第七十六条　具有代客境外理财业务资格的商业银行开展代客境外理财业务，参照本办法执行，并应当遵守法律、行政法规和金融监督管理部门的相关规定。

第七十七条　本办法中"以上"均含本数；"日"指工作日；"收益率"指年化收益率。

第七十八条　本办法附件《商业银行理财产品销售管理要求》是本办法的组成部分。

第七十九条　本办法由国务院银行业监督管理机构负责解释。

第八十条　本办法自公布之日起施行。《商业银行个人理财业务管理暂行办法》（中国银行业监督管理委员会令2005年第2号）、《商业银行个人理财业务风险管理指引》（银监发〔2005〕63号）、《中国银行业监督管理委员会办公厅关于商业银行开展个人理财业务风险提示的通知》（银监办发〔2006〕157号）、《中国银监会办公厅关于调整商业银行个人理财业务管理有关规定的通知》（银监办发〔2007〕241号）、《中国银监会办公厅关于进一步规范商业银行个人理财业务有关问题的通知》（银监办发〔2008〕47号）、《中国银监会办公厅关于进一步规范商业银行个人理财业务报告管理有关问题的通知》（银监办发〔2009〕172号）、《中国银监会关于进一步规范商业银行个人理财业务投资管理有关问题的通知》（银监发〔2009〕65号）、《中国银监会关于规范信贷资产转让及信贷资产类理财业务有关事项的通知》（银监发〔2009〕113号）、《商业银行理财产品销售管理办法》（中国银行业监督管理委员会令2011年第5号）、《中国银监会关于进一步加强商业银行理财业务风险管理有关问题的通知》（银监发〔2011〕91号）、《中国银监会关于规范商业银行理财业务投资运作有关问题的通知》（银监发〔2013〕8号）、《中国银监会关于完善银行理财业务组织管理体系有关事项的通知》（银监发〔2014〕35号）同时废止。本办法实施前出台的有关规章及规范性文件如与本办法不一致的，按照本办法执行。

第八十一条 本办法过渡期为施行之日起至2020年底。过渡期内，商业银行新发行的理财产品应当符合本办法规定；对于存量理财产品，商业银行可以发行老产品对接存量理财产品所投资的未到期资产，但应当严格控制在存量产品的整体规模内，并有序压缩递减。

商业银行应当制定本行理财业务整改计划，明确时间进度安排和内部职责分工，经董事会审议通过并经董事长签批后，报送银行业监督管理机构认可，同时报备中国人民银行。银行业监督管理机构监督指导商业银行实施整改计划，对于提前完成整改的商业银行，给予适当监管激励；对于未严格执行整改计划或者整改不到位的商业银行，适时采取相关监管措施。

过渡期结束之后，商业银行理财产品按照本办法和《指导意见》进行全面规范管理，因子公司尚未成立而达不到第三方独立托管要求的情形除外；商业银行不得再发行或者存续不符合《指导意见》和本办法规定的理财产品。

中国银行保险监督管理委员会令

《商业银行理财子公司管理办法》

发布时间：2018年12月2日

第一章　总则

第一条　为加强对商业银行理财子公司的监督管理，依法保护投资者合法权益，根据《中华人民共和国银行业监督管理法》等法律、行政法规以及《关于规范金融机构资产管理业务的指导意见》（以下简称《指导意见》）、《商业银行理财业务监督管理办法》（以下简称《理财业务管理办法》），制定本办法。

第二条　本办法所称银行理财子公司是指商业银行经国务院银行业监督管理机构批准，在中华人民共和国境内设立的主要从事理财业务的非银行金融机构。

本办法所称理财业务是指银行理财子公司接受投资者委托，按照与投资者事先约定的投资策略、风险承担和收益分配方式，对受托的投资者财产进行投资和管理的金融服务。

第三条　银行理财子公司开展理财业务，应当诚实守信、勤勉尽职地履行受人之托、代人理财职责，遵守成本可算、风险可控、信息充分披露的原则，严格遵守投资者适当性管理要求，保护投资者合法权益。

第四条　银行业监督管理机构依法对银行理财子公司及其业务活动实施监督管理。

银行业监督管理机构应当与其他金融管理部门加强监管协调和信息共享，防范跨市场风险。

第二章　设立、变更与终止

第五条　设立银行理财子公司，应当采取有限责任公司或者股份有限公司形式。银行理财子公司名称一般为"字号＋理财＋组织形式"。未经国务院银行业监督管理机构批准，任何单位不得在其名称中使用"理财有限责任公司"或"理财股份有限公司"字样。

第六条　银行理财子公司应当具备下列条件：

（一）具有符合《中华人民共和国公司法》和国务院银行业监督管理机构规章规定的章程；

（二）具有符合规定条件的股东；

（三）具有符合本办法规定的最低注册资本；

（四）具有符合任职资格条件的董事、高级管理人员，并具备充足的从事研究、投资、估值、风险管理等理财业务岗位的合格从业人员；

（五）建立有效的公司治理、内部控制和风险管理体系，具备支持理财产品单独管理、单独建账和单独核算等业务管理的信息系统，具备保障信息系统有效安全运行的技术与措施；

（六）具有与业务经营相适应的营业场所、安全防范措施和其他设施；

（七）国务院银行业监督管理机构规章规定的其他审慎性条件。

第七条　银行理财子公司应当由在中华人民共和国境内注册成立的商业银行作为控股股东发起设立。作为控股股东的商业银行应当符合以下条件：

（一）具有良好的公司治理结构、内部控制机制和健全的风险管理体系；

（二）主要审慎监管指标符合监管要求；

（三）财务状况良好，最近3个会计年度连续盈利；

（四）监管评级良好，最近 2 年内无重大违法违规行为，已采取有效整改措施并经国务院银行业监督管理机构认可的除外；

（五）银行理财业务经营规范稳健；

（六）设立理财业务专营部门，对理财业务实行集中统一经营管理；理财业务专营部门连续运营 3 年以上，具有前中后台相互分离、职责明确、有效制衡的组织架构；

（七）具有明确的银行理财子公司发展战略和业务规划；

（八）入股资金为自有资金，不得以债务资金和委托资金等非自有资金入股；

（九）在银行理财子公司章程中承诺 5 年内不转让所持有的股权，不将所持有的股权进行质押或设立信托，经国务院银行业监督管理机构批准的除外；

（十）国务院银行业监督管理机构规章规定的其他审慎性条件。

第八条　境内外金融机构作为银行理财子公司股东的，应当具备以下条件：

（一）具有良好的公司治理结构；

（二）具有良好的社会声誉、诚信记录和纳税记录；

（三）经营管理良好，最近 2 年内无重大违法违规经营记录；

（四）财务状况良好，最近 2 个会计年度连续盈利；

（五）入股资金为自有资金，不得以债务资金和委托资金等非自有资金入股；

（六）在银行理财子公司章程中承诺 5 年内不转让所持有的股权，不将所持有的股权进行质押或设立信托，经国务院银行业监督管理机构批准的除外；

（七）符合所在地有关法律法规和相关监管规定要求；境外金融机构作为股东的，其所在国家或地区金融监管当局已经与国务院金融监督管理部门建立良好的监督管理合作机制；

（八）国务院银行业监督管理机构规章规定的其他审慎性条件。

第九条 境内非金融企业作为银行理财子公司股东的，应当具备以下条件：

（一）具有良好的公司治理结构；

（二）具有良好的社会声誉、诚信记录和纳税记录；

（三）经营管理良好，最近2年内无重大违法违规经营记录；

（四）财务状况良好，最近2个会计年度连续盈利；

（五）入股资金为自有资金，不得以债务资金和委托资金等非自有资金入股；

（六）在银行理财子公司章程中承诺5年内不转让所持有的股权，不将所持有的股权进行质押或设立信托，经国务院银行业监督管理机构批准的除外；

（七）最近1年年末总资产不低于50亿元人民币，最近1年年末净资产不得低于总资产的30%，权益性投资余额原则上不超过其净资产的50%（含本次投资资金，合并会计报表口径）；

（八）国务院银行业监督管理机构规章规定的其他审慎性条件。

第十条 有以下情形之一的企业不得作为银行理财子公司的股东：

（一）公司治理结构与机制存在明显缺陷；

（二）关联企业众多、股权关系复杂且不透明、关联交易频繁且异常；

（三）核心主业不突出且其经营范围涉及行业过多；

（四）现金流量波动受经济景气影响较大；

（五）资产负债率、财务杠杆率明显高于行业平均水平；

（六）代他人持有银行理财子公司股权；

（七）其他可能对银行理财子公司产生重大不利影响的情况。

第十一条 银行理财子公司的注册资本应当为一次性实缴货币资本，最低金额为10亿元人民币或等值自由兑换货币。

国务院银行业监督管理机构根据审慎监管的要求，可以调整银行理财子公司最低注册资本要求，但不得少于前款规定的金额。

第十二条 同一投资人及其关联方、一致行动人参股银行理财子公司的数量不得超过2家，或者控股银行理财子公司的数量不得超过1家。

第十三条 银行理财子公司机构设立须经筹建和开业两个阶段。

第十四条 筹建银行理财子公司，应当由作为控股股东的商业银行向国务院银行业监督管理机构提交申请，由国务院银行业监督管理机构按程序受理、审查并决定。国务院银行业监督管理机构应当自收到完整申请材料之日起4个月内作出批准或不批准的书面决定。

第十五条 银行理财子公司的筹建期为批准决定之日起6个月。未能按期完成筹建的，应当在筹建期限届满前1个月向国务院银行业监督管理机构提交筹建延期报告。筹建延期不得超过一次，延长期限不得超过3个月。

申请人应当在前款规定的期限届满前提交开业申请，逾期未提交的，筹建批准文件失效，由决定机关注销筹建许可。

第十六条 银行理财子公司开业，应当由作为控股股东的商业银行向银行业监督管理机构提交申请，由银行业监督管理机构受理、审查并决定。银行业监督管理机构自受理之日起2个月内作出核准或不予核准的书面决定。

第十七条 银行理财子公司应当在收到开业核准文件并领取金融许可证后，办理工商登记，领取营业执照。

银行理财子公司应当自领取营业执照之日起6个月内开业。不能按期开业的，应当在开业期限届满前1个月向国务院银行业监督管理机构提交开业延期报告。开业延期不得超过一次，延长期限不得超过3个月。

未在前款规定期限内开业的，开业核准文件失效，由决定机关注销开业许可，发证机关收回金融许可证，并予以公告。

第十八条 银行理财子公司董事和高级管理人员实行任职资格核准制度，由银行业监督管理机构参照《中国银监会非银行金融机构行政许可事项实施办法》规定的行政许可范围、条件和程序对银行理财子公司董事和高级管理人员任职资格进行审核,国务院银行业监督管理机构另有规定的除外。

第十九条 银行理财子公司应当严格控制分支机构的设立。根据需要设立分支机构的,应当具备以下条件:

(一)具有有效的公司治理、内部控制和风险管理体系,具备支持理财产品单独管理、单独建账和单独核算等业务管理的信息系统,具备保障信息系统有效安全运行的技术与措施;

(二)理财业务经营规范稳健,最近 2 年内无重大违法违规行为;

(三)具备拨付营运资金的能力;

(四)国务院银行业监督管理机构规章规定的其他审慎性条件。

银行理财子公司设立分支机构,由银行业监督管理机构受理、审查并决定,相关程序应当符合《中国银监会非银行金融机构行政许可事项实施办法》相关规定,国务院银行业监督管理机构另有规定的除外。

第二十条 银行理财子公司有下列变更事项之一的,应当报经国务院银行业监督管理机构批准:

(一)变更公司名称;

(二)变更注册资本;

(三)变更股权或调整股权结构;

(四)调整业务范围;

(五)变更公司住所或营业场所;

(六)修改公司章程;

(七)变更组织形式;

(八)合并或分立;

(九)国务院银行业监督管理机构规章规定的其他变更事项。

银行理财子公司股权变更后持股 5% 以上的股东应当经股东资格审核。银行理财子公司变更持股 1% 以上、5% 以下股东的,应当在 10 个工作日内向银行业监督管理机构报告。变更股权后的股东应当符合本办法规定的股东资质条件。

第二十一条　银行理财子公司有下列情况之一的，经国务院银行业监督管理机构批准后可以解散：

（一）公司章程规定的营业期限届满或者公司章程规定的其他解散事由出现；

（二）股东会议决议解散；

（三）因公司合并或者分立需要解散；

（四）依法被吊销营业执照、责令关闭或者被撤销；

（五）其他法定事由。

第二十二条　银行理财子公司因解散、依法被撤销或被宣告破产而终止的，其清算事宜按照国家有关法律法规办理。银行理财子公司不得将理财产品财产归入其自有资产，因依法解散、被依法撤销或者被依法宣告破产等原因进行清算的，理财产品财产不属于其清算财产。

第二十三条　银行理财子公司的机构变更和终止、调整业务范围及增加业务品种等行政许可事项由国务院银行业监督管理机构受理、审查并决定，相关许可条件和程序应符合《中国银监会非银行金融机构行政许可事项实施办法》相关规定，国务院银行业监督管理机构另有规定的除外。

第三章　业务规则

第二十四条　银行理财子公司可以申请经营下列部分或者全部业务：

（一）面向不特定社会公众公开发行理财产品，对受托的投资者财产进行投资和管理；

（二）面向合格投资者非公开发行理财产品，对受托的投资者财产进行投资和管理；

（三）理财顾问和咨询服务；

（四）经国务院银行业监督管理机构批准的其他业务。

第二十五条 银行理财子公司开展业务，应当遵守《指导意见》和《理财业务管理办法》的总则、分类管理、业务规则与风险管理、附则以及附件《商业银行理财产品销售管理要求》的相关规定，本办法另有规定的除外。

银行理财子公司开展理财业务，不适用《理财业务管理办法》第二十二条、第三十条第二款、第三十一条、第三十六条第一款、第三十九条、第四十条第一款、第四十二条第一款、第四十八条第二款、第四十九条、第七十四条至第七十七条、附件《商业银行理财产品销售管理要求》第三条第（三）项的规定。

第二十六条 银行理财子公司发行公募理财产品的，应当主要投资于标准化债权类资产以及上市交易的股票，不得投资于未上市企业股权，法律、行政法规和国务院银行业监督管理机构另有规定的除外。

第二十七条 银行理财子公司销售理财产品的，应当在非机构投资者首次购买理财产品前通过本公司渠道（含营业场所和电子渠道）进行风险承受能力评估；通过营业场所向非机构投资者销售理财产品的，应当按照国务院银行业监督管理机构的相关规定实施理财产品销售专区管理，在销售专区内对每只理财产品销售过程进行录音录像。银行理财子公司不得通过电视、电台、互联网等渠道对私募理财产品进行公开宣传。

银行理财子公司可以通过商业银行、农村合作银行、村镇银行、农村信用合作社等吸收公众存款的银行业金融机构，或者国务院银行业监督管理机构认可的其他机构代理销售理财产品。代理销售银行理财子公司理财产品的机构应当遵守国务院银行业监督管理机构关于代理销售业务的相关规定。

第二十八条 银行理财子公司理财产品不得直接投资于信贷资产，不得直接或间接投资于主要股东的信贷资产及其受（收）益权，不得直接或间接投资于主要股东发行的次级档资产支持证券，面向非机构投资者发行的理财产品不得直接或间接投资于不良资产受（收）益权。

银行理财子公司发行的理财产品不得直接或间接投资于本公司发行的理财产品，国务院银行业监督管理机构另有规定的除外。银行理财子公司发行的理财产品可以再投资一层由受金融监督管理部门依法监管的其他机构发行的资产管理产品，但所投资的资产管理产品不得再投资公募证券投资基金以外的资产管理产品。

银行理财子公司主要股东是指持有或控制银行理财子公司5%以上股份或表决权，或持有资本总额或股份总额不足5%但对银行理财子公司经营管理有重大影响的股东。

前款所称"重大影响"包括但不限于向银行理财子公司派驻董事、监事或高级管理人员，通过协议或其他方式影响银行理财子公司的财务和经营管理决策以及国务院银行业监督管理机构认定的其他情形。

第二十九条 银行理财子公司理财产品投资于非标准化债权类资产的，应当实施投前尽职调查、风险审查和投后风险管理。银行理财子公司全部理财产品投资于非标准化债权类资产的余额在任何时点均不得超过理财产品净资产的35%。

第三十条 同一银行理财子公司全部开放式公募理财产品持有单一上市公司发行的股票，不得超过该上市公司可流通股票的15%。

第三十一条 银行理财子公司发行分级理财产品的，应当遵守《指导意见》第二十一条相关规定。

分级理财产品的同级份额享有同等权益、承担同等风险，产品名称中应包含"分级"或"结构化"字样。

银行理财子公司不得违背风险收益相匹配原则，利用分级理财产品向特定一个或多个劣后级投资者输送利益。分级理财产品不得投资其他分级资产管理产品，不得直接或间接对优先级份额投资者提供保本保收益安排。

银行理财子公司应当向投资者充分披露理财产品的分级设计及相应风险、收益分配、风险控制等信息。

第三十二条 银行理财子公司的理财投资合作机构包括但不限于银行理财子公司理财产品所投资资产管理产品的发行机构、根据合同约定从事理财产品受托投资的机构以及与理财产品投资管理相关的投资顾问等。

银行理财子公司公募理财产品所投资资产管理产品的发行机构、根据合同约定从事理财产品受托投资的机构应当是具有专业资质并受金融监督管理部门依法监管的金融机构,其他理财投资合作机构应当是具有专业资质,符合法律、行政法规、《指导意见》和金融监督管理部门相关监管规定并受金融监督管理部门依法监管的机构。

银行理财子公司可以选择符合以下条件的私募投资基金管理人担任理财投资合作机构：

（一）在中国证券投资基金业协会登记满 1 年、无重大违法违规记录的会员；

（二）担任银行理财子公司投资顾问的,应当为私募证券投资基金管理人,其具备 3 年以上连续可追溯证券、期货投资管理业绩且无不良从业记录的投资管理人员应当不少于 3 人；

（三）金融监督管理部门规定的其他条件。

银行理财子公司所发行分级理财产品的投资顾问及其关联方不得以其自有资金或者募集资金投资于该分级理财产品的劣后级份额。

第三十三条 银行理财子公司可以运用自有资金开展存放同业、拆放同业等业务,投资国债、其他固定收益类证券以及国务院银行业监督管理机构认可的其他资产,其中持有现金、银行存款、国债、中央银行票据、政策性金融债券等具有较高流动性资产的比例不低于 50%。

银行理财子公司以自有资金投资于本公司发行的理财产品,不得超过其自有资金的 20%,不得超过单只理财产品净资产的 10%,不得投资于分级理财产品的劣后级份额。

银行理财子公司应当确保理财业务与自营业务相分离，理财业务操作与自营业务操作相分离，其自有资产与发行的理财产品之间不得进行利益输送。

银行理财子公司不得为理财产品投资的非标准化债权类资产或权益类资产提供任何直接或间接、显性或隐性的担保或回购承诺。

第三十四条　银行理财子公司发行投资衍生产品的理财产品的，应当按照《银行业金融机构衍生产品交易业务管理暂行办法》获得相应的衍生产品交易资格，并遵守国务院银行业监督管理机构关于衍生产品业务管理的有关规定。

银行理财子公司开展理财业务涉及外汇业务的，应当具有开办相应外汇业务的资格，并遵守外汇管理的有关规定。

第三十五条　银行理财子公司发行理财产品的，应当在全国银行业理财信息登记系统对理财产品进行集中登记。

银行理财子公司不得发行未在全国银行业理财信息登记系统进行登记并获得登记编码的理财产品。

第四章　风险管理

第三十六条　银行理财子公司应当建立组织健全、职责清晰、有效制衡、激励约束合理的公司治理结构，明确股东（大）会、董事会、监事会、高级管理层、业务部门、风险管理部门和内部审计部门风险管理职责分工，建立相互衔接、协调运转的管理机制。

第三十七条　银行理财子公司董事会对理财业务的合规管理和风险管控有效性承担最终责任。董事会应当充分了解理财业务及其所面临的各类风险，根据本公司经营目标、投资管理能力、风险管理水平等因素，审核批准理财业务的总体战略和重要业务管理制度并监督实施。董事会应当监督高级管理层履行理财业务管理职责，评价理财业务管理的全面性、有效性和高级管理层的履职情况。

董事会可以授权其下设的专门委员会履行以上部分职能。

第三十八条　银行理财子公司高级管理层应当充分了解理财业务及其所面临的各类风险，根据本公司经营目标、投资管理能力、风险管理水平等因素，制定、定期评估并实施理财业务的总体战略和业务管理制度，确保具备从事理财业务及其风险管理所需要的专业人员、业务处理系统、会计核算系统和管理信息系统等人力、物力资源。

第三十九条　银行理财子公司监事会应当对董事会和高级管理层的履职情况进行监督评价并督促整改。监事长（监事会主席）应当由专职人员担任。

第四十条　银行理财子公司应当根据理财业务性质和风险特征，建立健全理财业务管理制度，包括产品准入管理、风险管理和内部控制、人员管理、销售管理、投资管理、合作机构管理、产品托管、产品估值、会计核算和信息披露等。

第四十一条　银行理财子公司与其主要股东之间，同一股东控股、参股或实际控制的其他机构之间，以及国务院银行业监督管理机构认定需要实施风险隔离的其他机构之间，应当建立有效的风险隔离机制，通过隔离资金、业务、管理、人员、系统、营业场所和信息等措施，防范风险传染、内幕交易、利益冲突和利益输送，防止利用未公开信息交易。风险隔离机制应当至少包括以下内容：

（一）确保机构名称、产品和服务名称、对外营业场所、品牌标识、营销宣传等有效区分，避免投资者混淆，防范声誉风险；

（二）对银行理财子公司的董事会成员和监事会成员的交叉任职进行有效管理，防范利益冲突；

（三）严格隔离投资运作等关键敏感信息传递，不得提供存在潜在利益冲突的投资、研究、客户敏感信息等资料。

第四十二条 银行理财子公司发行的理财产品投资于本公司或托管机构的主要股东、实际控制人、一致行动人、最终受益人，托管机构，同一股东或托管机构控股的机构，或者与本公司或托管机构有重大利害关系的机构发行或承销的证券，或者从事其他关联交易的，应当符合理财产品投资目标、投资策略和投资者利益优先原则，按照商业原则，以不优于对非关联方同类交易的条件进行，并向投资者充分披露信息。

银行理财子公司应当遵守法律、行政法规和金融监督管理部门关于关联交易的相关规定，全面准确识别关联方，建立健全理财业务关联交易内部评估和审批机制。理财业务涉及重大关联交易的，应当提交有权审批机构审批，并向银行业监督管理机构报告。

银行理财子公司不得以理财资金与关联方进行不正当交易、利益输送、内幕交易和操纵市场，包括但不限于投资于关联方虚假项目、与关联方共同收购上市公司、向本公司注资等。

第四十三条 银行理财子公司应当将投资管理职能与交易执行职能相分离，实行集中交易制度。

银行理财子公司应当建立公平交易制度和异常交易监控机制，对投资交易行为进行监控、分析、评估、核查，监督投资交易的过程和结果，不得开展可能导致不公平交易和利益输送的交易行为。

银行理财子公司应当对不同理财产品之间发生的同向交易和反向交易进行监控。同一理财产品不得在同一交易日内进行反向交易。确因投资策略或流动性等需要发生同日反向交易的，应当要求相关人员提供决策依据，并留存书面记录备查。国务院银行业监督管理机构另有规定的除外。

第四十四条 银行理财子公司应当按照理财产品管理费收入的10%计提风险准备金，风险准备金余额达到理财产品余额的1%时可以不再提取。风险准备金主要用于弥补因银行理财子公司违法违规、违反理财产品合同约定、操作错误或者技术故障等给理财产品财产或者投资者造成的损失。

第四十五条 银行理财子公司应当遵守净资本监管要求。相关监管规定由国务院银行业监督管理机构另行制定。

第四十六条 银行理财子公司应当建立健全内部控制和内外部审计制度，完善内部控制措施，提高内外部审计有效性，持续督促提升业务经营、风险管理、内控合规水平。

银行理财子公司应当按照国务院银行业监督管理机构关于内部审计的相关规定，至少每年对理财业务进行一次内部审计，并将审计报告报送董事会。董事会应当针对内部审计发现的问题，督促高级管理层及时采取整改措施。内部审计部门应当跟踪检查整改措施的实施情况，并及时向董事会提交有关报告。

银行理财子公司应当按照国务院银行业监督管理机构关于外部审计的相关规定，委托外部审计机构至少每年对理财业务和公募理财产品进行一次外部审计，并针对外部审计发现的问题及时采取整改措施。

第四十七条 银行理财子公司应当建立健全从业人员的资格认定、培训、考核评价和问责制度，确保理财业务人员具备必要的专业知识、行业经验和管理能力，充分了解相关法律法规、监管规定以及理财产品的法律关系、交易结构、主要风险及风险管控方式，遵守行为准则和职业道德标准。

银行理财子公司的董事、监事、高级管理人员和其他理财业务人员，其本人、配偶、利害关系人进行证券投资，应当事先向银行理财子公司申报，并不得与投资者发生利益冲突。银行理财子公司应当建立上述人员进行证券投资的申报、登记、审查、处置等管理制度，并报银行业监督管理机构备案。

银行理财子公司的董事、监事、高级管理人员和其他理财业务人员不得有下列行为：

（一）将自有财产或者他人财产混同于理财产品财产从事投资活动；

（二）不公平地对待所管理的不同理财产品财产；

（三）利用理财产品财产或者职务之便为理财产品投资者以外的人牟

取利益；

（四）向理财产品投资者违规承诺收益或者承担损失；

（五）侵占、挪用理财产品财产；

（六）泄露因职务便利获取的未公开信息，利用该信息从事或者明示、暗示他人从事相关的交易活动；

（七）玩忽职守，不按照规定履行职责；

（八）法律、行政法规和国务院银行业监督管理机构规定禁止的其他行为。

第四十八条 银行理财子公司应当建立有效的投资者保护机制，设置专职岗位并配备与业务规模相匹配的人员，根据法律、行政法规、金融监管规定和合同约定妥善处理投资者投诉。

第五章　监督管理

第四十九条 银行理财子公司应当按照规定，向银行业监督管理机构报送与理财业务有关的财务会计报表、统计报表、外部审计报告、风险准备金使用情况和银行业监督管理机构要求报送的其他材料，并于每年度结束后2个月内报送理财业务年度报告。

第五十条 银行理财子公司在理财业务中出现或者可能出现重大风险和损失时，应当及时向银行业监督管理机构报告，并提交应对措施。

第五十一条 银行业监督管理机构应当按照规定对银行理财子公司业务进行现场检查。

第五十二条 银行业监督管理机构应当基于非现场监管和现场检查情况，定期对银行理财子公司业务进行评估。

第五十三条 银行理财子公司违反本办法规定从事理财业务活动的，应当根据国务院银行业监督管理机构或者其省一级派出机构提出的整改要求,在规定的时限内向国务院银行业监督管理机构或者其省一级派出机构提交整改方案并采取整改措施。

第五十四条 对于在规定的时限内未能采取有效整改措施的银行理财子公司,或者其行为严重危及本公司稳健运行、损害投资者合法权益的,国务院银行业监督管理机构或者其省一级派出机构有权按照《中华人民共和国银行业监督管理法》第三十七条的规定,采取下列措施:

(一)责令暂停发行理财产品;

(二)责令调整董事、高级管理人员或限制其权利;

(三)《中华人民共和国银行业监督管理法》第三十七条规定的其他措施。

第五十五条 银行理财子公司从事理财业务活动,有下列情形之一的,由银行业监督管理机构依照《中华人民共和国银行业监督管理法》第四十六条的规定,予以处罚:

(一)提供虚假的或者隐瞒重要事实的报表、报告等文件、资料的;

(二)未按照规定进行风险揭示或者信息披露的;

(三)根据《指导意见》经认定存在刚性兑付行为的;

(四)拒绝执行本办法第五十四条规定的措施的;

(五)严重违反本办法规定的其他情形。

第五十六条 银行理财子公司从事理财业务活动,未按照规定向银行业监督管理机构报告或者报送有关文件、资料的,由银行业监督管理机构依照《中华人民共和国银行业监督管理法》第四十七条的规定,予以处罚。

第五十七条 银行理财子公司从事理财业务活动的其他违法违规行为,由银行业监督管理机构依照《中华人民共和国银行业监督管理法》等法律法规予以处罚。

第五十八条 银行理财子公司从事理财业务活动,违反有关法律、行政法规以及国家有关银行业监督管理规定的,银行业监督管理机构除依照本办法第五十五条至第五十七条规定处罚外，还可以依照《中华人民共和国银行业监督管理法》第四十八条和《金融违法行为处罚办法》的相关规定，对直接负责的董事、高级管理人员和其他直接责任人员进行处理；涉嫌犯罪的，依法移送司法机关处理。

第六章　附则

第五十九条　本办法中"以上"均含本数，"以下"不含本数。

第六十条　本办法所称控股股东是指根据《中华人民共和国公司法》第二百一十六条规定，其出资额占有限责任公司资本总额50%以上，或其持有的股份占股份有限公司股本总额50%以上的股东；出资额或者持有股份的比例虽然不足50%，但依其出资额或者持有的股份所享有的表决权已足以对股东（大）会的决议产生重大影响的股东。

第六十一条　本办法由国务院银行业监督管理机构负责解释。

第六十二条　本办法自公布之日起施行。

中国证券监督管理委员会

《证券期货经营机构私募资产管理业务管理办法》

发布时间：2018年10月22日

第一章 总　则

第一条　为规范证券期货经营机构私募资产管理业务，保护投资者及相关当事人的合法权益，维护证券期货市场秩序，根据《中华人民共和国证券法》、《中华人民共和国证券投资基金法》（以下简称《证券投资基金法》）、《证券公司监督管理条例》、《期货交易管理条例》、《关于规范金融机构资产管理业务的指导意见》（银发〔2018〕106号，以下简称《指导意见》）及相关法律法规，制定本办法。

第二条　在中华人民共和国境内，证券期货经营机构非公开募集资金或者接受财产委托，设立私募资产管理计划（以下简称资产管理计划）并担任管理人，由托管机构担任托管人，依照法律法规和资产管理合同的约定，为投资者的利益进行投资活动，适用本办法。本办法所称证券期货经营机构，是指证券公司、基金管理公司、期货公司及前述机构依法设立的从事私募资产管理业务的子公司。证券期货经营机构非公开募集资金开展资产证券化业务，由中国证券监督管理委员会（以下简称中国证监会）另行规定。

第三条　证券期货经营机构从事私募资产管理业务，应当遵循自愿、公平、诚实信用和客户利益至上原则，恪尽职守，谨慎勤勉，维护投资者合法权益，服务实体经济，不得损害国家利益、社会公共利益和他人合法权益。

证券期货经营机构应当遵守审慎经营规则，制定科学合理的投资策略和风险管理制度，有效防范和控制风险，确保业务开展与资本实力、管理能力及风险控制水平相适应。

第四条 证券期货经营机构不得在表内从事私募资产管理业务，不得以任何方式向投资者承诺本金不受损失或者承诺最低收益。投资者参与资产管理计划，应当根据自身能力审慎决策，独立承担投资风险。

第五条 证券期货经营机构从事私募资产管理业务，应当实行集中运营管理，建立健全内部控制和合规管理制度，采取有效措施，将私募资产管理业务与公司其他业务分开管理，控制敏感信息的不当流动和使用，防范内幕交易、利用未公开信息交易、利益冲突和利益输送。

第六条 资产管理计划财产的债务由资产管理计划财产本身承担，投资者以其出资为限对资产管理计划财产的债务承担责任。但资产管理合同依照《证券投资基金法》另有约定的，从其约定。资产管理计划财产独立于证券期货经营机构和托管人的固有财产，并独立于证券期货经营机构管理的和托管人托管的其他财产。证券期货经营机构、托管人不得将资产管理计划财产归入其固有财产。证券期货经营机构、托管人因资产管理计划财产的管理、运用或者其他情形而取得的财产和收益，归入资产管理计划财产。证券期货经营机构、托管人因依法解散、被依法撤销或者被依法宣告破产等原因进行清算的，资产管理计划财产不属于其清算财产。非因资产管理计划本身的债务或者法律规定的其他情形，不得查封、冻结、扣划或者强制执行资产管理计划财产。

第七条 中国证监会及其派出机构依据法律、行政法规和本办法的规定，对证券期货经营机构私募资产管理业务实施监督管理。

第八条 证券交易场所、期货交易所、证券登记结算机构、中国证券业协会（以下简称证券业协会）、中国期货业协会（以下简称期货业协会）、中国证券投资基金业协会（以下简称证券投资基金业协会）依照法律、行政法规和中国证监会的规定，对证券期货经营机构私募资产管理业务实施自律管理。

第二章　业务主体

第九条　证券期货经营机构从事私募资产管理业务，应当依法经中国证监会批准。法律、行政法规和中国证监会另有规定的除外。

第十条　证券期货经营机构从事私募资产管理业务，应当符合以下条件：

（一）净资产、净资本等财务和风险控制指标符合法律、行政法规和中国证监会的规定；

（二）法人治理结构良好，内部控制、合规管理、风险管理制度完备；

（三）具备符合条件的高级管理人员和三名以上投资经理；

（四）具有投资研究部门，且专职从事投资研究的人员不少于三人；

（五）具有符合要求的营业场所、安全防范设施、信息技术系统；

（六）最近两年未因重大违法违规行为被行政处罚或者刑事处罚，最近一年未因重大违法违规行为被监管机构采取行政监管措施，无因涉嫌重大违法违规正受到监管机构或有权机关立案调查的情形；

（七）中国证监会根据审慎监管原则规定的其他条件。

证券公司、基金管理公司、期货公司设立子公司从事私募资产管理业务，并由其投资研究部门为子公司提供投资研究服务的，视为符合前款第（四）项规定的条件。

第十一条　证券期货经营机构从事私募资产管理业务，应当履行以下管理人职责：

（一）依法办理资产管理计划的销售、登记、备案事宜；

（二）对所管理的不同资产管理计划的受托财产分别管理、分别记账，进行投资；

（三）按照资产管理合同的约定确定收益分配方案，及时向投资者分配收益；

（四）进行资产管理计划会计核算并编制资产管理计划财务会计报告；

（五）依法计算并披露资产管理计划净值，确定参与、退出价格；

（六）办理与受托财产管理业务活动有关的信息披露事项；

（七）保存受托财产管理业务活动的记录、账册、报表和其他相关资料；

（八）以管理人名义，代表投资者利益行使诉讼权利或者实施其他法律行为；

（九）法律、行政法规和中国证监会规定的其他职责。

第十二条 投资经理应当依法取得从业资格，具有三年以上投资管理、投资研究、投资咨询等相关业务经验，具备良好的诚信记录和职业操守，且最近三年未被监管机构采取重大行政监管措施、行政处罚。

第十三条 证券期货经营机构应当将受托财产交由依法取得基金托管资格的托管机构实施独立托管。法律、行政法规和中国证监会另有规定的除外。托管人应当履行下列职责：

（一）安全保管资产管理计划财产；

（二）按照规定开设资产管理计划的托管账户，不同托管账户中的财产应当相互独立；

（三）按照资产管理合同约定，根据管理人的投资指令，及时办理清算、交割事宜；

（四）建立与管理人的对账机制，复核、审查管理人计算的资产管理计划资产净值和资产管理计划参与、退出价格；

（五）监督管理人的投资运作，发现管理人的投资或清算指令违反法律、行政法规、中国证监会的规定或者资产管理合同约定的，应当拒绝执行，并向中国证监会相关派出机构和证券投资基金业协会报告；

（六）办理与资产管理计划托管业务活动有关的信息披露事项；

（七）对资产管理计划财务会计报告、年度报告出具意见；

（八）保存资产管理计划托管业务活动的记录、账册、报表和其他相关资料；

（九）对资产管理计划投资信息和相关资料承担保密责任，除法律、行政法规、规章规定或者审计要求、合同约定外，不得向任何机构或者个人提供相关信息和资料；

（十）法律、行政法规和中国证监会规定的其他职责。

第十四条 证券期货经营机构可以自行销售资产管理计划，也可以委托具有基金销售资格的机构（以下简称销售机构）销售或者推介资产管理计划。销售机构应当依法、合规销售或者推介资产管理计划。

第十五条 证券期货经营机构可以自行办理资产管理计划份额的登记、估值、核算，也可以委托中国证监会认可的其他机构代为办理。

第十六条 证券期货经营机构从事私募资产管理业务，可以聘请符合中国证监会规定条件并接受国务院金融监督管理机构监管的机构为其提供投资顾问服务。证券期货经营机构依法应当承担的责任不因聘请投资顾问而免除。证券期货经营机构应当向投资者详细披露所聘请的投资顾问的资质、收费等情况，以及换、解聘投资顾问的条件和程序，充分揭示聘请投资顾问可能产生的特定风险。

证券期货经营机构不得聘请个人或者不符合条件的机构提供投资顾问服务。

第十七条 证券期货经营机构、托管人、投资顾问及相关从业人员不得有下列行为：

（一）利用资产管理计划从事内幕交易、操纵市场或者其他不当、违法的证券期货业务活动；

（二）泄露因职务便利获取的未公开信息、利用该信息从事或者明示、暗示他人从事相关交易活动；

（三）为违法或者规避监管的证券期货业务活动提供交易便利；

（四）从事非公平交易、利益输送等损害投资者合法权益的行为；

（五）利用资产管理计划进行商业贿赂；

（六）侵占、挪用资产管理计划财产；

（七）利用资产管理计划或者职务便利为投资者以外的第三方谋取不正当利益；

（八）直接或者间接向投资者返还管理费；

（九）以获取佣金或者其他不当利益为目的，使用资产管理计划财产进行不必要的交易；

（十）法律、行政法规和中国证监会规定禁止的其他行为。

第三章　业务形式

第十八条　证券期货经营机构可以为单一投资者设立单一资产管理计划，也可以为多个投资者设立集合资产管理计划。集合资产管理计划的投资者人数不少于二人，不得超过二百人。

第十九条　单一资产管理计划可以接受货币资金委托，或者接受投资者合法持有的股票、债券或中国证监会认可的其他金融资产委托。集合资产管理计划原则上应当接受货币资金委托，中国证监会认可的情形除外。证券登记结算机构应当按照规定为接受股票、债券等证券委托的单一资产管理计划办理证券非交易过户等手续。

第二十条　资产管理计划应当具有明确、合法的投资方向，具备清晰的风险收益特征，并区分最终投向资产类别，按照下列规定确定资产管理计划所属类别：

（一）投资于存款、债券等债权类资产的比例不低于资产管理计划总资产80%的，为固定收益类；

（二）投资于股票、未上市企业股权等股权类资产的比例不低于资产管理计划总资产80%的，为权益类；

（三）投资于商品及金融衍生品的持仓合约价值的比例不低于资产管理计划总资产80%，且衍生品账户权益超过资产管理计划总资产20%的，为商品及金融衍生品类；

（四）投资于债权类、股权类、商品及金融衍生品类资产的比例未达到前三类产品标准的，为混合类。

第二十一条 根据资产管理计划的类别、投向资产的流动性及期限特点、投资者需求等因素，证券期货经营机构可以设立存续期间办理参与、退出的开放式资产管理计划，或者存续期间不办理参与和退出的封闭式资产管理计划。

开放式资产管理计划应当明确投资者参与、退出的时间、次数、程序及限制事项。开放式集合资产管理计划每三个月至多开放一次计划份额的参与、退出，中国证监会另有规定的除外。

第二十二条 单一资产管理计划可以不设份额，集合资产管理计划应当设定为均等份额。开放式集合资产管理计划不得进行份额分级。封闭式集合资产管理计划可以根据风险收益特征对份额进行分级。同级份额享有同等权益、承担同等风险。分级资产管理计划优先级与劣后级的比例应当符合法律、行政法规和中国证监会的规定。分级资产管理计划的名称应当包含"分级"或"结构化"字样，证券期货经营机构应当向投资者充分披露资产管理计划的分级设计及相应风险、收益分配、风险控制等信息。

第二十三条 证券期货经营机构可以设立基金中基金资产管理计划，将80%以上的资产管理计划资产投资于接受国务院金融监督管理机构监管的机构发行的资产管理产品，但不得违反本办法第四十四条、第四十五条以及中国证监会的其他规定。证券期货经营机构应当向投资者充分披露基金中基金资产管理计划所投资资产管理产品的选择标准、资产管理计划发生的费用、投资管理人及管理人关联方所设立的资产管理产品的情况。本办法所称关联方按照《企业会计准则》的规定确定。

第二十四条 证券期货经营机构可以设立管理人中管理人资产管理计划，具体规则由中国证监会另行制定。

第四章　非公开募集

第二十五条 资产管理计划应当以非公开方式向合格投资者募集。证券期货经营机构、销售机构不得公开或变相公开募集资产管理计划，不得通过报刊、电台、电视、互联网等传播媒体或者讲座、报告会、传单、布告、自媒体等方式向不特定对象宣传具体资产管理计划。证券期货经营机构不得设立多个资产管理计划，同时投资于同一非标准化资产，以变相突破投资者人数限制或者其他监管要求。单一主体及其关联方的非标准化资产，视为同一非标准化资产。

任何单位和个人不得以拆分份额或者转让份额收（受）益权等方式，变相突破合格投者标准或人数限制。

第二十六条 证券期货经营机构募集资产管理计划，应当与投资者、托管人签订资产管理合同。资产管理合同应当包括《证券投资基金法》第九十二条、第九十三条规定的内容。资产管理合同应当对巨额退出、延期支付、延期清算、管理人变更或者托管人变更等或有事项，作出明确约定。

第二十七条 证券期货经营机构和销售机构在募集资产管理计划过程中，应当按照中国证监会的规定，严格履行适当性管理义务，充分了解投资者，对投资者进行分类，对资产管理计划进行风险评级，遵循风险匹配原则，向投资者推荐适当的产品，禁止误导投资者购买与其风险承受能力不相符合的产品，禁止向风险识别能力和风险承受能力低于产品风险等级的投资者销售资产管理计划。

投资者应当以真实身份和自有资金参与资产管理计划，并承诺委托资金的来源符合法律、行政法规的规定。投资者未作承诺，或者证券期货经营机构、销售机构知道或者应当知道投资者身份不真实、委托资金来源不合法的，证券期货经营机构、销售机构不得接受其参与资产管理计划。

第二十八条　销售机构应当在募集结束后十个工作日内，将销售过程中产生和保存的投资者信息及资料全面、准确、及时提供给证券期货经营机构。资产管理计划存续期间持续销售的，销售机构应当在销售行为完成后五个工作日内，将销售过程中产生和保存的投资者信息及资料全面、准确、及时提供给证券期货经营机构。

第二十九条　集合资产管理计划募集期间，证券期货经营机构、销售机构应当在规定期限内，将投资者参与资金存入集合资产管理计划份额登记机构指定的专门账户。集合资产管理计划成立前，任何机构和个人不得动用投资者参与资金。

按照前款规定存入专门账户的投资者参与资金，独立于证券期货经营机构、销售机构的固有财产。非因投资者本身的债务或者法律规定的其他情形，不得查封、冻结、扣划或者强制执行存入专门账户的投资者参与资金。

第三十条　集合资产管理计划成立应当具备下列条件：

（一）募集过程符合法律、行政法规和中国证监会的规定；

（二）募集金额达到资产管理合同约定的成立规模，且不违反中国证监会规定的最低成立规模；

（三）投资者人数不少于二人；

（四）符合中国证监会规定以及资产管理合同约定的其他条件。

第三十一条　集合资产管理计划的募集金额缴足之日起十个工作日内，证券期货经营机构应当委托具有证券相关业务资格的会计师事务所进行验资并出具验资报告。集合资产管理计划在取得验资报告后，由证券期货经营机构公告资产管理计划成立；单一资产管理计划在受托资产入账后，由证券期货经营机构书面通知投资者资产管理计划成立。

第三十二条 证券期货经营机构应当在资产管理计划成立之日起五个工作日内，将资产管理合同、投资者名单与认购金额、验资报告或者资产缴付证明等材料报证券投资基金业协会备案，并抄报中国证监会相关派出机构。

资产管理计划完成备案前不得开展投资活动，以现金管理为目的，投资于银行活期存款、国债、中央银行票据、政策性金融债、地方政府债券、货币市场基金等中国证监会认可的投资品种的除外。证券投资基金业协会应当制定资产管理计划备案规则，明确工作程序和期限，并向社会公开。

第三十三条 证券期货经营机构应当在资产管理合同约定的募集期内，完成集合资产管理计划的募集。募集期届满，集合资产管理计划未达到本办法第三十条规定的成立条件的，证券期货经营机构应当承担下列责任：

（一）以其固有财产承担因募集行为而产生的债务和费用；

（二）在募集期届满后三十日内返还投资者已缴纳的款项，并加计银行同期活期存款利息。

第三十四条 证券期货经营机构以自有资金参与集合资产管理计划，应当符合法律、行政法规和中国证监会的规定，并按照《中华人民共和国公司法》和公司章程的规定，获得公司股东会、董事会或者其他授权程序的批准。

证券期货经营机构自有资金所持的集合资产管理计划份额，应当与投资者所持的同类份额享有同等权益、承担同等风险。

第三十五条 投资者可以通过证券交易所以及中国证监会认可的其他方式，向合格投资者转让其持有的集合资产管理计划份额，并按规定办理份额变更登记手续。转让后，持有资产管理计划份额的合格投资者合计不得超过二百人。

证券期货经营机构应当在集合资产管理计划份额转让前，对受让人的合格投资者身份和资产管理计划的投资者人数进行合规性审查。受让方首次参与集合资产管理计划的，应当先与证券期货经营机构、托管人签订资产管理合同。证券期货经营机构、交易场所不得通过办理集合资产管理计划的份额转让，公开或变相公开募集资产管理计划。

第五章　投资运作

第三十六条　证券期货经营机构设立集合资产管理计划进行投资，除中国证监会另有规定外，应当采用资产组合的方式。资产组合的具体方式和比例，依照法律、行政法规和中国证监会的规定在资产管理合同中约定。

第三十七条　资产管理计划可以投资于以下资产：

（一）银行存款、同业存单，以及符合《指导意见》规定的标准化债权类资产，包括但不限于在证券交易所、银行间市场等国务院同意设立的交易场所交易的可以划分为均等份额、具有合理公允价值和完善流动性机制的债券、中央银行票据、资产支持证券、非金融企业债务融资工具等；

（二）上市公司股票、存托凭证，以及中国证监会认可的其他标准化股权类资产；

（三）在证券期货交易所等国务院同意设立的交易场所集中交易清算的期货及期权合约等标准化商品及金融衍生品类资产；

（四）公开募集证券投资基金（以下简称公募基金），以及中国证监会认可的比照公募基金管理的资产管理产品；

（五）第（一）至（三）项规定以外的非标准化债权类资产、股权类资产、商品及金融衍生品类资产；

（六）第（四）项规定以外的其他受国务院金融监督管理机构监管的

机构发行的资产管理产品；

（七）中国证监会认可的其他资产。前款第（一）项至第（四）项为标准化资产，第（五）项至第（六）项为非标准化资产。

中国证监会对证券期货经营机构从事私募资产管理业务投资于本条第一款第（五）项规定资产另有规定的，适用其规定。

第三十八条 资产管理计划可以依法参与证券回购、融资融券、转融通以及中国证监会认可的其他业务。法律、行政法规和中国证监会另有规定的除外。证券期货经营机构可以依法设立资产管理计划在境内募集资金，投资于中国证监会认可的境外金融产品。

第三十九条 资产管理计划不得直接投资商业银行信贷资产；不得违规为地方政府及其部门提供融资，不得要求或者接受地方政府及其部门违规提供担保；不得直接或者间接投资法律、行政法规和国家政策禁止投资的行业或领域。

第四十条 资产管理计划存续期间，证券期货经营机构应当严格按照法律、行政法规、中国证监会规定以及合同约定的投向和比例进行资产管理计划的投资运作。资产管理计划改变投向和比例的，应当事先取得投资者同意，并按规定履行合同变更程序。

因证券期货市场波动、证券发行人合并、资产管理计划规模变动等证券期货经营机构之外的因素导致资产管理计划投资不符合法律、行政法规和中国证监会规定的投资比例或者合同约定的投资比例的，证券期货经营机构应当在流动性受限资产可出售、可转让或者恢复交易的十五个交易日内调整至符合相关要求。确有特殊事由未能在规定时间内完成调整的，证券期货经营机构应当及时向中国证监会相关派出机构和证券投资基金业协会报告。

第四十一条 证券期货经营机构应当确保资产管理计划所投资的资产组合的流动性与资产管理合同约定的参与、退出安排相匹配，确保在开放期保持适当比例的现金或者其他高流动性金融资产，且限制流动性受限资产投资比例。

第四十二条 资产管理计划的总资产不得超过该计划净资产的200%，分级资产管理计划的总资产不得超过该计划净资产的140%。

第四十三条 证券期货经营机构应当对资产管理计划实行净值化管理，确定合理的估值方法和科学的估值程序，真实公允地计算资产管理计划净值。

第四十四条 资产管理计划接受其他资产管理产品参与，证券期货经营机构应当切实履行主动管理职责，不得进行转委托，不得再投资除公募基金以外的其他资产管理产品。

第四十五条 资产管理计划投资于其他资产管理产品的，应当明确约定所投资的资产管理产品不再投资除公募基金以外的其他资产管理产品。资产管理计划投资于其他资产管理产品的，计算该资产管理计划的总资产时应当按照穿透原则合并计算所投资资产管理产品的总资产。

资产管理计划投资于其他私募资产管理产品的，该资产管理计划按照穿透原则合并计算的投资同一资产的比例以及投资同一或同类资产的金额，应当符合本办法及中国证监会相关规定。资产管理计划应当按照所投资资产管理产品披露投资组合的频率，及时更新计算该资产管理计划所投资资产的金额或比例。证券期货经营机构不得将其管理的资产管理计划资产投资于该机构管理的其他资产管理计划，依法设立的基金中基金资产管理计划以及中国证监会另有规定的除外。

第四十六条 证券期货经营机构应当切实履行主动管理职责，不得有下列行为：

（一）为其他机构、个人或者资产管理产品提供规避投资范围、杠杆约束等监管要求的通道服务；

（二）在资产管理合同中约定由委托人或其指定第三方自行负责尽职调查或者投资运作；

（三）在资产管理合同中约定由委托人或其指定第三方下达投资指令

或者提供投资建议；

（四）在资产管理合同中约定管理人根据委托人或其指定第三方的意见行使资产管理计划所持证券的权利；

（五）法律、行政法规和中国证监会禁止的其他行为。

第六章　信息披露

第四十七条　证券期货经营机构、托管人、销售机构和其他信息披露义务人应当依法披露资产管理计划信息，保证所披露信息的真实性、准确性、完整性、及时性，确保投资者能够按照资产管理合同约定的时间和方式查阅或者复制所披露的信息资料。

第四十八条　资产管理计划应向投资者提供下列信息披露文件：

（一）资产管理合同、计划说明书和风险揭示书；

（二）资产管理计划净值，资产管理计划参与、退出价格；

（三）资产管理计划定期报告，至少包括季度报告和年度报告；

（四）重大事项的临时报告；

（五）资产管理计划清算报告；

（六）中国证监会规定的其他事项。

证券期货经营机构向投资者提供的信息披露文件，应当及时报送中国证监会相关派出机构、证券投资基金业协会。

信息披露文件的内容与格式指引由中国证监会或者授权证券投资基金业协会另行制定。

第四十九条　证券期货经营机构募集资产管理计划，除向投资者提供资产管理合同外，还应当制作计划说明书和风险揭示书，详细说明资产管理计划管理和运作情况，充分揭示资产管理计划的各类风险。计划说明书披露的信息应当与资产管理合同内容一致。销售机构应当使用证券期货经营机构制作的计划说明书和其他销售材料，不得擅自修改或者增减材料。风险揭示书应当作为资产管理计划合同的一部分交由投资者签字确认。

第五十条 资产管理计划运作期间，证券期货经营机构应当按照以下要求向投资者提供相关信息：

（一）投资标准化资产的资产管理计划至少每周披露一次净值，投资非标准化资产的资产管理计划至少每季度披露一次净值；

（二）开放式资产管理计划净值的披露频率不得低于资产管理计划的开放频率，分级资产管理计划应当披露各类别份额净值；

（三）每季度结束之日起一个月内披露季度报告，每年度结束之日起四个月内披露年度报告；

（四）发生资产管理合同约定的或者可能影响投资者利益的重大事项时，在事项发生之日起五日内向投资者披露；

（五）中国证监会规定的其他要求。

资产管理计划成立不足三个月或者存续期间不足三个月的，证券期货经营机构可以不编制资产管理计划当期的季度报告和年度报告。

第五十一条 披露资产管理计划信息，不得有下列行为：

（一）虚假记载、误导性陈述或者重大遗漏；

（二）对投资业绩进行预测，或者宣传预期收益率；

（三）承诺收益，承诺本金不受损失或者限定损失金额或比例；

（四）夸大或者片面宣传管理人、投资经理及其管理的资产管理计划的过往业绩；

（五）恶意诋毁、贬低其他资产管理人、托管人、销售机构或者其他资产管理产品；

（六）中国证监会禁止的其他情形。

第五十二条 集合资产管理计划年度财务会计报告应当经具有证券相关业务资格的会计师事务所审计，审计机构应当对资产管理计划会计核算及净值计算等出具意见。

第七章　变更、终止与清算

第五十三条　资产管理合同需要变更的，证券期货经营机构应当按照资产管理合同约定的方式取得投资者和托管人的同意，保障投资者选择退出资产管理计划的权利，对相关后续事项作出公平、合理安排。

证券期货经营机构应当自资产管理合同变更之日起五个工作日内报证券投资基金业协会备案，并抄报中国证监会相关派出机构。

第五十四条　资产管理计划展期应当符合下列条件：

（一）资产管理计划运作规范，证券期货经营机构、托管人未违反法律、行政法规、中国证监会规定和资产管理合同的约定；

（二）资产管理计划展期没有损害投资者利益的情形；

（三）中国证监会规定的其他条件。

集合资产管理计划展期的，还应当符合集合资产管理计划的成立条件。

第五十五条　有下列情形之一的，资产管理计划终止：

（一）资产管理计划存续期届满且不展期；

（二）证券期货经营机构被依法撤销资产管理业务资格或者依法解散、被撤销、被宣告破产，且在六个月内没有新的管理人承接；

（三）托管人被依法撤销基金托管资格或者依法解散、被撤销、被宣告破产，且在六个月内没有新的托管人承接；

（四）经全体投资者、证券期货经营机构和托管人协商一致决定终止的；

（五）发生资产管理合同约定的应当终止的情形；

（六）集合资产管理计划存续期间，持续五个工作日投资者少于二人；

（七）法律、行政法规及中国证监会规定的其他情形。

证券期货经营机构应当自资产管理计划终止之日起五个工作日内报证券投资基金业协会备案，并抄报中国证监会相关派出机构。

第五十六条　资产管理计划终止的，证券期货经营机构应当在发生终止情形之日起五个工作日内开始组织清算资产管理计划财产。

清算后的剩余财产，集合资产管理计划应当按照投资者持有份额占总份额的比例或者资产管理合同的约定，以货币资金形式分配给投资者，中国证监会另有规定的除外；单一资产管理计划应当按照合同约定的形式将全部财产交还投资者自行管理。

证券期货经营机构应当在资产管理计划清算结束后五个工作日内将清算结果报证券投资基金业协会备案，并抄报中国证监会相关派出机构。

资产管理计划因委托财产流动性受限等原因延期清算的，证券期货经营机构应当及时向中国证监会相关派出机构和证券投资基金业协会报告。

第五十七条　证券期货经营机构、托管人、销售机构等机构应当按照法律、行政法规和中国证监会的规定保存资产管理计划的会计账册，妥善保存有关的合同、协议、交易记录等文件、资料和数据，任何人不得隐匿、伪造、篡改或者销毁。保存期限自资产管理计划终止之日起不少于二十年。

第八章　风险管理与内部控制

第五十八条　证券期货经营机构应当建立健全与私募资产管理业务相关的投资者适当性、投资决策、公平交易、会计核算、风险控制、合规管理、投诉处理等管理制度，覆盖私募资产管理业务的产品设计、募集、研究、投资、交易、会计核算、信息披露、清算、信息技术、投资者服务等各个环节，明确岗位职责和责任追究机制，确保各项制度流程得到有效执行。

第五十九条　证券期货经营机构应当采取有效措施，确保私募资产管理业务与其他业务在场地、人员、账户、资金、信息等方面相分离，不同投资经理管理的资产管理计划的持仓和交易等重大非公开投资信息相隔离，控制敏感信息的不当流动和使用，切实防范内幕交易、利用未公开信息交易、利益冲突和利益输送。

第六十条 证券期货经营机构应当明确投资决策流程与授权管理制度，建立、维护投资对象与交易对手备选库，设定清晰的清算流程和资金划转路径，对资产管理计划账户日常交易情况进行风险识别、监测，严格执行风险控制措施和投资交易复核程序，保证投资决策按照法律、行政法规、中国证监会的规定以及合同约定执行。投资经理应当在授权范围内独立、客观地履行职责，重要投资应当有详细的研究报告和风险分析支持。

第六十一条 证券期货经营机构应当建立健全信用风险管理制度，对信用风险进行准确识别、审慎评估、动态监控、及时应对和全程管理。

证券期货经营机构应当对投资对象、交易对手开展必要的尽职调查，实施严格的准入管理和交易额度管理，评估并持续关注证券发行人、融资主体和交易对手的资信状况，以及担保物状况、增信措施和其他保障措施的有效性。出现可能影响投资者权益的事项，证券期货经营机构应当及时采取申请追加担保、依法申请财产保全等风险控制措施。

第六十二条 资产管理计划投资于本办法第三十七条第（五）项规定资产的，证券期货经营机构应当建立专门的质量控制制度，进行充分尽职调查并制作书面报告，设置专岗负责投后管理、信息披露等事宜，动态监测风险。

第六十三条 证券期货经营机构应当建立健全流动性风险监测、预警与应急处置制度，将私募资产管理业务纳入常态化压力测试机制，压力测试应当至少每季度进行一次。证券期货经营机构应当结合市场状况和自身管理能力制定并持续更新流动性风险应急预案，明确预案触发情景、应急程序与措施、应急资金来源、公司董事会、管理层及各部门职责与权限等。

第六十四条 证券期货经营机构应当建立公平交易制度及异常交易监控机制，公平对待所管理的不同资产，对投资交易行为进行监控、分析、评估、核查，监督投资交易的过程和结果，保证公平交易原则的实现，不得开展可能导致不公平交易和利益输送的交易行为。

证券期货经营机构应当对不同资产管理计划之间发生的同向交易和反向交易进行监控。同一资产管理计划不得在同一交易日内进行反向交易。确因投资策略或流动性等需要发生同日反向交易的，应要求投资经理提供决策依据，并留存书面记录备查。

资产管理计划依法投资于本办法第三十七条第（三）项规定资产的，在同一交易日内进行反向交易的，不受前款规定限制。

第六十五条　证券期货经营机构的自营账户、资产管理计划账户、作为投资顾问管理的产品账户之间，以及不同资产管理计划账户之间，不得发生交易，有充分证据证明进行有效隔离并且价格公允的除外。子公司从事私募资产管理业务的，证券期货经营机构的自营账户、资产管理计划账户以及作为投资顾问管理的产品账户与子公司的资产管理计划账户之间的交易，适用本条规定。

第六十六条　证券期货经营机构应当建立健全关联交易管理制度，对关联交易认定标准、交易定价方法、交易审批程序进行规范，不得以资产管理计划的资产与关联方进行不正当交易、利益输送、内幕交易和操纵市场。

证券期货经营机构以资产管理计划资产从事重大关联交易的，应当遵守法律、行政法规、中国证监会的规定和合同约定事先取得投资者的同意，事后及时告知投资者和托管人，并向中国证监会相关派出机构和证券投资基金业协会报告，投资于证券期货的关联交易还应当向证券期货交易所报告。

第六十七条　证券期货经营机构应当建立健全信息披露管理制度，设置专门部门或者专岗负责信息披露工作，明确负责的高级管理人员，并建立复核机制，通过规范渠道向投资者披露有关信息，还应当定期对信息披露工作的真实性、准确性、完整性、及时性等进行评估。

第六十八条　证券期货经营机构和托管人应当加强对私募资产管理业

务从业人员的管理，加强关键岗位的监督与制衡，投资经理、交易执行、风险控制等岗位不得相互兼任，并建立从业人员投资申报、登记、审查、处置等管理制度，防范与投资者发生利益冲突。

证券期货经营机构应当完善长效激励约束机制，不得以人员挂靠、业务包干等方式从事私募资产管理业务。

证券期货经营机构分管私募资产管理业务的高级管理人员、私募资产管理业务部门负责人以及投资经理离任的，证券期货经营机构应当立即对其进行离任审查，并自离任之日起三十个工作日内将审查报告报送中国证监会相关派出机构和证券投资基金业协会。

第六十九条　证券期货经营机构应当建立资产管理计划的销售机构和投资顾问的授权管理体系，明确销售机构和投资顾问的准入标准和程序，对相关机构资质条件、专业服务能力和风险管理制度等进行尽职调查，确保其符合法规规定。证券期货经营机构应当以书面方式明确界定双方的权利与义务，明确相关风险的责任承担方式。证券期货经营机构应当建立对销售机构和投资顾问履职情况的监督评估机制，发现违法违规行为的，应当及时更换并报告中国证监会相关派出机构和证券投资基金业协会。

第七十条　证券期货经营机构应当每月从资产管理计划管理费中计提风险准备金，或者按照法律、行政法规以及中国证监会的规定计算风险资本准备。

风险准备金主要用于弥补因证券期货经营机构违法违规、违反资产管理合同约定、操作错误或者技术故障等给资产管理计划资产或者投资者造成的损失。风险准备金计提比例不得低于管理费收入的10%，风险准备金余额达到上季末资产管理计划资产净值的1%时可以不再提取。计提风险准备金的证券期货经营机构，应当选定具有基金托管资格的商业银行开立专门的私募资产管理业务风险准备金账户，该账户不得与公募基金风险准备金账户及其他类型账户混用，不得存放其他性质资金。风险准备金的投资管理和使用，应当参照公募基金风险准备金监督管理有关规定执行。证券期货经营机构应当在私募资产管理业务管理年度报告中,对风险准备金的提取、投资管理、使用、年末结余等情况作专项说明。

第七十一条 证券期货经营机构合规管理和风险管理部门应当定期对私募资产管理业务制度及执行情况进行检查,发现违反法律、行政法规、中国证监会规定或者合同约定的,应当及时纠正处理,并向中国证监会及相关派出机构、证券投资基金业协会报告。

第七十二条 证券期货经营机构应当建立健全应急处理机制,对发生延期兑付、负面舆论、群体性事件等风险事件的处理原则、方案等作出明确规定,并指定高级管理人员负责实施。出现重大风险事件的,应当及时向中国证监会及相关派出机构、证券投资基金业协会报告。

第九章 监督管理与法律责任

第七十三条 证券期货经营机构应当于每月十日前向中国证监会及相关派出机构、证券投资基金业协会报送资产管理计划的持续募集情况、投资运作情况、资产最终投向等信息。证券期货经营机构应当在每季度结束之日起一个月内,编制私募资产管理业务管理季度报告,并报中国证监会相关派出机构和证券投资基金业协会备案。证券期货经营机构、托管人应当在每年度结束之日起四个月内,分别编制私募资产管理业务管理年度报告和托管年度报告,并报中国证监会相关派出机构和证券投资基金业协会备案。

证券期货经营机构应当在私募资产管理业务管理季度报告和管理年度报告中,就本办法所规定的风险管理与内部控制制度在报告期内的执行情况等进行分析,并由合规负责人、风控负责人、总经理分别签署。

第七十四条 证券期货经营机构进行年度审计,应当同时对私募资产管理业务的内部控制情况进行审计。证券期货经营机构应当在每年度结束之日起四个月内将前述审计结果报送中国证监会及相关派出机构、证券投资基金业协会。

第七十五条　证券交易场所、期货交易所、中国期货市场监控中心（以下简称期货市场监控中心）应当对证券期货经营机构资产管理计划交易行为进行监控。发现存在重大风险、重大异常交易或者涉嫌违法违规事项的，应当及时报告中国证监会及相关派出机构。

证券投资基金业协会应当按照法律、行政法规和中国证监会规定对证券期货经营机构资产管理计划实施备案管理和监测监控。发现提交备案的资产管理计划不符合法律、行政法规和中国证监会规定的，不得予以备案，并报告中国证监会及相关派出机构；发现已备案的资产管理计划存在重大风险或者违规事项的，应当及时报告中国证监会及相关派出机构。

第七十六条　中国证监会及其派出机构对证券期货经营机构、托管人、销售机构和投资顾问等服务机构从事私募资产管理及相关业务的情况，进行定期或者不定期的现场和非现场检查，相关机构应当予以配合。中国证监会相关派出机构应当定期对辖区证券期货经营机构私募资产管理业务开展情况进行总结分析，纳入监管季度报告和年度报告，发现存在重大风险或者违规事项的，应当及时报告中国证监会。

第七十七条　中国证监会与中国人民银行、中国银行保险监督管理委员会建立监督管理信息共享机制，加强资产管理业务的统计信息共享。中国证监会及其派出机构、证券交易场所、期货交易所、证券登记结算机构、期货市场监控中心、证券业协会、期货业协会、证券投资基金业协会应当加强证券期货经营机构私募资产管理业务数据信息共享。

证券交易场所、期货交易所、证券登记结算机构、期货市场监控中心、证券业协会、期货业协会、证券投资基金业协会应当按照中国证监会的要求，定期或者不定期提供证券期货经营机构私募资产管理业务专项统计、分析等数据信息。

中国证监会相关派出机构应当每月对证券期货经营机构资产管理计划备案信息和业务数据进行分析汇总，并按照本办法第七十六条的规定报告。

第七十八条 证券期货经营机构、托管人、销售机构和投资顾问等服务机构违反法律、行政法规、本办法及中国证监会其他规定的，中国证监会及相关派出机构可以对其采取责令改正、监管谈话、出具警示函、责令定期报告、暂不受理与行政许可有关的文件等行政监管措施；对直接负责的主管人员和其他直接责任人员，采取监管谈话、出具警示函、责令参加培训、认定为不适当人选等行政监管措施。

第七十九条 证券公司及其子公司、基金管理公司及其子公司违反本办法规定构成公司治理结构不健全、内部控制不完善等情形的，对证券公司、基金管理公司及其直接负责的董事、监事、高级管理人员和其他直接责任人员，依照《证券投资基金法》第二十四条、《证券公司监督管理条例》第七十条采取行政监管措施。

期货公司及其子公司违反本办法规定被责令改正且逾期未改正，其行为严重危及期货公司的稳健运行，损害客户合法权益，或者涉嫌严重违法违规正在被中国证监会及其派出机构调查的，依照《期货交易管理条例》第五十五条采取行政监管措施。

证券期货经营机构未尽合规审查义务，提交备案的资产管理计划明显或者频繁不符合法律、行政法规和中国证监会规定的，依照本条第一款、第二款规定，采取责令暂停私募资产管理业务三个月的行政监管措施；情节严重的，采取责令暂停私募资产管理业务六个月以上的行政监管措施。

第八十条 证券期货经营机构、托管人、销售机构和投资顾问等服务机构有下列情形之一且情节严重的，除法律、行政法规另有规定外，给予警告，并处三万元以下罚款，对直接负责的主管人员和其他直接责任人员，给予警告，并处三万元以下罚款：

（一）违反本办法第三条至第六条规定的基本原则；

（二）违反本办法第十一条、第十三条的规定，未按规定履行管理人和托管人职责，或者从事第十七条所列举的禁止行为；

（三）违反本办法第十四条、第十六条的规定，聘请不符合条件的销售机构、投资顾问；

（四）违反本办法第二十二条关于产品分级的规定；

（五）违反本办法第二十五条、第二十六条、第二十七条、第二十八条、第二十九条、第三十条、第三十一条、第三十二条、第三十四条、第三十五条关于非公开募集的规定；

（六）违反本办法第五章关于投资运作的规定；

（七）违反本办法第四十七条、第四十八条、第五十条、第五十一条，未按照规定向投资者披露资产管理计划信息；

（八）未按照本办法第八章的规定建立健全和有效执行资产管理业务相关制度，内部控制或者风险管理不完善，引发较大风险事件或者存在重大风险隐患；

（九）违反本法第四十八条、第七十三条，未按照规定履行备案或者报告义务，导致风险扩散。

第八十一条 证券期货经营机构、托管人、销售机构和投资顾问等服务机构的相关从业人员违反法律、行政法规和本办法规定，情节严重的，中国证监会可以依法采取市场禁入措施。

第十章　附　则

第八十二条 过渡期自本办法实施之日起至 2020 年 12 月 31 日。

过渡期内，证券期货经营机构应当自行制定整改计划，有序压缩不符合本办法规定的资产管理计划规模；对于不符合本办法规定的存量资产管理计划，其持有资产未到期的，证券期货经营机构可以设立老产品对接，或者予以展期。过渡期结束后，证券期货经营机构不得发行或者存续违反本办法规定的资产管理计划。

依据《证券公司客户资产管理业务管理办法》（证监会令第93号）、《证券公司定向资产管理业务实施细则》（证监会公告〔2012〕30号）设立的存量定向资产管理计划投资于上市公司股票、挂牌公司股票的，其所持证券的所有权归属、权利行使、信息披露以及证券账户名称等不符合本办法规定的，不受前述过渡期期限的限制，但最晚应当在2023年12月31日前完成规范。

第八十三条 鼓励证券公司设立子公司从事私募资产管理业务，加强风险法人隔离。专门从事资产管理业务的证券公司除外。鼓励证券公司设立子公司专门从事投资于本办法第三十七条第（五）项规定资产的私募资产管理业务。

中国证监会依据审慎监管原则，对依照本条第一款、第二款规定设立子公司的证券公司，在分类评价、风险资本准备计算等方面实施差异化安排。

第八十四条 证券期货经营机构设立特定目的公司或者合伙企业从事私募资产管理业务的，参照适用本办法。

第八十五条 本办法自2018年10月22日起施行。《证券公司客户资产管理业务管理办法》（证监会令第93号）、《基金管理公司特定客户资产管理业务试点办法》（证监会令第83号）、《期货公司资产管理业务试点办法》（证监会令第81号）、《证券公司集合资产管理业务实施细则》（证监会公告〔2013〕28号）、《证券公司定向资产管理业务实施细则》（证监会公告〔2012〕30号）、《关于实施〈基金管理公司特定客户资产管理业务试点办法〉有关问题的规定》（证监会公告〔2012〕23号）、《基金管理公司单一客户资产管理合同内容与格式准则》（证监会公告〔2012〕24号）、《基金管理公司特定多个客户资产管理合同内容与格式准则》（证监会公告〔2012〕25号）同时废止。

中国证券监督管理委员会

《证券期货经营机构私募资产管理计划运作管理规定》

发布日期：2018年10月22日

第一条 为规范证券期货经营机构私募资产管理计划（以下简称资产管理计划）运作，强化风险管控，保护投资者及相关当事人的合法权益，根据《中华人民共和国证券法》（以下简称《证券法》）、《中华人民共和国证券投资基金法》、《证券公司监督管理条例》、《期货交易管理条例》、《证券期货经营机构私募资产管理业务管理办法》（证监会令第151号，以下简称《管理办法》）、《关于规范金融机构资产管理业务的指导意见》（银发〔2018〕106号，以下简称《指导意见》）及相关法律法规，制定本规定。

第二条 证券期货经营机构资产管理计划募集、投资、风险管理、估值核算、信息披露以及其他运作活动，适用本规定。

本规定所称证券期货经营机构，是指证券公司、基金管理公司、期货公司及前述机构依法设立的从事私募资产管理业务的子公司。

第三条 资产管理计划应当向合格投资者非公开募集。合格投资者是指具备相应风险识别能力和风险承受能力，投资于单只资产管理计划不低于一定金额且符合下列条件的自然人、法人或者其他组织：

（一）具有2年以上投资经历，且满足下列三项条件之一的自然人：家庭金融净资产不低于300万元，家庭金融资产不低于500万元，或者近3年本人年均收入不低于40万元；

（二）最近1年末净资产不低于1000万元的法人单位；

（三）依法设立并接受国务院金融监督管理机构监管的机构，包括证券公司及其子公司、基金管理公司及其子公司、期货公司及其子公司、在中国证券投资基金业协会（以下简称证券投资基金业协会）登记的私募基金管理人、商业银行、金融资产投资公司、信托公司、保险公司、保险资产管理机构、财务公司及中国证监会认定的其他机构；

（四）接受国务院金融监督管理机构监管的机构发行的资产管理产品；

（五）基本养老金、社会保障基金、企业年金等养老基金，慈善基金等社会公益基金，合格境外机构投资者（QFII）、人民币合格境外机构投资者（RQFII）；

（六）中国证监会视为合格投资者的其他情形。

合格投资者投资于单只固定收益类资产管理计划的金额不低于 30 万元，投资于单只混合类资产管理计划的金额不低于 40 万元，投资于单只权益类、商品及金融衍生品类资产管理计划的金额不低于 100 万元。资产管理计划投资于《管理办法》第三十七条第（五）项规定的非标准化资产的，接受单个合格投资者委托资金的金额不低于 100 万元。

资产管理计划接受其他资产管理产品参与的，不合并计算其他资产管理产品的投资者人数，但应当有效识别资产管理计划的实际投资者与最终资金来源。

第四条 证券期货经营机构、接受证券期货经营机构委托销售资产管理计划的机构（以下简称销售机构）应当充分了解投资者的资金来源、个人及家庭金融资产、负债等情况，并采取必要手段进行核查验证，确保投资者符合本规定第三条规定的条件。

第五条 资产管理计划的初始募集规模不得低于 1000 万元。

集合资产管理计划的初始募集期自资产管理计划份额发售之日起不得超过 60 天，专门投资于未上市企业股权的集合资产管理计划的初始募集期自资产管理计划份额发售之日起不得超过 12 个月。

封闭式单一资产管理计划的投资者可以分期缴付委托资金，但应当在资产管理合同中事先明确约定分期缴付资金的数额、期限，且首期缴付资金不得少于 1000 万元，全部资金缴付期限自资产管理计划成立之日起不得超过 3 年。

第六条 证券期货经营机构募集资产管理计划，应当编制计划说明书，列明以下内容：

（一）资产管理计划名称和类型；

（二）管理人与托管人概况、聘用投资顾问等情况；

（三）资产管理计划的投资范围、投资策略和投资限制情况，投资风险揭示；

（四）收益分配和风险承担安排；

（五）管理人、托管人报酬，以及与资产管理计划财产管理、运用有关的其他费用的计提标准和计提方式；

（六）参与费、退出费等投资者承担的费用和费率，以及投资者的重要权利和义务；

（七）募集期间；

（八）信息披露的内容、方式和频率；

（九）利益冲突情况以及可能影响投资者合法权益的其他重要事项；

（十）中国证监会规定的其他事项。

第七条 证券期货经营机构募集资产管理计划，应当制作风险揭示书。风险揭示书的内容应当具有针对性，表述应当清晰、明确、易懂，并以醒目方式充分揭示资产管理计划的市场风险、信用风险、流动性风险、操作风险、关联交易的风险、聘请投资顾问的特定风险等各类风险。

第八条 基金中基金资产管理计划、管理人中管理人资产管理计划应当按照规定分别在其名称中标明"FOF"、"MOM"或者其他能够反映该资产管理计划类别的字样。

员工持股计划、以收购上市公司为目的设立的资产管理计划等具有特定投资管理目标的资产管理计划应当按照规定在其名称中标明反映该资产管理计划投资管理目标的字样。

第九条 证券期货经营机构自有资金参与集合资产管理计划的持有期

限不得少于6个月。参与、退出时，应当提前5个工作日告知投资者和托管人。

证券期货经营机构以自有资金参与单个集合资产管理计划的份额不得超过该计划总份额的20%。证券期货经营机构及其附属机构以自有资金参与单个集合资产管理计划的份额合计不得超过该计划总份额的50%。因集合资产管理计划规模变动等客观因素导致前述比例被动超标的，证券期货经营机构应当依照中国证监会规定及资产管理合同的约定及时调整达标。

为应对集合资产管理计划巨额赎回以解决流动性风险，或者中国证监会认可的其他情形，在不存在利益冲突并遵守合同约定的前提下，证券期货经营机构及其附属机构以自有资金参与及其后续退出集合资产管理计划可不受本条第一款、第二款规定的限制，但应当及时告知投资者和托管人，并向相关派出机构及证券投资基金业协会报告。

第十条 份额登记机构应当妥善保存登记数据，并将集合资产管理计划投资者名称、身份信息以及集合资产管理计划份额明细等数据备份至中国证监会认定的机构。其保存期限自集合资产管理计划账户销户之日起不得少于20年。

第十一条 证券期货经营机构应当及时将投资者参与资金划转至资产管理计划托管账户。

单一资产管理计划可以约定不聘请托管机构进行托管，但应当在资产管理合同中明确保障资产管理计划资产安全的制度措施和纠纷解决机制。

投资于《管理办法》第三十七条第（五）项规定资产的资产管理计划，应当在资产管理合同中准确、合理界定托管人安全保管资产管理计划财产、监督管理人投资运作等职责，并向投资者充分揭示风险。

第十二条 资产管理计划应当按照规定开立资金账户、证券账户、期货账户和其他账户，资金账户名称应当是"资产管理计划名称"，集合资产管理计划的证券账户、期货账户名称应当是"证券期货经营机构名称－托管人名称－资产管理计划名称"，单一资产管理计划的证券账户、期货账户名称应当是"证券期货经营机构名称－投资者名称－资产管理计划名称"。

第十三条 资产管理合同应当明确约定资产管理计划的建仓期。集合资产管理计划的建仓期自产品成立之日起不得超过 6 个月，专门投资于未上市企业股权的集合资产管理计划除外。

建仓期的投资活动，应当符合资产管理合同约定的投向和资产管理计划的风险收益特征。以现金管理为目的，投资于银行活期存款、国债、中央银行票据、政策性金融债、地方政府债券、货币市场基金等中国证监会认可的投资品种的除外。

建仓期结束后，资产管理计划的资产组合应当符合法律、行政法规、中国证监会规定和合同约定的投向和比例。

第十四条 资产管理计划在证券期货等交易所进行投资交易的，应当遵守交易所的相关规定。在交易所以外进行投资交易的，应当遵守相关管理规定。

证券期货经营机构应当采用信息技术等手段，对资产管理计划账户内的资金、证券是否充足进行审查。资产管理计划资金账户内的资金不足的，不得进行证券买入委托或期货买入卖出委托；资产管理计划证券账户内的证券不足的，不得进行证券卖出委托。

第十五条 一个集合资产管理计划投资于同一资产的资金，不得超过该计划资产净值的 25%；同一证券期货经营机构管理的全部集合资产管理计划投资于同一资产的资金，不得超过该资产的 25%。银行活期存款、国债、中央银行票据、政策性金融债、地方政府债券等中国证监会认可的投资品种除外。单一融资主体及其关联方的非标准化资产，视为同一资产合并计算。

全部投资者均为符合中国证监会规定的专业投资者且单个投资者投资金额不低于 1000 万元的封闭式集合资产管理计划，以及完全按照有关指数的构成比例进行证券投资的资产管理计划等中国证监会认可的其他集合资产管理计划，不受前款规定限制。

同一证券期货经营机构管理的全部资产管理计划及公开募集证券投资基金（以下简称公募基金）合计持有单一上市公司发行的股票不得超过该上市公司可流通股票的30%。完全按照有关指数的构成比例进行证券投资的资产管理计划、公募基金，以及中国证监会认定的其他投资组合可不受前述比例限制。

第十六条 资产管理计划参与股票、债券、可转换公司债券、可交换公司债券等证券发行申购时，单个资产管理计划所申报的金额不得超过该资产管理计划的总资产，单个资产管理计划所申报的数量不得超过拟发行公司本次发行的总量。

同一证券期货经营机构管理的全部资产管理计划投资于非标准化债权类资产的资金不得超过其管理的全部资产管理计划净资产的35%。因证券市场波动、资产管理计划规模变动等客观因素导致前述比例被动超标的，证券期货经营机构应当及时报告中国证监会相关派出机构和证券投资基金业协会，且在调整达标前不得新增投资于非标准化债权类资产。

同一证券期货经营机构管理的全部资产管理计划投资于同一非标准化债权类资产的资金合计不得超过300亿元。

证券期货经营机构依照本规定第十七条第二款、《管理办法》第八十三条设立的子公司，按照其与证券期货经营机构合并计算的口径，适用本条第二款、第三款的规定。

第十七条 期货公司及其子公司从事私募资产管理业务，不得投资于《管理办法》第三十七条第（五）项规定资产，中国证监会另有规定的除外。

基金管理公司从事私募资产管理业务投资于《管理办法》第三十七条第（五）项规定资产的，应当通过设立专门的子公司进行。

期货公司及其子公司、基金管理公司从事私募资产管理业务，不得通过投资于《管理办法》第三十七条第（六）项规定资产变相扩大投资范围或者规避监管要求。

第十八条 资产管理计划投资于《管理办法》第三十七条第（五）项规定的非标准化资产的，所投资的资产应当合法、真实、有效、可特定化，原则上应当由有权机关进行确权登记。

资产管理计划不得投资于法律依据不充分的收（受）益权。资产管理计划投资于不动产、特许收费权、经营权等基础资产的收（受）益权的，应当以基础资产产生的独立、持续、可预测的现金流实现收（受）益权。

第十九条 资产管理计划投资于《管理办法》第三十七条第（五）项规定的非标准化资产，涉及抵押、质押担保的，应当设置合理的抵押、质押比例，及时办理抵押、质押登记，确保抵押、质押真实、有效、充分。

资产管理计划不得接受收（受）益权、特殊目的机构股权作为抵押、质押标的资产。

第二十条 证券期货经营机构应当加强资产管理计划的久期管理，不得设立不设存续期限的资产管理计划。

封闭式资产管理计划的期限不得低于90天。

第二十一条 全部资产投资于标准化资产的集合资产管理计划和中国证监会认可的其他资产管理计划，可以按照合同约定每季度多次开放，其主动投资于流动性受限资产的市值在开放退出期内合计不得超过该资产管理计划资产净值的20%。

前款规定的资产管理计划每个交易日开放的，其投资范围、投资比例、投资限制、参与和退出管理应当比照适用公募基金投资运作有关规则。

第二十二条 证券期货经营机构应当确保集合资产管理计划开放退出期内，其资产组合中7个工作日可变现资产的价值，不低于该计划资产净值的10%。

第二十三条 资产管理计划直接或者间接投资于非标准化债权类资产的，非标准化债权类资产的终止日不得晚于封闭式资产管理计划的到期日或者开放式资产管理计划的最近一次开放日。

资产管理计划直接或者间接投资于非标准化股权类资产的，应当为封闭式资产管理计划，并明确非标准化股权类资产的退出安排。非标准化股权类资产的退出日不得晚于封闭式资产管理计划的到期日。

非标准化股权类资产无法按照约定退出的，资产管理计划可以延期清算，也可以按照投资者持有份额占总份额的比例或者资产管理合同的约定，将其持有的非标准化股权类资产分配给投资者，但不得违反《证券法》关于公开发行的规定。

第二十四条 封闭式资产管理计划存续期间，其所投资的非标准化资产部分到期、终止或者退出的，证券期货经营机构可以按照资产管理合同约定，对到期、终止或者退出的非标准化资产进行清算，以货币资金形式分配给投资者，但不得允许投资者提前退出或者变相提前退出。

第二十五条 开放式集合资产管理计划资产管理合同，应当明确约定计划巨额退出和连续巨额退出的认定标准、退出顺序、退出价格确定、退出款项支付、告知客户方式，以及单个客户大额退出的预约申请等事宜，相关约定应当符合公平、合理、公开的原则。

证券期货经营机构经与托管人协商，在确保投资者得到公平对待的前提下，可以依照法律、行政法规、中国证监会规定以及合同约定，延期办理巨额退出申请、暂停接受退出申请、延缓支付退出款项、收取短期赎回费，或者采取中国证监会认可的其他流动性管理措施。

第二十六条 证券期货经营机构将资产管理计划资产投资于本机构、托管人及前述机构的控股股东、实际控制人或者其他关联方发行的证券或者承销期内承销的证券，应当建立健全内部审批机制和评估机制，并应当遵循投资者利益优先原则，事先取得投资者的同意，事后告知投资者和托管人，并采取切实有效措施，防范利益冲突，保护投资者合法权益。

除前款规定外，证券期货经营机构不得将其管理的资产管理计划资产，直接或者通过投资其他资产管理计划等间接形式，为本机构、托管人及前述机构的控股股东、实际控制人或者其他关联方提供或者变相提供融资。全部投资者均为符合中国证监会规定的专业投资者且单个投资者投资金额不低于1000万元，并且事先取得投资者同意的资产管理计划除外。

第二十七条 证券期货经营机构董事、监事、从业人员及其配偶不得参与本公司管理的单一资产管理计划。

证券期货经营机构董事、监事、从业人员及其配偶、控股股东、实际控制人或者其他关联方参与证券期货经营机构设立的资产管理计划，证券期货经营机构应当向投资者进行披露，对该资产管理计划账户进行监控，并及时向中国证监会相关派出机构和证券投资基金业协会报告。

证券期货经营机构不得将其管理的分级资产管理计划资产，直接或者间接为该分级资产管理计划劣后级投资者及其控股股东、实际控制人或者其他关联方提供或者变相提供融资。

第二十八条 固定收益类、权益类、商品及金融衍生品类资产管理计划存续期间，为规避特定风险并经全体投资者同意的，投资于对应类别资产的比例可以低于计划总资产80%，但不得持续6个月低于计划总资产80%。

第二十九条 资产管理计划不得直接或者间接投资于违反国家产业政策、环境保护政策的项目（证券市场投资除外），包括但不限于以下情形：

（一）投资项目被列入国家发展和改革委员会发布的淘汰类产业目录；

（二）投资项目违反国家环境保护政策要求；

（三）通过穿透核查，资产管理计划最终投向上述投资项目。

第三十条 固定收益类产品优先级与劣后级的比例不得超过3:1，权益类产品优先级与劣后级的比例不得超过1:1，商品及金融衍生品类、混合类产品优先级与劣后级的比例不得超过2:1。

分级资产管理计划若存在中间级份额，中间级份额应当计入优先级份额。

第三十一条 分级资产管理计划不得投资其他分级或者结构化金融产品，不得直接或者间接对优先级份额认购者提供保本保收益安排。

证券期货经营机构不得违背风险收益相匹配原则，利用分级资产管理计划向特定一个或多个劣后级投资者输送利益。

第三十二条 资产管理计划的投资顾问应当为依法可以从事资产管理

业务的证券期货经营机构、商业银行资产管理机构、保险资产管理机构以及中国证监会认可的其他金融机构，或者同时符合以下条件的私募证券投资基金管理人：

（一）在证券投资基金业协会登记满 1 年、无重大违法违规记录的会员；

（二）具备 3 年以上连续可追溯证券、期货投资管理业绩且无不良从业记录的投资管理人员不少于 3 人；

（三）中国证监会规定的其他条件。

第三十三条 证券期货经营机构应当对投资顾问的投资建议进行审查，不得由投资顾问直接执行投资指令。

证券期货经营机构不得允许投资顾问及其关联方以其自有资金或者募集资金投资于分级资产管理计划的劣后级份额，不得向未提供实质服务的投资顾问支付费用或者支付与其提供的服务不相匹配的费用。

第三十四条 资产管理计划应当按照《企业会计准则》、《指导意见》以及中国证监会关于资产管理计划对金融工具进行核算与估值的规定、资产管理计划净值计价及风险控制要求，确认和计量资产管理计划净值。

证券期货经营机构应当定期对资产管理计划估值执行效果进行评估，必要时调整完善，保证公平、合理。

当有充足证据表明资产管理计划相关资产的计量方法已不能真实公允反映其价值时，证券期货经营机构应当与托管人进行协商，及时采用公允价值计量方法对资产管理计划资产净值进行调整。

第三十五条 证券期货经营机构应当对每个资产管理计划单独管理、单独建账、单独核算，不得有以下行为：

（一）将不同资产管理计划进行混同运作，或者出现资金与资产无法明确对应的其他情形；

（二）未按规定进行合理估值，脱离实际投资收益进行分离定价；

（三）未产生实际投资收益，仅以后期投资者的投资资金向前期投资者进行兑付；

（四）资产管理计划发生兑付风险时通过开放参与或者滚动发行等方式由后期投资者承担风险；

（五）法律、行政法规和中国证监会禁止的其他行为。

第三十六条 资产管理计划发生的费用，可以按照资产管理合同的约定，在计划资产中列支。资产管理计划成立前发生的费用，以及存续期间发生的与募集有关的费用，不得在计划资产中列支。

证券期货经营机构应当根据资产管理计划的投资范围、投资策略、产品结构等因素设定合理的管理费率。

第三十七条 证券期货经营机构可以与投资者在资产管理合同中约定提取业绩报酬。

业绩报酬提取应当与资产管理计划的存续期限、收益分配和投资运作特征相匹配，提取频率不得超过每6个月一次，提取比例不得超过业绩报酬计提基准以上投资收益的60%。因投资者退出资产管理计划，证券期货经营机构按照资产管理合同的约定提取业绩报酬的，不受前述提取频率的限制。

第三十八条 证券期货经营机构应当按照资产管理合同的约定向投资者提供资产管理计划年度报告，披露报告期内资产管理计划运作情况，包括但不限于下列信息：

（一）管理人履职报告；

（二）托管人履职报告（如适用）；

（三）资产管理计划投资表现；

（四）资产管理计划投资组合报告；

（五）资产管理计划财务会计报告；

（六）资产管理计划投资收益分配情况；

（七）投资经理变更、重大关联交易等涉及投资者权益的重大事项；

（八）中国证监会规定的其他事项。

资产管理计划季度报告应当披露前款除第（五）项之外的其他信息。

第三十九条 证券期货经营机构应当按照《指导意见》的规定，向中国人民银行报送资产管理计划信息,并接受中国人民银行对资产管理计划统计工作的监督检查。

期货公司及其子公司应当将其按照《管理办法》第七十三条规定报送的资产管理计划信息以及私募资产管理业务管理季度报告、年度报告,抄报期货市场监控中心。

第四十条 证券期货经营机构应当在本公司及相关行业协会网站对其私募资产管理业务资格及从业人员信息等基本情况进行公示。

第四十一条 证券期货经营机构应当针对私募资产管理业务的主要业务人员和相关管理人员建立收入递延支付机制,合理确定收入递延支付标准、递延支付年限和比例。递延支付年限原则上不少于3年,递延支付的收入金额原则上不少于40%。

第四十二条 证券期货经营机构、托管人、销售机构和投资顾问等服务机构违反本规定的,中国证监会及相关派出机构可以根据《管理办法》等规定,对其采取责令改正、监管谈话、出具警示函、责令定期报告、暂不受理与行政许可有关的文件等行政监管措施;对直接负责的主管人员和其他直接责任人员,采取监管谈话、出具警示函、责令参加培训、认定为不适当人选等行政监管措施。

证券期货经营机构违反本规定,依法应予行政处罚的,依照有关规定进行行政处罚;涉嫌犯罪的,依法移送司法机关,追究刑事责任。

第四十三条 本规定下列用语的含义:

(一)证券交易场所,是指上海证券交易所、深圳证券交易所和全国中小企业股份转让系统有限责任公司。

(二)家庭金融总资产,是指全体家庭成员共同共有的全部金融资产,包括银行存款、股票、债券、基金份额、资产管理计划、银行理财产品、信托计划、保险产品、期货及其他衍生产品等。家庭金融净资产是指家庭金融总资产减去全体家庭成员的全部负债。

(三)流动性受限资产,是指由于法律法规、监管、合同或者操作障碍等原因无法以合理价格予以变现的资产，包括到期日在 10 个交易日以上的逆回购与银行定期存款（含协议约定有条件提前支取的银行存款）、资产支持证券（票据）、流动受限的新股以及非公开发行股票、停牌股票、因发行人债务违约无法进行转让或交易的债券和非金融企业债务融资工具等资产。

（四）7 个工作日可变现资产，包括可在交易所、银行间市场正常交易的股票、债券、非金融企业债务融资工具、期货及期权合约以及同业存单，7 个工作日内到期或者可支取的逆回购、银行存款，7 个工作日内能够确认收到的各类应收款项等。

（五）关联方按照《企业会计准则》的规定确定；专业投资者不包括募集两个以上投资者资金设立的私募资产管理产品。

第四十四条 过渡期自本规定实施之日起至 2020 年 12 月 31 日。

过渡期内，证券期货经营机构应当自行制定整改计划，有序压缩不符合本规定的资产管理计划规模；对于不符合本规定的存量资产管理计划，其持有资产未到期的，证券期货经营机构可以设立老产品对接，或者予以展期；过渡期结束后，证券期货经营机构不得再发行或者存续违反本规定的资产管理计划。

证券期货经营机构不符合本规定第十六条第二款规定指标的，在符合前款规定的前提下，其管理的资产管理计划在过渡期内可以新增投资于非标准化债权类资产的规模；过渡期结束后仍不达标的，不得新增投资于非标准化债权类资产。

本规定实施之日起至 2018 年 12 月 31 日，新设资产管理计划开立证券账户、期货账户的名称，可以不适用本规定第十二条的规定；自 2019 年 1 月 1 日起，新设资产管理计划开立证券账户、期货账户的名称，应当遵守本规定第十二条的规定。

第四十五条 证券期货经营机构设立特定目的公司或者合伙企业从事私募资产管理业务的，参照适用本规定。

第四十六条 本规定自 2018 年 10 月 22 日起施行。

中国银行保险监督管理委员会信托监督管理部

《关于加强规范资产管理业务过渡期内信托监管工作的通知》

发布日期：2018年8月17日

为落实《关于规范金融机构资产管理业务的指导意见》（银发〔2018〕106号，以下简称《指导意见》）要求，进一步加强信托业务监管，稳妥有序推进过渡期内整改工作，切实防范信托业风险，维护金融和社会稳定，现将有关工作要求通知如下：

一、统筹《指导意见》贯彻落实工作

规范金融机构资产管理业务，统一同类资产管理产品监管标准，是贯彻落实党中央、国务院"服务实体经济、防控金融风险、深化金融改革"要求的重要举措。各银监局信托监管处室要深刻认识《指导意见》发布实施的重要意义，增强大局意识，强化责任担当，将积极稳妥推进《指导意见》落实与防范化解信托业风险三年攻坚战、引导信托公司转型发展、更好地支持实体经济发展相结合，进一步统筹规划信托监管工作，稳妥化解信托业务存量风险，严密防范信托业务增量风险，避免规范发展中发生次生风险，坚决守住不发生系统性金融风险的底线。

二、严格落实《指导意见》要求

各银监局信托监管处室要严格落实《指导意见》各项要求。资金信托业务严格按照《指导意见》要求予以规范。过渡期内，资金信托负债比例按照现行相关信托监管规章执行。

公益（慈善）信托、家族信托不适用《指导意见》相关规定。家族信托是指信托公司接受单一个人或者家庭的委托，以家庭财富的保护、传承和管理为主要信托目的，提供财产规划、风险隔离、资产配置、子女教育、家族治理、公益（慈善）事业等定制化事务管理和金融服务的信托业务。家族信托财产金额或价值不低于1000万元，受益人应包括委托人在内的家庭成员，但委托人不得为惟一受益人。单纯以追求信托财产保值增值为主要信托目的，具有专户理财性质和资产管理属性的信托业务不属于家族信托。

各银监局信托监管处室要按照"实质重于形式"的原则，加强对各类信托业务及创新产品监管，还原其业务和风险实质，同类业务适用一监管标准。对事务管理类信托业务要区别对待，严把信托目的、信托资产来源及用途的合法合规性，严控为委托人监管套利、违法违规提供便利的事务管理类信托业务，支持信托公司开展符合监管要求、资金投向实体经济的事务管理类信托业务。要督促信托公司依法合规开展产权信托业务，以财产权信托的名义开展资金信托业务的，适用于《指导意见》。以信托产品或其他资产管理产品作为受让方受让信托受益权的业务，视同资产管理产品嵌套业务，投资于依据金融管理部门颁布规则发行的资产证券化产品除外。

各银监局信托监管处室要严格执行《指导意见》过渡期有关规定。信托公司在《指导意见》发布后发行的资金信托新产品，应当符合《指导意见》相关规定。资金信托新产品以发出认购邀约进行资金募集日期为准。为接续存量产品所投资的未到期资产，维持必要的流动性和市场稳定，信托公司可以发行存量老产品对接，也可以发行老产品投资到期日不晚于2020年底的新资产，优先满足国家重点领域和重大工程建设续建项目以及中小微企业融资需求，但老产品的整体规模应当控制在截至2018年4月30日的存量产品整体规模内。不符合《指导意见》相关要求的存量信托产品应当在过渡期内逐步有序压缩递减至符合监管要求。过渡期结束后，不得再发行或存续违反《指导意见》规定的信托产品。

三、认真制定过渡期整改计划

各银监局信托监管处室要督促信托公司对不符合《指导意见》要求的存量信托产品全面摸底排查，按照产品类别逐笔建立台账，自主有序确定整改计划，明确整改清理目标、步骤、进度、责任人及具体整改措施，审慎评估风险影响，认真制定过渡期内整改计划。信托公司整改计划应由经营管理主要负责人和合规部门负责人签字确认后，于 2018 年 9 月 15 日前报送至属地银监局。各银监局信托监管处室要对辖内信托公司整改计划进行逐项审核，于 2018 年 9 月 30 日前报送至信托部。

四、持续监督整改计划落实到位

各银监局信托监管处室要按月监测辖内信托公司过渡期内整改计划落实情况，确保信托公司按时完成各项整改工作任务。对整改不到位、以各种方式规避监管要求的信托公司要依法处罚机构和责任人，并实行罚管挂钩，将处罚结果运用于市场准入和监管评级中。各银监局信托监管处室要于每季季后 10 个工作日内，汇总辖内信托公司上季整改情况报送至信托部。

五、严密防范过渡期内各类风险

各银监局信托监管处室要将引导信托公司规范发展与规范风险相结合，把握好监管工作的节奏和力度，严密防范托公司规范资产管理业务中可能产生的信用风险、流动性风险以及相关次生风险。要督促信托公司切实履行风险防控主体责任，区分不同业务种类和风险类别，评估过渡期内的潜在风险，制定清晰、可行的风险防控预案。信托公司风险防控预案应由董事长和经营管理主要负责人签字确认后，于2018年10月15日前报送至属地银监局。各银监局信托监管处室要审核辖内信托公司风险防控预案，于2018年10月30日前报送至信托部。

各银监局信托监管处室在过渡期内要持续监测分析辖内信托公司风险变化趋势，审慎判断单体机构风险状况，发现风险隐患要及早采取相应监管措施。辖内信托公司发生重大风险和突发事件，各银监局信托监管处室要妥善应对和处置相关风险，并按要求及时上报信托部。

请各银监局信托监管处室将本通知相关要求传达至辖内信托公司。

《中国建投研究丛书》 书目

报告系列		
《中国投资发展报告 2012》	杨庆蔚 主编	2012 年 8 月
《中国投资发展报告 2013》	杨庆蔚 主编	2013 年 4 月
《中国投资发展报告 2014》	杨庆蔚 主编	2014 年 4 月
《中国投资发展报告 2015》	谢 平 主编	2015 年 4 月
《中国投资发展报告 2016》	建投研究院 主编	2016 年 4 月
《中国投资发展报告 2017》	建投研究院 主编	2017 年 3 月
《中国投资发展报告 2018》	建投研究院 主编	2018 年 3 月
《中国投资发展报告 2019》	建投研究院 主编	2019 年 4 月
《中国智慧互联投资发展报告 2016》	建投华科智慧互联研究中心 主编	2016 年 5 月
《中国智慧互联投资发展报告 2017》	建投华科投资股份有限公司 主编	2017 年 6 月
《中国智慧互联投资发展报告 2018》	建投华科投资股份有限公司 主编	2018 年 6 月
《中国智慧互联投资发展报告 2019》	建投华科投资股份有限公司 主编	2019 年 8 月
《中国传媒投资发展报告 2016》	张向东　谭云明 主编	2016 年 8 月
《中国传媒投资发展报告 2017》	建投华文投资有限责任公司 中央财经大学新闻传播系 主编	2017 年 7 月
《中国传媒投资发展报告 2018》	建投华文投资有限责任公司 中央财经大学新闻传播系 主编	2018 年 5 月
《中国传媒投资发展报告 2019》	建投华文投资有限责任公司 人民日报社企业监管部 主编	2019 年 5 月
《中国信托行业研究报告 2016》	中建投信托研究中心 编著	2016 年 9 月
《中国信托行业研究报告 2017》	中建投信托研究中心 编著	2017 年 9 月
《中国信托行业研究报告 2018》	中建投信托博士后工作站 中国社会科学院金融研究所 博士后流动站 联合编著	2018 年 7 月

续表

《中国信托行业研究报告2019》	中建投信托博士后工作站 中国社会科学院金融研究所 博士后流动站 联合编著	2019年7月
论文系列		
《建投投资评论》第一期	建投研究院 主编	2014年1月
《建投投资评论》第二期	建投研究院 主编	2014年11月
《建投投资评论》第三期	建投研究院 主编	2015年5月
《建投投资评论》第四期	建投研究院 主编	2015年12月
《建投投资评论》第五期	建投研究院 主编	2016年7月
《建投投资评论》第六期	建投研究院 主编	2016年11月
《建投投资评论》第七期	建投研究院 主编	2017年8月
《建投投资评论》第八期	建投研究院 主编	2018年6月
《建投投资评论》第九期	建投研究院 主编	2019年3月
专著系列		
《我国金融资源产权制度研究》	柯珂 著	2013年1月
《产业结构演进与城镇化》	易善策 著	2013年1月
《集团治理与管控》	庄乾志 著	2013年1月
《企业文化解构与实践》	张璐璐 涂俊 范雪莹 单治国 编著	2013年1月
《资产证券化——变革中国金融模式》	邓海清 胡玉峰 蒋钰炜 著	2013年10月
《利率市场化——突围中国债务困局》	邓海清 林虎 著	2013年10月
《进城圆梦——探寻中国特色城镇化之路》	张志前 王申 著	2014年1月
《中外国有企业治理比较研究》	张志前等 著	2014年11月
《中外国有企业风险管理比较研究》	庄乾志等 著	2014年11月
《中外国有企业内部审计比较研究》	刘琼等 著	2014年11月
《解码中国城投债——地方债务与增长的再平衡》	邓海清 著	2014年11月
《低碳减排——消除中欧城市化瓶颈》	袁路 著	2015年5月
《我国养老体系完善与养老产业发展研究》	邹继征 著	2015年5月
《一带一路——架起中国梦和世界梦的桥梁》	张志前 蒋学伟 沈军 编著	2015年11月
《中国信托业发展的比较制度研究》	龚先念 著	2015年11月
《投资新视野Ⅰ——智能制造》	建投研究院 编著	2016年8月
《投资新视野Ⅱ——养老服务》	建投研究院 编著	2016年10月
《投资新视野Ⅲ——国企改革》	王勇华 解蕴慧 著	2016年10月
《投资新视野Ⅳ——大健康》	建投研究院 编著	2018年6月
《跃迁——新时代中国产业升级路径与投资布局》	文玉春 著	2018年11月
《资管新时代——从野蛮生长到高质量发展》	张志前 祝伟清 高彦如 编著	2019年9月

续表

案例系列		
《柯达兴衰启示录》	张志前等 编著	2012年9月
《中国直接股权投资案例分析》	建投研究院 主编	2017年10月
其他系列		
《癫狂与理智——你不得不知的世界金融史》	张志前 著	2017年7月
《东单耕录》	高彦如 邹继征 祝妍雯 著	2017年8月

图书在版编目(CIP)数据

资管新时代:从野蛮生长到高质量发展/张志前,祝伟清,高彦如编著. --北京:社会科学文献出版社,2019.9(2021.2 重印)

(中国建投研究丛书.专著系列)

ISBN 978-7-5201-5481-9

Ⅰ.①资… Ⅱ.①张… ②祝… ③高… Ⅲ.①资产管理-研究-中国 Ⅳ.①F832.48

中国版本图书馆 CIP 数据核字(2019)第 188858 号

中国建投研究丛书·专著系列

资管新时代

——从野蛮生长到高质量发展

编　　著 / 张志前　祝伟清　高彦如

出 版 人 / 王利民

组稿编辑 / 恽　薇

责任编辑 / 王楠楠

出　　版 / 社会科学文献出版社·经济与管理分社 (010) 59367226

　　　　　 地址:北京市北三环中路甲 29 号院华龙大厦　邮编:100029

　　　　　 网址:www.ssap.com.cn

发　　行 / 市场营销中心 (010) 59367081　59367083

印　　装 / 北京玺诚印务有限公司

规　　格 / 开本:787mm × 1092mm　1/16

　　　　　 印　张:26　字　数:351 千字

版　　次 / 2019 年 9 月第 1 版　2021 年 2 月第 2 次印刷

书　　号 / ISBN 978-7-5201-5481-9

定　　价 / 98.00 元

本书如有印装质量问题,请与读者服务中心 (010-59367028) 联系

版权所有 翻印必究